中国传媒大学青年学者译丛

媒介与传播系列 段鹏 主编

罗青 副主编

媒介与传播研究方法

质化与量化研究导论

（第四版）

[美]阿瑟·阿萨·伯格

（Arthur Asa Berger） 著

张磊 译

Media and Communication Research Methods:

An Introduction to Qualitative and Quantitative Approaches(Fourth Edition)

中国传媒大学出版社

·北京·

图书在版编目(CIP)数据

媒介与传播研究方法:质化与量化研究导论:第四版/(美)阿瑟·阿萨·伯格(Arthur Asa Berger)著;张磊译. -- 4版. -- 北京:中国传媒大学出版社,2021.2(2021.11重印)
(中国传媒大学青年学者译丛/段鹏主编.媒介与传播系列)
书名原文:Media and Communication Research Methods:An Introduction to Qualitative and Quantitative Approaches(Fourth Edition)
ISBN 978-7-5657-2756-6

Ⅰ.①媒…　Ⅱ.①阿…　②张…　Ⅲ.①传播学—研究方法　Ⅳ.①G206-3

中国版本图书馆CIP数据核字(2020)第166015号

媒介与传播研究方法:质化与量化研究导论(第四版)
MEIJIE YU CHUANBO YANJIU FANGFA:ZHIHUA YU LIANGHUA YANJIU DAOLUN(DI-SI BAN)

主　　编	段　鹏		
著　　者	[美]阿瑟·阿萨·伯格(Arthur Asa Berger)		
译　　者	张　磊		
责任编辑	黄松毅		
责任印制	阳金洲		
封面设计	运平设计		
出版发行	中国传媒大学出版社		
社　　址	北京市朝阳区定福庄东街1号	**邮　　编**	100024
电　　话	86-10-65450528　65450532	**传　　真**	65779405
网　　址	http://cucp.cuc.edu.cn		
经　　销	全国新华书店		
印　　刷	唐山玺诚印务有限公司		
开　　本	787mm×1092mm　1/16		
印　　张	25.5		
字　　数	438千字		
版　　次	2021年2月第1版		
印　　次	2021年11月第2次印刷		
书　　号	ISBN 978-7-5657-2756-6/G·2756	**定　　价**	98.00元

本社法律顾问:北京李伟斌律师事务所　郭建平

中国传媒大学青年学者译丛

总 序

从广播电视到互联网、移动互联网，传媒让这个世界变得绚丽多姿、神奇诡秘。传媒正在急速地改变这个世界，通过新闻传播，人类分享现实中的信息资讯，通过艺术，人类分享脑海中的想象力。基于传播科技百年激荡的新闻传播和艺术学，推动着历史发展，也影响着历史发展。

中国传媒大学是中国传媒人才的摇篮，建校六十多年来，为信息传播领域输送了大批高层次人才。从培养高层次、复合型创新人才的社会责任出发，中国的传媒事业亟须高校培养出一批谙熟新闻传播规律和艺术传播规律并具有创新意识和创作才能的新闻人才和艺术人才。

在全国众多高校中，中国传媒大学以在信息传播领域"小综合"的学科特色而闻名，2017年入选首批"世界一流学科建设高校"，新闻传播学、戏剧与影视学入选教育部"双一流"建设学科名单。同年12月，在教育部学位与研究生教育发展中心公布的全国第四轮学科评估结果中，新闻传播学、戏剧与影视学这两个一级学科均拿到了A+名次。从"双一流"学科建设的教育使命出发，中国的传媒事业亟须高校在媒体融合发展的顶层设计下，推进理论体系、教学理念、教学内容、方法手段、体制机制等全方位的创新研究，成为国家传媒事业发展强有力的理论支持和智力支持力量。

因此，在整个世界传统媒体与新兴媒体融合发展的时代大背景下，我校文科科研处于2015年着手组织翻译出版一套“中国传媒大学青年学者译丛”，借此整理西学前沿著作，以期对当代中国新闻传播和艺术学在理论建设和成果创新方面提供借鉴，帮助广大传媒学者和媒体一线从业者寻找解决问题的途径。

此套丛书的译介工作由中国传媒大学与新闻传播领域的国际权威出版机构SAGE国际出版集团合作，遴选了两批共计18册由SAGE出版并经过教学与实践严格检验的优秀书目，力求全面、系统地反映出当下新闻传播和艺术学在理论研究、方法研究以及实务研究等方面所进行的最新探索。译丛是我校与SAGE国际出版集团继合作出版《全球媒体与中国》（*Global Media and China*）英文期刊之后，又一个重要的合作项目，前后筹备四载有余，最终完稿、付梓，倾注了新闻传播学和艺术学领域的知名教授和青年学者的大量心血，力争为每一本书做出“信、达、雅”的翻译。

自“五四”以来，译丛便是中国知识分子和青年学生获取西方最先进理论知识的重要桥梁之一。中国传媒大学在20世纪80年代就已开始译介、学习和研究国外新闻传播学、艺术学的方法和成果，建立与世界新闻传播学、艺术学界对话的共同经验范围。毋庸置疑，我们的工作是卓有成效的。

正如习近平总书记在哲学社会科学工作座谈会上所强调的，“不忘本来，吸收外来，面向未来”。借船出海、借梯登高，主动接轨，优势互补，共同发展，为尽快赶上国际先进水平，尽早实现“双一流”学科建设争创世界一流的伟大目标，我们应该虚心学习和推介国外前沿的新闻传播理论与优秀的实务指导教材，以培养出更多国际化的新闻传播人才和艺术人才。译丛带来的新鲜理论和鲜活实务，也有助于我校在“双一流”学科建设中，进一步优化学科结构，凝练学科发展方向，突出学科建设重点，增强学校在国际上的竞争力。

但值得注意的是，我们应当以批判的态度保持与西方新闻传播和艺术学对话的姿态，在借鉴西方优秀教材和经典专著时不妨思考，有哪些是缘木求鱼，有哪些是举一反三，想想本土社会中产生的经验与问题在哪里。我们应该明确，我们的目标是制定具有中国特色的新闻传播和艺术学学科标准，积极建设和探索新闻传播学、艺术学本土化发展的道路。

所以，在译丛工作完成之后，我们还要推进“西方理论—中国问题”向“中国实践—中国理论”的转型，立足本土，跨越东西，高效地将科研成果结合当代中国传媒行业发展诉求，转化为服务社会发展的实在生产力，最终实现“中国特色，世界一流”。

最后，希望本译丛还可以成为一个促进思想交流、激发智慧灵感的载体，增进东西方在新闻传播和艺术学领域的深度学术交流，接收来自全世界新闻传播和艺术学领域多元化的声音，促进新闻传播和艺术学研究在媒体融合时代更大的繁荣，让新闻传播和艺术学成为改变世界的最大正能量。

丛书主编

第四版前言

我刚买了台智能手机——Nexus 4，谷歌又推出了新一代的产品。在科技世界，智能手机、平板电脑、手机应用等各种终端工具时不时就要更新。新型号产品改善了功能，有时甚 xv
至面目一新。例如，我的手机上的操作系统改进后，拍照再也不浪费电量了。这些数字小玩意儿需要不断更新，来适应最新的发展，那么书籍也应当如此。我从这些年的经验中学到的一点就是，一本教科书从来没有真正完成过。你刚出版了一本书，就又出现了新的课题，例如有新的设备发明了，有新的手机应用出现了，有新的实践诞生了，需要被纳入其中。出版业也日新月异，出版商不断推出电子书籍，说不定不久的将来，它就将取代纸质书籍，免得它再“灾梨祸枣”了。

在本书的第四版，你会发现以下新内容：

- 新的图片和引文
- 关于话语分析的新章节
- 关于社交媒体的扩展讨论
- 更新后的统计数据、注释和参考文献
- 对研究伦理的进一步强调
- 脸书(Facebook)实验及与其相关的伦理问题
- 修辞概念在凯尼斯·柯尔(Kenneth Cole)时尚品牌广告上的应用
- 对007电影《大破天幕杀机》的聚合分析 xvi
- 进一步讨论了如何分析研究文献
- 德克·冯雷恩(Dirk vom Lehn)对于常人方法学的解释与讨论
- 巴赫金(M.M.Bakhtin)关于互文性的新材料

- 新精神分析的讨论
- 丹尼尔·卡尼曼(Daniel Kahneman)的《思考，快与慢》
- 一个APA(American Psychological Association)文献格式的缩减版表格

我也从第三版的不同地方删掉了一些材料，以节省空间纳入新材料。这些新材料都是谨慎选择过的。一些学者审阅第三版时提出了宝贵建议，引领我完成了这一任务。我希望读者会发现《媒介与传播研究方法》不仅有用，而且有趣，甚至可以说颇具娱乐性，它将有助于你成为一个有足够知识储备的媒介与传播研究者。

致 谢

我想先向我的第一位编辑玛格丽特·希维尔(Margaret Seawell)致以谢意，她建议我撰写本书；我也要向现任编辑马特·巴尔涅(Matt Byrnie)表示感谢，是他邀请我撰写这个 *xvii* 新版本。我要感谢他持续不断的支持与帮助。我还要感谢下面四位教授，她们慨然应允审阅第四版，并提出宝贵建议，帮助我改进了本书内容。

- 梅丽莎·博尔姆(Melissa Boehm)，蒙大拿州立大学比灵斯分校
- 尼克夏·高登(Nickesia Gordon)，巴利大学
- 玛姬·格里菲斯·威廉斯(Maggie Griffith Williams)，伊利诺伊大学芝加哥分校
- 琳达·莫斯切尔(Linda Moerschell)，纽约州立大学波茨坦分校

我还要感谢保加利亚学者费连卡·卡夫坦杰娃(Felianka Kaftandjieva)，她撰写了统计学那一章的第一部分，并对调查法那一章提出了许多有益建议。阿尔·奇瓦瑟(Al Kielwasser)慷慨地提供了他在旧金山州立大学讲授“媒介研究”课程的课程指南，令我颇为受益。我要感谢德克·冯雷恩，《哈罗德·加芬克尔》一书的作者，他为常人方法学提供了附加内容。还要感谢我的文字编辑宝拉·弗莱明(Paula Fleming)、制作编辑伯尼·克拉克·阿伦(Bennie Clark Allen)。过去几年间，我已经在SAGE出版了11本书，我很高兴与这个杰出的出版社建立了如此长期而美妙的合作关系。

此刻他希望自己是个没有个性的人。但是压根儿在哪个人身上这大概也不会如此完全不相同似的。从根本上来说，人到中年很少再会知道，他们究竟是怎样得到自我，得到他们的娱乐，他们的世界观，他们的妻子，他们的性格，职业和他们的成功的，但是他们有一种感觉，觉得如今再也不会有许多变动了。甚至可以断言说，他们受骗了，因为人们哪儿也找不到充足的理由，可以说明为什么一切恰恰如同已经来临的那样来临了；本来也可能会产生另外一种结果的；事件至少是由他们自己引发出来的呀，通常它们均取决于种种情况，取决于完全不同的人的心情，他们的生，他们的死，并且简直仅仅是在适当的时刻向他们急速奔来。……有什么东西像一张粘蝇纸对待一只苍蝇那样对待他们了；它这儿粘住了他们的一根毫毛，那儿抓住了他们不让动并且渐渐把他们裹住，直到他们被埋在一个厚厚的套子里时为止，这套子只是略微有一点符合他们本来的形态。

——罗伯特·穆齐尔（Robert Musil），《没有个性的人》[①]

① 原文引自1965年英文版第151页，中译文引自穆齐尔.没有个性的人（上）[M].张荣昌，译.北京：作家出版社，2001：148.——译者注

目　录

导　言

在此导言中，我把自己称为“没有数量之人”，或者用漫画的行话来说，叫“数据绝
缘侠”（Data-Free Man）。过去，我有时称自己为“大内密探”（The Secret Agent），有时 1
称自己为“解码侠”（Decoder Man）。所以您看，您实际上是获得了“超级英雄买一送二
大优惠”呢！

大内密探

解码侠

❖ 常见嫌疑人大汇总

心理学家说，有的人拥有多重身份或多重人格。我有一个与此类似的毛病（虽然
“毛病”一词可能不甚准确），就是在看事物时不是“正反两面看”，而是从“五个方
面”甚至“十个方面”来看。换言之，从多个学科视角来观察。我想，比起单一视角或曰
一元视角来说，这是一种更好的方式，它可帮助我们理解各种现象，包括电视广告、日 2
常事物、时尚、流行文化以及幽默。

当我发现值得分析之物时，我就对自己说：“来个常见学科大汇总吧”，以此为开

端，使用几种不同视角来互为补充。这些学科包括：

符号理论。它研究的是符号，以及我们如何从电影、歌曲、时尚、广告等事物中获得意义。

美学理论。它研究的是灯光、色彩、剪辑、音效、音乐、摄影镜头和相关元素如何为受众制造观念、感觉和情绪。

心理分析理论。它研究的是我们的理解与行为中的无意识元素。

社会学理论。它研究的是机制、群体以及与种族、性别、宗教和阶级相关的因素。

政治学理论。它关注的是群体与社会中的权力、控制与抵抗。

人类学理论。它聚焦于文化，以及文化的“濡化”，即人们如何被教会适应自己文化的过程。

文学理论。它研究的是各种文艺作品如何制造效果，作家们使用的不同艺术工具，以及“读者”所扮演的角色。

哲学理论。它关注的内容包括：我们如何理解世界；知识的状况；伦理的议题；以及逻辑与推理的原则。

历史编纂学理论。它研究的是时间维度上的变迁：什么发生了？它如何发生？有何种理论可以解释它发生的原因？

比较理论。就媒介而言，它处理的是一个既定的文本（比如电影《007：大破天幕杀机》）或其他现象是如何被理解的，以及它在不同社会与文化中扮演了什么角色？

这些方法构成了一个新专业（或曰“宏大学科”）的核心。这一专业就是文化研究
3 （Cultural Studies）。（有人说，我对学科是见一个爱一个，我发誓这并非真的。）在我看来，文化研究源自于一个较老的领域，即关于流行文化的研究。文化研究消除了精英艺术与通俗艺术的界限，但它所呈现的，如我所示，实际上源自那些研究大众媒介和流行文化之人早就（该）从事的工作，是这些工作的正式化（或许是丰富化）。例如，早在20世纪60年代后期，我就曾教过一门课，名为“艺术、流行文化与社会”。

我认为，要想做文化批评，必须考虑一些焦点问题。请参见图0.1。

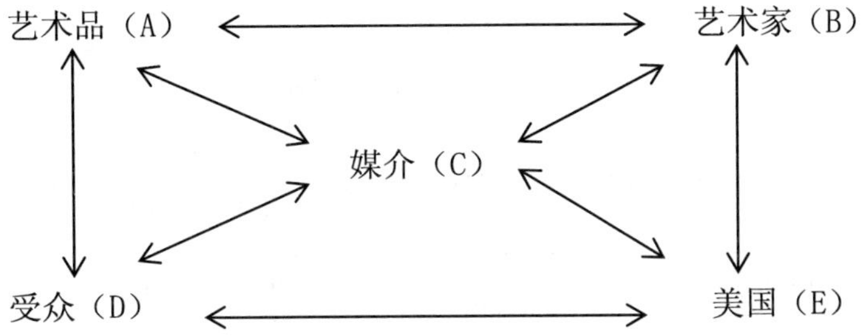

图 0.1 焦点模式图[①]

在这个模式中，所有元素都是与其他元素相连的，这意味着每一个焦点都对其他所有焦点产生影响。当我们论及流行文化、大众传播或媒介文化时，我们可能聚焦于文本，例如一部电影或一个电视节目，但我们也要关注那些文本的创造者（们）、文本的受众，以及文本对社会与文化可能产生的影响（文本的“效果”）。传播研究者通常关注传播过程的某一个或某几个环节，例如信息源、讯息、渠道/媒介、编码与解码、受众/接收者、反馈、传播障碍，以及传播的语境。

❖ 用焦点模式来分析媒介 4

在做研究的时候，我们可以关注表格0.1中列出的一系列焦点，并处理其中的某一个或全部话题，它们提供了媒介与传播研究可能涉及的领域。

表 0.1 媒介与传播研究的话题

艺术品/文本	受众	美国	艺术家	媒介
使用批评工具来分析文本	关注文化与亚文化	研究媒介的社会功能	调查不同的艺术家	使用交流理论
考虑艺术品的类型	分析使用与满足	将国民性格与艺术品联系起来	分析艺术家的人口学特征	研究受众的效果
处理互文性联系	进行人口学分析	根据艺术品来研究社会变迁	对艺术家进行心理分析	研究美国的效果

① 读者可能会注意到，本书作者在此图中标明的一个焦点是“美国”，这是因为作者是美国人，这本教科书的使用者主要也是美国人，美国（America）、艺术品（Artwork）、艺术家（Artist）、受众（Audience）还形成了“押头韵”的修辞效果。但中译本的读者可以自行替换成“中国”。总而言之，这里强调的是“文本”（text）的“语境”（context）。——译者注

续表

艺术品/文本	受众	美国	艺术家	媒介
分析艺术品的风格	进行心理分析	解释亚文化的角色	研究艺术家的关键信仰	研究艺术家的效果
进行艺术品的内容分析	与文化品味相联系	将后现代性与媒介联系起来	研究性别与创造性	将艺术品的效果与其他效果联系起来
研究艺术品创作的心理学和艺术品本身	对受众进行比较研究	与其他国家做比较	考虑风尚与时尚的效应	研究新媒介的效应

另外，我们可以在研究中处理不同的焦点组合，包括：

艺术品与受众	艺术品/艺术家与受众
艺术品与艺术家	艺术品/艺术家与媒介
5 艺术品与媒介	艺术品/艺术家与社会
艺术品与美国	艺术品/艺术家/美国与媒介

简而言之，我们可以根据研究的主题，对各种焦点进行任意组合。

❖ 我是如何变成“没有数量之人”的

在1984年，我和一位同事曾有一次闲谈。当时我们站在一个走廊上，它后面的大楼属于加州最好的传播研究学院，看上去非常高大上（虽然从某些方面来说有点不合用）。在聊天时，我的这位在量化研究上颇有造诣的同事说：“阿瑟，你有没有想过，其实你是‘data-free’的？”

“Data-free”？这是啥意思？

我承认，那一刹那我突然顿悟，我还真是一个与数据绝缘的人。在我的学术生涯之中，我曾经指出麦当劳公司的机制及其快餐店颇类似于福音派传教；也曾经论说电视广告里“肌肉”跑车冲撞路边标示，这象征性地表达了处女开苞；还曾经说明我们急欲用除臭剂去掉身上的汗味实际上是与清教观念、完美主义和死亡恐惧联系在一起的。我还曾经在《滚石》杂志上发表了一篇文章，假设传统的白面包或“美式”面包折射了美国意识形态的缺乏，各个政党只能在重要议题上互相妥协。（现在，“美式”面包正遭遇革命，我们能看到硬皮面包风靡美国面包店和商铺，这种风潮反映了我们的政治正变得更加意识形态化。）我还曾撰文强调语言在形塑人们自觉意识上的重要性。例如，男性气质的身份认同是与众多关于女性的词语相关联的，如“妇女、她、女性、月经、绝经”等（有一门学问探讨语言是形塑自觉意识的力量，那就是语义学）。我的所有观点，都不涉及统计学，也不涉及“数据”，即量化研究者使用的那种数据。（请回顾我的“常见嫌疑人”列表。）

❖ 数据侠vs. 数据绝缘侠

让我们借鉴漫画书的思路，假设有两位超级英雄，都是研究者，一个是“数据侠”，另一个是“数据绝缘侠”。他们看待和理解世界的方式有极大的不同，就像下表 6
所示，彼此相辅相成。

数据侠	数据绝缘侠
信息	阐释
中数	意义
N=∞	N=1
量化的	质化的
精于设计	精于分析
关注受众	关注艺术品（文本）
统计学	不同领域的理论概念
可量化的主题	可理论化的主题
确定，但流于琐屑	不确定，但意义非凡
问题在于获取数据	问题在于获取观念
美式实用主义传统	欧式哲学传统
算尽世间每粒沙	世界不过一芥子

这一表格当然过于简化了，不过它的确显示了量化研究者与质化研究者所选择的方向是不同的。

量化研究者通常采用复杂的统计学方法，但是他们有时（或许经常？）不得不处理相对琐屑的内容。唯其琐屑，方可量化。质化研究者则走向另一个极端，经常处理重要的社会、政治和经济内容，使用各个学科的理论和方法（如心理分析、马克思主义、符号学，诸如此类），这固然可能催生有趣的想法，却不免推测性过强，确定性太弱。这组截然对立虽过于简化，但恰好照亮了两个极端之间的“中间地带”。

7

对于数据侠来说，要设计一项研究从而获得好的数据（不能是错的数据），是难点所在。对于数据绝缘侠来说，准确运用恰当的概念而不是一头扎进理论的深渊，则是难题。最佳状况，当然是一手掌握量化统计数据，另一手掌握质化材料和理论工具。那些最棒的学者正是如此，他们占有了上述两个极端之间的中间地带。但同时成为数据侠和数据绝缘侠，并不是容易的事。

例如经济学，它可能是社会科学中最“科学”的了。经济学家们使用同样的数据（例如政府部门的统计报告），却可能彼此意见相左。所以，你不可能逃离某种形式的阐释，或者说“超越”你的数据。（当然，首先得假设数据准确无误。）

❖ 研究者们会提什么问题？

研究者们所提出的问题，在很大程度上勾勒出了研究的方法路线和主要发现。此处姑且罗列部分问题，可用于规划你的研究并开展写作。

研究问题的类型	例子	8
宽广的、总体性的诊断式问题	“你如何阐释？” “你如何理解……”	
行动决策式问题	“就此应该采取什么措施？” “若你身处其境，会做些什么？”	
综合推理式问题	“这与……有何联系？” “在某某与某某之间，可以发现什么联系？”	
优先排序式问题	“最重要的方面是……” “最核心的议题是……”	
辩护式问题	“你为何相信……” “你有什么证据，来支持某某观点？”	
澄清式问题	“你用某某概念的意思是？” “你如何界定……”	
假设式问题	“如果换成某某，可能发生什么变化？” “如果情况不同……”	
应用式问题	“我们可以用这一概念来解释哪些情况？” “如何应用这一概念？”	
总结式问题	“我们从中得到了什么？”	

❖ 关于“没有数量之人”的总结（此人亦是实操派理论家）

如前所述，我是一个“没有数量之人”。既然我与数据绝缘，并无统计数据来供君消遣，那么，按照量化研究者的逻辑来说，我就不能做研究了。数年之前，我告诉一位同事，我写了一本书叫做《媒介分析技巧》，他不禁呵呵：“阿瑟，你对研究知道些啥呀！”

我已经发表了超过100篇文章，出版了超过70本书。（诸君手中这本，即是我的第
35本书的第四版。）如果我不做研究，那我的想象力一定很丰富。或许，与数据绝缘实
际上是一种后现代的立场？或许质化研究者应被看做是虚构文学的作者？虚构文学的 9
作者用故事来揭示关于人类的真相——真相不正是我们孜孜以求的吗？我可能与数据

绝缘，可能是一个“没有数量之人”，但我喜欢把我自己和其他质化研究者想成具有如下品质的人：有想象力、有文化、有艺术气质、有道德感……这些品质总还值点什么吧。但其实吧！我也不像我假装的那样与数据完全绝缘。

如果你想跟我联系，那就借助电子邮件的魔力吧！欢迎写信给我：arthurasaberger@gmail.com，但是，别指望我会帮你做作业！

❖ 导言：应用与练习

1. 找两篇关于媒介与社会的文章。一篇符合“数据侠”的喜好，另一篇遵从“数据绝缘侠”的路数。对它们进行比较，看看哪一篇更吸引你，哪一篇更有趣，哪一篇有更重要的意义。试着解释你的答案。

2. 这篇导言的题目“没有数量之人”，是模仿罗伯特·穆齐尔（1956）的名著《没有个性的人》所拟的。让我再从该书中引用一段：

> 随后他们就只还模糊地想到那个青年时代，那时他们曾有过某种像反作用力的东西。这另一种力拉扯着，呼呼响着，它哪儿也不愿意停歇，引起一阵无目的的逃避运动的风暴；青年人的嘲讽，他们对现存事物的反抗，青年人愿意做出一切英雄业绩、愿意自我牺牲和犯罪的决心，他们的激昂和严肃以及他们的多变——所有这一切无非就意味着他们的逃避运动。从根本上来说，这些逃避运动仅仅表明了，这个年轻人所做的一切事情当中没有哪件让人从内心觉得是必要的和明确的，即使它们是以这样的方式来表明的：就仿佛这个年轻人恰恰在贪婪地攫取的一切完全是刻不容缓的和必要的似的。[①]

你对此段有何回应？你认为穆齐尔所言“人们深陷其中，如苍蝇深陷粘蝇纸”是正确的吗？他是否理解年轻人？你愿意称他为悲观主义者，还是现实主义者？试着解释你的答案。

10 3. 仔细理解图0.1所示的焦点模式图。哪一个焦点，或者哪一种组合最让你感兴趣？试着解释你的答案。

4. 研究一下传播的模式，并试着自己创造一个模式，以解释媒介、传播与社会。当你创建自己的模式之时，你遇到了什么问题？

① 原文引自1965年英文版第151–152页，中译文引自穆齐尔.没有个性的人（上）[M].张荣昌，译.北京：作家出版社，2001：148–149.——译者注

第一部分

启 程

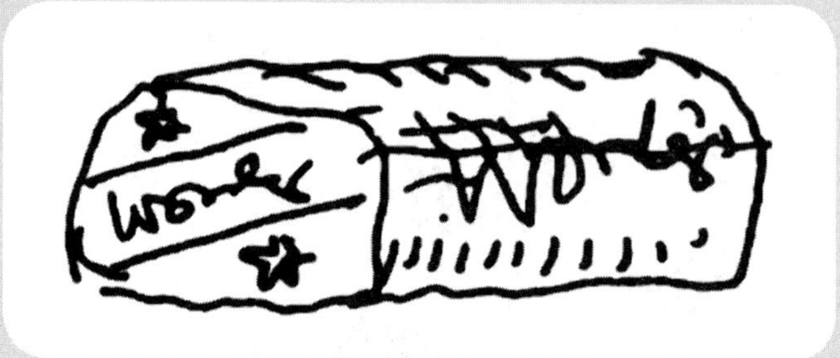

我们的概念来源于对比。“如果始终处于光亮中，我们就不会区分光亮与黑暗。相应的，就不会有‘光亮’与‘黑暗’的概念，也不会有‘光’这个词……”“可以肯定的是，这世上的一切都是相互关联的，它们的独立存在，仅仅出现在它们与其他事物区分开来时……”“每个概念都有它的孪生对立物，如果没有与其对立物的比照，这个概念怎么能被创造出来，又怎么能得以传播开来？”

——西格蒙德·弗洛伊德，《原始词语的对立意义》(1910/1963a，p.47)

所有的研究方法都包含对现实的妥协。在任何可能的情况下，研究者都倾向于使用多种方法，因为人类的思维和行为过于复杂，不是一种方法可以完全参透的。同样的，当不同的方法传达出了相同的洞见时，研究者也就能对它的可靠性更有信心了……然而，研究最大的局限之处不在于它固有的妥协性上，而源自于人的本性。也就是说，是研究者而非研究方法本身决定了这一方法可能带来的利与弊。这些局限很大一部分来自于方法和问题的不合理搭配。有时，研究者会忘记或者忽视一种研究方法所必然具有的妥协性，而是以一种超过其自身所能保证的坚定方式呈现研究发现。

——杰拉德·萨尔特曼(Gerald Zaltman)，《消费者如何思考：市场思维的本质洞见》(2003)

1

何为研究？ 13

第1章　核心问题

- 为何说每个人每天都在做研究？
- 学术研究和日常研究之间差别何在？
- 文化研究有何意义？
- 尼采如何论及“阐释”？
- 历时性研究与共时性研究有何差异？
- 二元对立的思维模式有何作用？
- 丹尼尔·卡尼曼认为，有两种系统在塑造着人们的思维与行为，是哪两种？
- “干”日语与“湿”日语有何差别？
- 质化研究与量化研究差别何在？
- 关于传播研究，有哪五种不同视角？

每次一提到“研究”这个词，某些学生就会浮现出一种谜之表情：眼神立刻涣散， 14
面部表情扭曲，好像偏头痛或胃痛发作。他们把“学术研究课”当做一种折磨，只要熬过它，就可以选修自己想要的那些课，然后回归正常生活。

❖ 每个人每天都在做研究

有趣的是，许多学生在谈及他/她们的实习时（所谓的“真实世界”），都会提到这样一些活动：寻找信息与数据、寻找各种主题的材料、寻找各种人名和地址。这不就是“研究”吗？实际上，如果要论实用性，学术研究课是对学生最有价值的课程之一。只不过一提起这个词，学生们总会如鲠在喉，表情痛苦万状。

什么是研究？从字面来说，它意味着“寻找”。它的拉丁字源是“re”（再次）和“cercier”（寻求）。在法语中，“chercher”指的是“寻找”。在最基本的意思上，研究就意味着寻找有关某事物的信息。

莫里哀小说中有一个人物若丹先生（Monsieur Jourdain），他没有意识到自己总是在用散文语调说话。就像他一样，我们也总是在做“研究”，即使我们可能不将它想成是研究。

例如，当人们要买一台电脑时，我们需要搜寻有关电脑品牌和型号的信息。我们可能会查阅电脑杂志，也可能会查阅《美国消费者报告》，还可能向朋友们询问他们正在使用的电脑的情况。这就是研究。

再说一个例子。有次，几个学生在课间讨论一位教授。“他怎么样啊？”一位学生问。“哦，他的课挺好过的”，另一个学生回答，“他会先给学生来一次预测验，在真的考试时，问题都是预测验里问过的。要我就会选他的课”。对于一个正在考虑是否选这位教授的课的同学来说，这是有用的信息。这就是研究。

所以，我们总是在做研究，即使我们并未意识到这就是研究。我们之所以做这些研究，是因为要做出选择：选择要购买的东西，选择要选的课（以及开课的教授），以及
15 如何安身立命。总而言之，即使预算很低，我们仍然需要开展研究，以便做出选择。

一个关于研究的小短剧

大审判官：	谁是张三？
阿瑟：	没有人叫这个名字！他只是我们用来称呼某个人的代号。
大审判官：	为啥他排行第三？
阿瑟：	这是个有趣的问题。你可以做点研究来找出答案。

大审判官：	为何人们要做研究？
阿瑟：	为了找出问题的答案。人们可能会存在各种疑问，或者有一些难题要解决。就像张三为何要排行第三，或者我是否应该去念大学。如果要念大学，我该选择哪一所高校，哪一个专业？我是不是应该跟某某结婚？我应该买辆什么车？诸如此类。
大审判官：	人们什么时候会做研究？
阿瑟：	每天，我们都在做研究。
大审判官：	你是怎么做研究的？
阿瑟：	给我拨6.4万美元经费，我就告诉你。

❖ 学术研究与日常生活中的研究是有区别的

在日常生活的研究与学术研究之间，存在一些差异。通常而言，学术研究比日常研究更系统、更客观、更认真、更注重准确性和真实性。注意，我压根没提到数据、数 *16* 字、统计或类似的东西，因为大量研究根本不涉及它们。

例如，历史学家们的研究。当然，也有量化史学家采用统计学来开展研究，但大多数史学家做的事情是阅读文献（如演讲稿、信件、日记、新闻报道等），并在阅读文本的基础上来描述发生过的事情，解释它发生的原因。他们关注各种经济、政治和社会因素。因为很难确定历史事实发生的原因（甚至历史事实本身），因此在史学界有各种争议。例如，关于美国独立战争的意义，或者南北战争的原因，史学家们简直是众说纷纭。

❖ 文化研究与研究

拿文化研究来说吧。这一并不定型的跨学科领域几乎研究一切东西，上至高雅文学，下至漫画书、电视、电影、音乐，甚至日常生活。这一领域的学者开展分析的基础，是一系列来自于哲学家、社会学家、语言学家和其他理论家们的概念、理念与理论。许多文化研究学者在分析时使用的概念来自于卡尔·马克思、西格蒙德·弗洛伊德，或者来自于俄罗斯学者米哈伊尔·巴赫金，或者来自于法国学者罗兰·巴特和让·鲍德里亚。

两位学者敏拿卡西·吉吉·德汉与道格拉斯·凯尔纳（Meenakshi Gigi Durham &

Douglas M. Kellner）编了一本书，名为《媒介与文化研究：关键文本》（2001）。他们阐释了文化研究的重要意义，指出它如何帮助我们理解流行文化、媒介和其他传播形式的社会作用。他们认为，媒介和文化的角色，就是促进人们的社会化，使之接受自己所处文化中的规矩、传统与守则，教导他们适应政治和社会经济系统。流行文化、媒体、广告和其他事物给我们提供榜样，包括社会角色榜样、性别角色榜样和生活方式榜样，供我们模仿。在流行文化与大众媒介化的文化中，各种叙事塑造了受众的感受。这些叙事在各种媒介文本中屡见不鲜，包括段子、广告、漫画、电影、电视节目和流行小说。

德汉和凯尔纳如是说：

> 17 媒介与文化在当代社会生活中如此重要，如果我们想要掌控自己的生活，就必须理解我们的文化处境。对于媒介、文化和社会的研究，各个学科与学术领域提供了众多的视角……我们想要倡导从广阔范围内采用多种理论路线和方法论来研究媒介、文化和社会。我们不相信，任何单一理论或方法足以承担重任，来理解文化形式与新兴媒介快速普及下的这幅当代景象中的丰富性、复杂性、多样性和新奇性。（p.1）

因为研究媒介、传播与文化具有如此高的复杂性，我在本书中提供了各种方法，也提供了众多案例，它们的结合可以为我们提供比单一学科视角更全面和更有趣的分析，帮助我们深入探究相关课题。

因为对理论家们的阐释意见不一，对其观点的应用众说纷纭，我们会发现在文化研究和其他人文学科内部往往有重大的争议。但我们同样会发现，在社会科学内部也存在争议，例如经济学、社会学和政治学这些涉及数字的学科。经济学通常被认为是一门严谨的科学，必须搜集实打实的数据，但我们会发现，采集了同样的数据后，经济学家们仍有可能形成不同的阐释。

18 ❖ 尼采论阐释

哲学家弗里德里希·尼采相信，任何事物都离不开阐释。正如他在《权力意志》（1987）中所说：

> 实证主义关注现象，认为只有“事实”。与之不同，我想说：不对，事实恰恰是阐释。我们无法在“事实本身”上建立现实，企图这么做简直愚蠢至极。
>
> 你可能会说，“一切都是主观的”，但即使这句话的背后也有被创造和突出的阐释意义。我们最终要搞清楚的是，到底有没有必要在阐释的背后再假定一层阐释呢？只要“知识”这个词有着多重意义，这个世界就是可知的，也是可阐释的，没有意义隐藏其后，它本身就意义丰富。（p.481）

弗里德里希·尼采

尼采说，世上本没有事实，只有视角。他说：“世界是如何被阐释的？完全没有限制。”他提出了“视角主义”（perspectivism）[①]一说，启发了后现代理论，我在第九章对此有详述。尼采可能夸大了阐释的重要性，但他也正确地启示我们，当社会科学家搜集了数据之后，他们仍需对数据进行阐释，有时这些阐释可能路径不一。

日常生活中的研究	学术研究
基于直觉	基于理论
常识性的	结构化的
随意的	系统的
随时发生的	认真计划的
选择性的（通常如此）	客观性的
灵光一闪	科学思考
思维跳跃，常常不循逻辑	尽可能符合逻辑
关注个人选择	关注与现实有关的知识

如上表所示，在日常生活中的研究与学术研究之间存在重大差异。在日常生活中，我们经常随意选择方法。有时为了 19

① 有人译为“透视主义”或“视觉主义”。—译者注

说服自己"我想要做的就应该做"，我们非常不客观。这就是说，我们忽略了一些信息，而这些信息可能告诉我们即将采取的行动是错的。这就是所谓的"选择性忽视"，我们忽略了那些不支持其结论或愿望的信息。

有时，我们日常生活中的研究是"灵光一闪"的。我们相信"心想事成"，通过意志的力量来使得某事发生。你可能认识这样的人：梦想成为电影明星，却从不去上表演课，也不去经历一场场试演失败的磨炼。

日常生活中的研究通常涉及个人事务，例如想要什么，想做什么，或者想购买什么。在很多例子中，我们之所以选择某物，是因为广告或其他宣传让我们动心了，它使得这一选择看上去颇为美妙。我们想要做某件事，就寻找信息来支持我们的欲望。所以说，这种研究是个人层面上的，它不致力于寻求真相，而是寻求支持或辩护。

科学思维则与之相反。它寻求真相，接受那些与我们的愿望或欲望相反的信息。它是逻辑式的，把结论建立在认真思考与诚实研究之上。当然，研究者们力图获得科学性与系统性，但诚心也可能办错事。不过，学术研究仍讲求诚实、接受研究结果、仔细进行逻辑探求。许多日常生活中的研究是为了维护早已做出的选择，而科学研究应是价值中立、诚实无欺的，应接受自己的发现，而不是罗列事实来验证早先的想法。

我还记得读过一篇"日常"研究，是一位名叫马丁·索罗（Martin Solow）的研究者所做的。他受邀到某人家中参加一次朋友聚会，问主人是如何决定购买相关产品的。无疑，他们说自己根本不看广告，大部分购买的产品都是《美国消费者报告》上推荐的。他在自己的文章《橱柜物品的个案研究》（1988）中描述说：

> 我道声冒昧，问如何去卫生间（这所房屋实属豪宅）。进了主卫，我把门一锁，打开橱柜，调查了一下其中的物品：高露洁牙膏、欧莱雅头发喷雾、威锋二号剃须膏和新型吉列威锋二号剃须刀、班氏滚珠除臭剂（我猜是男主人的）、爱丽德超级干爽除臭剂（我猜是女主人的，或者两人共用），以及拜耳阿司匹林。（p.428）

20 这个故事的道理是，我们经常骗自己说，我们购物的决定都是理性选择，但事实上我们总是被各种广告所影响。当人们说，"我看了广告，却没受影响"，只不过是自欺欺人罢了。

❖ 确定性之惑

虽然有点过度简化，仍可以说，我们很少（甚至根本不可能）从研究中获得确定无疑的结论。即使有统计数据，我们对它的阐释仍有可能彼此相异。这解释了为何学术领域充满了争议，学者们也总是花费大量时间来彼此争论（“你的发现不对”，或“你的方法不对”，或“两者都不对”。）。

对于“数据”或“文本”，包括高雅文本或流行文本，例如歌剧、戏剧、诗歌、电影、电视节目、绘画或漫画书，我们有各种阐释。虽然说，我们不能确保自己的阐释是确定无疑的，但这不意味着可以信口开河。我们得进行合理推演。

正是“研究”提供了证据，使我们可以维护自己对某部电影或某组统计数据进行的阐释。我们可以把学术研究者当做这样一群人，他们毕生致力于证明其对于世界某部分的看法是正确的。他们写文章、写书，解释自己的观点、理论，提供证据，来为之辩护。他们也会批评其他学者，批评其方法或观点。然而，仅仅思考是不够的。你必须获得某种“证据”，并获得人们的认可。这些证据就来自于研究。至于研究本身是不是足够好（是否可靠？），或者研究如何应用，则是另一个问题了。

❖ 历时性研究与共时性研究

对所有研究来说，核心问题就是“比较”。简言之，在历时性研究或者说历史研究之中，我们聚焦于跨越时间的变迁；在共时性研究或曰比较研究之中，我们研究跨越地域的差异。这就把我们带向了索绪尔（1915/1966），以及他的见解——“有差异，概念才具备意义”。索绪尔用“历时性”（diachronic）来指那些拥有历史焦点的语言学研究，用 21
“共时性”（synchronic）来指那些比较性的语言学研究。

索绪尔如是说（1915/1966）：

> 确实，任何科学如能更仔细地标明它的研究对象所处的轴线，都会是很有益处的。不管在什么地方都应该分出：（1）共时性之轴，它涉及同时存在的事物间的关系，一切时间的干预都要从这里排除出去；（2）历时性之轴，在这轴线上，人们一次只能考

虑一样事物，但是第一轴线的一切事物及其变化都位于这条轴线上。(pp.79–80)①

共时性之轴涉及不同空间的比较，而历时性之轴则涉及时间的变迁。这是学术研究经常采取的两大方式。

在实验研究中，比较的两者一方是控制组（什么也不做），另一方是实验组（对其做点什么）。对实验组所做的事，就是所谓“自变量”。接着对两个组进行测量，看实验组是不是会受到自变量的影响。例如，一项关于电视暴力的效果研究可能会找两组受试者，实验组观看有电视暴力（自变量）的节目，而控制组则不进行观看。对两个组进行检测，可以看到电视暴力是否有显著影响。

下图展示的是历史性和比较性方向的差异。横轴是比较的（两个不同地域的差异），而纵轴是历史的（时间变迁）。

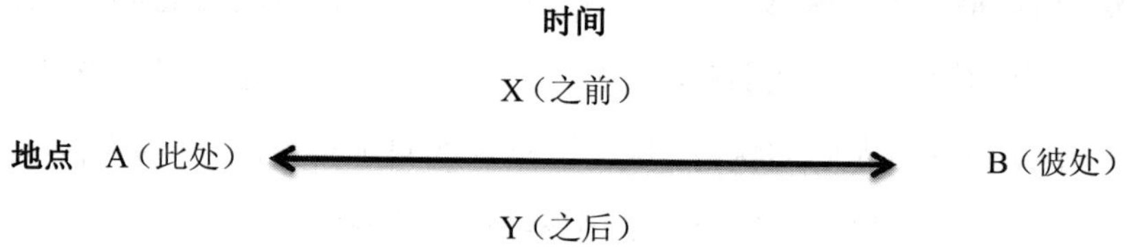

所以，我们通常会发现，比较是大多数研究的核心。如果索绪尔是对的，那么比较
22 就是思考与交流的核心。上图中，A与B的比较，是在同一时刻下的两者比较（例如，美国人与其他国家人做事风格的区别），X与Y的比较，则是历史性的比较，是某事物前后差异的比较（例如，我们以前做事风格与现在有何不同）。

当我们试图理解世界，以及理解那些到手的信息时（因为“有差异概念才有意义”），我们经常以某种方式问：“与谁相比？”另一种描述的方式是，事实不会自我声明，它们只能被置于语境之中，获得阐释。这就是研究报告的用武之地。这份报告用什么方式来书写，也就影响了它的接受程度。媒介或许并非讯息，但信息呈现的方式（即思考与写作的品质）对研究的接受程度的确意义重大。

---

① 中译文引自索绪尔.普通语言学教程[M].高名凯，译.岑麒祥，叶蜚声，校注.商务印书馆，1990：118.有改动。——译者注

❖ 人类头脑的运行方式

让我们回头来看看人类看待世界的方式。根据幽默作家罗伯特·本其利（Robert Benchley）的说法，世界是由两部分人组成的：一部分是那些把世界看成由两部分人组成的人，另一部分是不这么看的人。这个说法仅为博一笑，它并未告诉我们什么真理。但从某种程度上来说，我们总是看到某个群体，以及它的对立面。

索绪尔说，人类头脑对世界的理解，是基于一系列“二元对立”完成的，例如富裕与贫穷、幸福与忧伤、健康与疾病、高大与矮小等。这些对立确立了各种领域内部的关系，而正是通过这些关系，我们才发现了意义。

事实，仅就其自身来说，无法给予我们任何知识。因此，“张三，已婚，育有二子，年收入2.1万美元”（以上纯属虚构），这虽然给我们提供了一些有关张三的信息，但并不充分，我们还需获得更多事实。例如，根据联邦政府的统计，2012年的美国贫困线是2.25万美元（一个美国四口之家的年收入），那么我们就可以看到，张三和他的家人生活于贫困之中。此处我们获得了一些信息，即张三的具体收入；也获得了一个概念，即贫困水平。那么，我们就能看到概念与信息之间的联系了。

索绪尔（1915/1966）的最伟大贡献，在于指出了概念是关系性的。在《普通语言学教程》一书中，他说：“概念是纯粹差别化的，它们并非通过直接的方式，而是由与系统中其他概念的关系而间接地被界定的。概念自身最精准的特性存在于‘非他’之中。” 23
换言之，“语言之中，唯有差异”。（p.120）他解释说，语言是建立在对立基础上的。因此，关系帮助我们理解世界，而索绪尔说，最重要的关系就是二元对立。

让我们来看一下日常生活中的重要的二元对立，以及那些将之变为知识的思想家们。

重要的二元对立	
质化	量化
一	众（柏拉图）
主动	被动
自然	历史
资产阶级	工人阶级（马克思）
数字	模拟

续表

法理社会	礼俗社会（滕尼斯）
生食	熟食（列维–斯特劳斯）
潜在的	实在的
我	汝（布伯）
禁欲主义	享乐主义
酸	碱
理想主义	物质主义
命题	合命题（黑格尔）
善	恶
神圣的	世俗的（涂尔干，伊利亚德）
年轻	年老
自我	超我（弗洛伊德）
阴	阳
24 存在	本质（克尔凯郭尔）
酒神精神	日神精神（尼采）
电子的	机械的
刻板的	灵活的
浅薄的	深刻的
湿的	干的（里夫顿）
古典主义	浪漫主义
伦理的	审美的
自由的	禁锢的
民主的	集权的
阶层	平等
快思考	慢思考（卡尼曼）
西方的	东方的
自由市场	计划市场
开端	结局
资本主义	共产主义（马克思）

注：括号内的人名是那些论及相关概念的思想家

这些对立，以及无数类似的对立，形塑了我们的自觉意识，而且深刻影响了我们的历史。从某种意义上讲，我们可以说，大多数历史都是由这些列表中的二元对立所推动的，人们或者相信这一边，或者相信另一边，因此彼此对抗，而两者间的对话则可能引向某种解决方案。

❖ 公开的与隐蔽的二元对立

在多数例子中，二元对立是隐藏在文本中的，需要去寻找。容我试举一例。我将引用罗伯特·杰伊·里夫顿（Robert Jay Lifton）的一段话，再一一展示其中的二元对立。

里夫顿（1974）在一篇文章《谁更“干”？——日本青年的英雄们》的开篇说到： 25

> 在战后日本，尤其是在年轻人中间，‘干’比‘湿’更好。它出现于年轻人的语言之中，随后被大众媒介扩散开来。它指的是，应当单刀直入、逻辑鲜明、直指核心、实用至上、因果清晰、自我中心，而不是礼貌周全、意在言外、多愁善感、伤春怀秋、浪漫万端、囿于人际关系的种种责任。它认为，应当走出那个樱花、俳句、望月怀远的世界，踏入一个充满阳光、爵士乐和海明威的现代世界。可以说，海明威成为了‘干’的文学之神。当然，文艺青年鄙视这些过分简化的类别。但他们也在自己的日常生活语言中创造了这一组对立，即‘干’与‘湿’，这是典型的战后日本式英语翻译。①他们还发现了寻找‘干物’的绝佳场所：关于牛仔与枪客的美国电影。（p.104）

这段话带来了一系列的二元对立，如下表所示：

干（Durai）	湿（Wetto）
年轻人	（老年人）
单刀直入	礼貌周全
逻辑分明	意在言外
直指核心	多愁善感
实用至上	浪漫万端
自我中心	承担社会责任
热爱阳光	望月怀远
海明威	俳句
牛仔、枪客	“武士道”

---

① 此处的“干”（durai）和“湿”（wetto）分别是英文dry和wet变为日语片假名之后再音译回英文。——译者注

我在第一行中用括号注明“老年人”，是因为他们并没有被直接提及，但可以推断出是日本“湿”一代的代表。我在最后一行用引号注明“武士道”，是因为这段虽未提及，但里夫顿的后文则对之加以细述。

从这个小小练习中，我们可以看出，索绪尔所言“有差异，概念才具备意义”确是至理名言。“湿”，乃“干”的对立面。当我们看到“湿”这个词时，它的意义来自于它与“干”的关系。因此，“湿者，非干也”，反之亦然。

26 我应当强调一下，二元对立并不等于否定。“健康”与“不健康”是一对否定，但“健康”与“疾病”则是一组二元对立，因为两个词都各具意义，每一个词都不单纯是对另一个词的否定。（有些学者说，索绪尔关于“头脑借助二元对立创造意义”的论断过于简化，但他们走向了晦涩难懂的阐述，我们只好姑且将之搁置一旁。）

❖ 快思考与慢思考

丹尼尔·卡尼曼，一位普林斯顿大学的心理学家，撰写了一本书《思考，快与慢》（2011），其中分析了人类头脑运作的方式，涵盖范围很广。他指出，我们头脑中存在两个彼此对立的系统：“系统1号”（快思考）和“系统2号”（慢思考）。他如是说：

> 系统1号的运行是无意识且快速的，不怎么费脑力，完全处于自主控制状态。
>
> 系统2号将注意力转移到需要费脑力的大脑活动上来，例如复杂的运算。系统2号的运行通常与行为、选择和专注等主观体验相关联。
>
> 系统1号和系统2号的定义广泛应用于心理学领域，但我在本书中所作的阐释更加深入，读者可将此书视为有两个人物的心理剧。
>
> 我们在审视自己时，往往更容易采用系统2号，认为自己头脑清醒，富有逻辑，抱有信仰，善作抉择，能够决定自己想要什么和该做些什么。尽管系统2号的运行体现在行动中，但资助运行的系统1号才是本书的重点。我将系统1号描述成自主而初始的印象和感觉，这种印象和感觉是系统2号中明确信念的主要来源，也是经过深思熟虑后作出抉择的主要依据。系统1号的自主运作诱发了极其复杂的理念模式，但只有相对缓慢的系统2号才能按部就班地构建想法。我还描述了继而发生的系统2号的环境条件，在此条件下，系统1号中随性的冲动及其诱发的联想都会受到抑制。读过此书后，你会觉得这

两种系统各有千秋，各司其职。①（p.20-21）

卡尼曼用了400页的篇幅来说明系统1号与系统2号是如何形塑我们的思考的，也讨论了很多实验，其中涉及人类思考的过程及其如何受到事实的影响。例如，他讨论了所谓的“叙事谬误”，它指的是关于过往的有缺陷的叙事如何形塑了我们对世界的观点以 27
及对未来的期望。

> 我们不断试图去了解这个世界，在这个过程中难免就会产生‘叙事谬误’能够吸引人们眼球的那些说法往往很通俗易懂，那些说法具体而不抽象，它们认为天资、愚蠢和意图的作用都要超过运气的作用，它们关注的是少数几件已经发生的重大事件，而不是无数件并没有发生的事件。（p.199）②

这使我们了解到，我们总是过于依赖系统1号，我们的直觉可能会将我们引入歧途。卡尼曼描述了统计学教授们是如何犯错的，他们过于依赖系统1号，导致选择了错误的样本量；他也描述了选民们是如何受到系统1号之影响的。在该书结尾处，卡尼曼指出，我们必须找到一种方式来发掘系统1号提供给我们的“认知矿场”，同时让系统2号参与运作，而这往往不那么容易，因为系统2号需要付出更多努力，也更易让人紧张。当观察别人的研究时，较容易看到这个“认知矿场”，正所谓“当局者迷，旁观者清”。但正是我们自己的矿场才能挖掘出自己的财富，因此我们必须付出努力。

❖ 媒介研究中的质与量

现在该谈谈媒介与传播研究中的基本二元对立了——当然这在各种研究领域都适用——那就是质化与量化研究。我在导言中有所提及，现在再次讨论。

“质”（quality）这个词来自于拉丁语qualitas，意指“所属何类”。所谓质，对于媒介所承载的文本来说，涉及如下事物：文本的特性、表达水平、显著特征等。关于

① 中译文引自卡尼曼.思考，快与慢[M].胡晓姣，李爱民，何梦莹，译.中信出版社，2012：5.——译者注

② 中译文引自卡尼曼.思考，快与慢[M].胡晓姣，李爱民，何梦莹，译.中信出版社，2012：179.——译者注

"质"，会涉及评价与品位等要素。

量则是另外一回事。"量"字来源于拉丁语quantitas，意指"其形何大"，或者说"有多少"。当使用量化方法进行媒介与传播研究之时，我们要考虑数目、大小、测量，等等。当然，量化研究者面临的困境是，能测量的往往只是确定的事物，而非所有事物，实际上有些颇具重要意义的事物却偏偏无法量化。

28 因此，量化研究者常常被批评为过于狭隘，其研究的基础扎根于可以计算、测量、观察的事物，而忽略了其他事物。与此同时，质化研究者遭遇的批评则是"过度解读"，从文本中读出根本不存在的事物，发表一通见解或阐释，却显得古怪、过度，只是一己之见（idiosyncratic）。（idios是私人的意思，idiosyncratic指对媒介与文本的阐释是高度个人化的，经不起推敲。）

让我们用二元对立来看看这两类研究的关联。这些二元对立有些简化，这么做的目的是让其特征更鲜明，希望它能引领我们走向对两类研究重要要素的理解。

质化研究	量化研究
评估	计算、测量
使用概念来进行阐述	收集数据来加以处理
聚焦于文本的美学特质	聚焦于文本中某个词的词频
理论性的	统计式的
阐释	描述、解释和预测
走向一种评价	走向一种假设或理论
阐释本身易受攻击	方法论本身易受攻击

观察一下量化与质化研究者所做的调查，可能有所启发。数年之前，我曾经收到过美国新闻与大众传播教育协会（AEJMC）的质化研究分会发来的宣传单，为当年的年会征集论文。宣传单部分内容如下：

> 所征集的论文可采用任何类型的质化研究路数。我们也欢迎本分会兴趣领域内的短文、分析报告与文献综述。质化研究分会的兴趣包括但不限于：
>
> - 流行文化
> - 传播哲学

- 传播语境下的文本分析或文学分析
- 大众传播者的表演研究 29
- 神话研究/意识形态研究
- 媒介批评
- 文化研究的经验性或理论性成果
- 大众媒介的生产研究/组织研究

这个宣传单还罗列了一些其他话题。我把这个单子列在此处，是因为它提供了一个绝佳例子，能帮助我们理解质化研究方法论者所关注的广阔领域。本书会涉及其中的很多话题。

至于量化研究方法，我会讨论实验法、内容分析法、实地调查法、问卷调查法等，这些技术都是为了统计目的而搜集信息的。

❖ 媒介与传播

为了理解传播，我们将聚焦于五个方面：

1.自我传播。这一传播类型包括：自言自语、分析所处环境以决策应变、撰写日记或笔记，等等。我们与自身进行传播活动。

2.人际传播。这一传播类型发生在我们与相对少数的他人之间。它包括两个人之间的对话，也包括社交饭局上的朋友聚谈。参与者之间会产生互动。

3.小群体传播。这一传播类型的例子如：一个人在课堂上授课，或者对相对少数的人群发表演说，但这个群体又足够大，使得它超越了通常所说的人际传播。

4.组织传播。这一传播类型涉及组织如何与成员进行沟通，以及组织如何与外部利益体进行沟通。

5.大众传播。这时，我们要研究的是广播、电视、电影和其他媒体。传播从一个讯息的发出者那里开始了它的流动过程，到达数量庞大的接收者。大众传播的大量内容是以文本方式而存在的，即各种叙事与故事，在广播节目、电视节目、电影、歌曲、音乐录影带中比比皆是。（当然在个人谈话及其他领域也普遍存在着叙事。）

社交媒体网站大获发展，如脸书网、推特、Pinterest；视频分享网站Youtube和Vimeo 30

也大行其道。这意味着人们如今有能力创作讯息和影像，并传递给数量庞大的人群。大部分智能手机拥有高分辨率的镜头和录像技术，这使得手持智能手机的人们可能成为一名摄影记者，有时这些照片或视频上传后会以病毒式扩散，抵达无数观众。

社交媒体

来源：Marina Zlochin/iStock/Thinkstock

不同的研究方法都有助于各个传播类型的研究。例如，若你有兴趣对大众媒体的叙事进行分析，可以使用质化或者说阐释性方法，如符号学分析、意识形态分析。若你有兴趣对媒介效果进行研究，不妨使用量化的技巧，如内容分析与社会调查。在一些例子中，你可能会结合使用几种不同的方法。

❖ 为何本书兼顾两种方法论？

同时教授两种方法论是颇有道理的，因为我们经常在一项研究中兼顾两种方法。例如对一个警匪类电视连续剧进行研究，质化研究者可能研究对话中的隐喻、电视连
31 续剧的叙事结构，而量化研究者可能统计剧中平均每分钟的暴力场景数量。很有可能，暴力数量会影响研究者对文本的定性阐释，反之亦然。

我们有理由推论说，如果一个文本过于暴力，它会使受众产生精神痛苦和厌恶情

绪，也很有可能使观众以至评论家做出负面的审美评价。很可能，这种生理或道德上的考虑会影响对文本的评估，以及是否看下一集的决定。在某些例子中，一个特定场景中暴力的密度（质化数据），可能比整个文本中所有暴力的数量（量化数据）更为重要。这就是为何我们需要一系列常用的分析和测量工具，多样化的工具能使我们获得所需信息的完整光谱。准备好充足的弹药（即研究工具）才能去冲锋陷阵。

❖ 研究选题

在开始一个研究项目之前，你最好考虑下列问题：

- 这一选题的重要性如何？
- 你的假设合理吗？可验证吗？
- 这项研究会涉及伦理问题吗？（例如，它是否会侵犯某些人的隐私？如果是的话，还要做下去吗？）
- 你是否有足够的技术来做这项研究？例如，你是否有足够的统计学知识来处理你的数据（假如你需要进行统计分析）？
- 这个选题是否足够小、足够聚焦，使得你能在一定时间内和一定经费条件下完成？
- 你的方法是不是验证你的假设、调查你的对象的最佳方法？
- 你学校的图书馆和网络资源能否提供足够的资料？

❖ “何为研究？”：应用与练习

1. 在《纽约时报》上找找，是否能找到某些文章，介绍了某项关于媒介的科学研究。对之进行分析，回答下述问题：

(1) 这项研究用了什么方法？

(2) 这个选题的重要性如何？ 32

(3) 研究得出了什么结论？

(4) 研究结论有数据支持吗？可信度如何？

(5) 你是否可以对这些研究进行概括总结？

（6）这项研究的发现对政策制定有何启示？

2. 根据《纽约时报》报道找到这项研究的原初论文，比较报纸文章与学术论文，看看报纸文章是否准确总结了论文内容，是否有重要内容被遗漏了，新闻报道是否有某种程度的偏向。

3. 研究一下智能手机。根据学者们的发现，智能手机对美国文化与社会产生了哪些影响？考虑一下类似选题，如智能手机与青少年的社会化、智能手机与政治，等等。就你个人来说，你认为一个学生所用的"最佳"手机是哪一款？你自己用的是哪个品牌、哪一款手机？你为什么决定买它？如果你有足够的预算，你会选择哪一个品牌、哪一款手机？

❖ 结论

如果你把学术研究当做是一种努力寻求信息，从而理解事物、人类以及传播复杂性的过程，那么它还是挺激动人心的。根据人类大脑运作的方式，我们总是在进行研究，但不一定是学术研究或曰科学研究。本书提供了学术研究的入门途径，就像一个启蒙读本，向你介绍最常用的媒介与传播分析技术。

多年以前，曾有一家德国出版商请我写一本书，从历史和比较的双重视角，谈谈女性引诱男性的技巧。这引发我做了一项美妙的研究，我找了很多资料，写了一本书，讨论那些可称为"诱惑大师"的女性，从莉莉丝到蓬帕杜夫人，从克丽奥佩特拉到莫妮卡·莱温斯基。

谁说研究是没有乐趣的呢？

33
❖ 延伸阅读

Bakhtin, M. M.（1981）. *The dialogic imagination: Four essays* （M. Holquist, Ed.; C. Emerson&M. Holquist, Trans.）. Austin: University,of' Fexas.Press.

Baudrillard, J.（1996）. *The system of objects* （J. Benedict, Trans.）. London, UK: Verso.

Becker, H. S.（1998）. *Tricks of the trade: How to think about your research while you're doing it*. Chicago, IL: University of Chicago Press.

Bergen A. A. (1995). *Cultural criticism*. Thousand Oaks, CA: SAGE.

Bergen A. A. (1998). *Media research techniques* (2nd ed.). Thousand Oaks, CA: SAGE.

Berger, A. A. (2010). *The cultural theorist's book of quotations*. Walnut Creek, CA: Left Coast Press.

Bernard, H. R. (1994). *Research methods in anthropology: Qualitative and quantitative approaches* (2nd ed.). Walnut Creek, CA: AltaMira.

Creswell, J. W. (2013). *Qualitative inquiry and research design: Choosing among five approaches* (3rd ed.). Thousand Oaks, CA: SAGE.

Clemens, R. (2016). *Using social media for qualitative research: A theoretical and practical guide*. Thousand Oaks, CA: SAGE.

Durham, M. G, &Kellner, D. M. (2001). *Media and cultural studies: Key works*. Malden, MA: Blackwell.

Flick, U. (2014). *An introduction to qualitative research* (5th ed.). Thousand Oaks, CA: SAGE.

Poindexter, P. M.,&McCombs, M. E. (1999). *Research in mass communication: A practical guide*. New York, NY: Bedford/St. Martins.

Priest, S. H. (2009). *Doing media research* (2nd ed.). Thousand Oaks, CA: SAGE.

Rubin, R. B., Rubin, A. M.,&Piele, L. J. (1990). *Communication research: Strategies and sources* (2nd ed.). Belmont, CA: Wadsworth.

Sparks, G. G. (2015). *Media effects research: A basic overview* (5th ed.) Boston, MA: Cengage.

Strauss, A.,&Corbin, J. M. (1998). *Basics of qualitative research: Grounded theory procedures and techniques* (2nd ed.). Thousand Oaks, CA: SAGE.

Surber, J. P. (1998). *Culture critique: An introduction to the critical discourses of cultural studies*. Boulder, CO: Westview Press.

Wimmer, R. D.,&Dominick, J. R. (2003). *Mass media research: An introduction* (7th ed.). Belmont, CA: Wadsworth.

《我的卓越朋友和伟大生活家》

你询问我的事情既困难又无用。尽管我整天在此地度日，但我既没有数这里的房屋数量，也没有调查居民数量。况且，一个人往自己的骡子上载了什么东西，或另一个人往他的船底存储了什么物件，真的都与我无关啊！但是，至于这座城市的历史，天知道在战争和伊斯兰教入驻之前，异教徒们吃了多少尘土、陷入了多大的混乱。调查这件事于我们而言毫无益处。我的天啦！求您别管那些与您无关的事情了。我们欢迎您以和平的方式来到我们的土地上。

——一个土耳其官员给一个英国人的回复，引自奥斯汀·H.拉亚德（Austen H.Layard），

《在尼尼微和巴比伦遗址上的发现》（1853；参见巴赞和格拉夫，1957）

2

研究程序 35

第2章　核心问题

- 两种最“基础”的研究策略是什么？
- 有哪些最重要的资料库？
- 如何进行分析性的阅读？有没有什么小贴士？
- 本书中提到一篇关于社交媒体的文章，其中最重要的观点是什么？
- 主要研究来源与次要研究来源之间的差异是什么？
- 在分析研究文章的方法时，应该采取哪些步骤？

伍迪·艾伦（Woody Allen）在他的脱口秀表演中，有一个经典段子。有一次，斯科特·菲茨杰拉德（F.Scott Fitzgerald）给艾伦带来了他的一本新书《艾凡赫》。“这是本好书，”艾伦说，“但你不用写它，沃尔特·司各特爵士（Sir Walter Scott）早就写过了”。[①]

① 沃尔特·司各特（1771—1832）爵士是英国作家，《艾凡赫》（*Ivanhoe*）是他于1819年发表的小说，曾被林纾、魏易译为《撒克逊劫后英雄传》（1905年）。斯科特·菲茨杰拉德（1890—1940）是美国作家，代表作为《了不起的盖茨比》。伍迪·艾伦（1935—）是美国电影导演、作家、喜剧演员。——译者注

这个小故事的妙点在于，我们没必要重新发明轮子，因此也不应该再做那些早已被做过的研究选题——除非你想重复别人的研究。

36 ❖ 研究策略

我们所面临的最重要问题，一是究竟选择什么题目来做研究，二是如何开展研究。我们永远应该选择自己感兴趣的题目，这会使研究过程变得有趣，充满正向激励，能够满足我们的好奇心，而不仅仅是一件苦差事。

研究的策略有两种：

第一，从特殊走向普遍。

第二，从普遍走向特殊。

在第一种道路中，我们头脑中有一个非常特殊和具体的东西，我们由此出发，去寻找更具普遍意义的材料，从而理解其背景，也寻找各种有助于我们思考的东西。因此，如果你想做一项有关电视职业摔角比赛的研究，你应该调查的内容包括：摔角的历史、体育与社会、媒介与体育，等等。

在第二种道路中，我们可能会对某些领域感兴趣，四处去寻找相关信息，从而使我们的研究课题能够聚焦在某个能处理的现象上。对于学生来说，这一点尤其重要，因为你的时间与经费都会非常有限。例如，如果你对暴力与电视这个领域感兴趣，你需要进一步缩小范围，使研究对象进一步聚焦。如选定某个卡通节目分析其中的暴力内容量，或职业橄榄球比赛中的暴力等，从而使你能够处理相关话题。

一旦我们缩小了范围，聚焦于能应付的研究对象，我们就需要去看看前人已经在这个题目上说了些什么，那就需要做学术文献检索。在互联网和搜索引擎（如谷歌、必应等）出现以前，你需要去一个好图书馆，翻一堆书和期刊。在当前的互联网时代，图书馆都摆满了电脑，图书馆员个个都是检索专家，你就不必非得亲自去图书馆做学术检索了，你可以用互联网搜索到非常多的信息。

37 ❖ 信息来源

有一些重要的信息来源可供研究者使用。

- **谷歌学术** 它罗列了广阔范围内的文章与著作。
- **谷歌** 最常用的搜索引擎。
- **必应**(BING) 微软的搜索引擎。
- **维基百科** 在维基百科的文章最后，你通常能发现相关文章和著作的链接。

还有一些其他的信息来源可能也会对你做研究有所帮助。

- **电脑数据索引**(原来的卡片索引) 它会罗列出图书馆所藏的所有书籍，也会告诉你它们出借与在库的状况。你还可以用这些索引去寻找特定话题的书籍，或者你感兴趣的某位作者的所有著作。
- **书目数据库** 这些数据库包括“杂志文学读者指南”“全国报纸索引”“社会科学索引”“商业杂志索引”等。
- **关于特定杂志的索引** 此类索引中，最有名的可能就是“《纽约时报》索引”了，它列出了该报的所有文章。因为这份报纸是有据可查的报纸，这个索引有助于寻找和媒介与传播研究相关的许多话题的长文。《纽约时报》在广告和媒介研究上可以说不遗余力。
- **摘要集** 不同领域都有摘要集，例如“生物学摘要”“历史学摘要”“语言学和语言行为摘要”“心理学摘要”，以及“传播学摘要”。
- **研究指南** 这类出版物通常对材料进行筛选，选出某个领域里最重要的材料来源。一些典型的指南包括“哲学：参考文献指南”“参考书指南”，以及“英语与美国文学指南”等。
- **词典** 最权威的词典大概就是《牛津英语词典》了，但同类书还有很多，有的小型词典也 38
很有用。另外，一些具体领域也有自己的词典，例如詹姆斯·华生和安·希尔所编的《传播与媒介研究词典》(James Watson & Ann Hill, 1997)、埃利斯·凯什摩尔和克里斯·罗耶克所编的《文化理论家词典》(Ellis Cashmore & Chris Rojek, 1999)。
- **百科全书** 许多百科全书，例如《大英百科全书》，都可以在网上注册免费使用。在传播、电视和大众媒介研究等特定领域也有自己的百科全书。
- **年鉴** 许多学科都有年鉴。在年鉴中既有重要的理论文献，又有最新的前沿研究。《传播年鉴》即属此类。
- **统计数据库** 每一年，联邦政府都会发布一部巨制，即《美国统计摘要》。联合国也会发布两大部统计报告，分别是《统计年鉴》和《人口统计年报》。私人出版商也会发布统计报告，有的话题宽泛，有的则很集中。

- **互联网**　互联网可以为我们提供令人难以置信的海量信息。谷歌、必应等搜索引擎、Nexis、Vu-Text、Lexis和其他在线数据库等都是重要资源。一些有用的互联网统计信息数据来源如下：

  亚马逊在线书店（http://www.amazon.com）

  巴诺书店（http://www.barnesandnoble.com）

  美国人口调查局（http://www.census.gov）

  美国统计摘要（http://www.census.gov/compendia/statab）

  联邦政府统计局（http://fedstats.sites.usa.gov）

像亚马逊、巴诺等在线书店很有用，因为它们提供了各种主题的书籍信息。有时，它们会提供相关主题的书籍评论和链接。

在这个列表中，你还会发现，许多统计数据是向研究者开放的。通过使用搜索引擎和其他网站，你能获得各种相关信息。

39 近年来，图书馆日益数字化了。图书馆拥有人们所需的大部分信息，唯一的问题是如何找到它们。勤奋和智慧缺一不可。当然，你可以求助于图书馆管理员们，他们常常能帮上大忙。如果图书馆文献检索做得好，你会发现关于你正在研究或想要研究的课题已经完成了哪些学术工作。不管你想研究的是什么课题，从头到尾完整做一遍是没有意义的，因为很多工作已经被完成了。除非，你想要重做某项经典研究，来看看前人研究是否存在问题。

所以，一般而言，学者做图书馆文献检索的目的，是发现那些前人已有的成果。文献检索的另一个价值，就是帮助我们找到相类似的著作和文章。我们可以从中进行学习，无论是其成功之处，抑或是其谬误。

我们做文献综述，应在某个主题范围内获得尽可能多的信息，以便可以缩小自己研究课题的内容。因为研究需要耗费大量的资源与精力，而且困难重重，我们必须选择一个大小适当的题目。图书馆工作可以帮助研究者们获得背景知识，以便他们更好地理解课题的语境。

如果你有机会去图书馆实地检索，在书架前徜徉，你可能会发现自己从未了解过的书籍，但是它们能提供莫大帮助。图书馆书架是按照相关主题分类的，沿着它的通道徜徉，远比通过电脑系统检索更有收获。因此，研究者们喜欢逛图书馆，其来有自。

❖ 如何边阅读边分析

一旦我们找到了对自己研究有用的学术文章或论著，就需要对它们进行阅读和分析，从而辨别其优劣，决定是否在自己的研究中使用它们。当开展阅读分析时，下列思考非常重要。在阅读时，有时我们只阅读其内容，有时则需进行分析，这两者是有差别 40
的，后者要求对其风格与内容做批判性的评估。要进行阅读分析，可以遵从以下建议。我们首先要认识到的是，每个学科的学者都有不同的研究道路以及价值信仰。例如，马克思主义经济学家们与资本主义经济学家们就有着显著区别，其关注焦点也有极大差异。因为理论方向的不同，他们对于同一组数据也会有不同阐释。同样，量化研究的论文与质化研究的论文也颇为不同，前者往往包含数据，后者则使用另外的方法来获得信息，通常不会使用量化数据。

在本节中，我会使用精神病学专家大卫·布伦斯奇尔（David Brunskill）的文章《社交媒体、社交头像与心智：脸书网对我们有好处吗？》（2013）①作为例子。在我讨论如何边阅读边分析的时候，我会从该文中选出段落来加以说明。当然，某个段落可能同时适用于几个分析主题，并非那么泾渭分明。我要感谢《澳洲精神病医师》这本期刊的编辑们允许我使用这篇文章。

找到论文的主旨

学术文章，与大多数文章一样，需要有一个论题，也通常有一些观点需要加以证明、有一些命题需要进行辩论。一旦你找到论文的主旨，你可以看看它的论据是否支持了这个主旨，也可以判断它们是否可信。应当牢记，当你写论文的时候，应当有一个主旨。

简要目标：本文试图探索社交媒体用户如何进行在线的自我呈现，思考该过程是

① 这篇文章原名为"Social Media, Social Avatars and the Psyche: Is Facebook Good for Us?"。其中Avatar一词指的是用户在社交媒体上用来代表自己的头像，以及在互联网上的虚拟形象。它源自印度教的词汇，意为“化身”。2009年美国电影《阿凡达》的名字用的也是这个词。——译者注

否有可能影响其个人心智。

****

本文做出了如下观察：上网会导致一种不受压抑、不受绑束的个体存在状态，以这种状态为基础，用户产生了一种特定的“电子个性特征”，它具有虚拟性和完整性，比各部分的相加要更复杂。虽非真实，却充满生命力和活力，与线下的传统个性特征可同时存在，但比起后者，它不会受到旧规则或广阔社会契约的束缚，因此更具自由优势。

41 寻找结论

当作者阐明了自己的目标之后，通常会阐释自己的结论，并在论文主体部分解释这个结论是如何得出的。

结论：关于社交媒体的高层次研究往往会在组织层面上开展，但个体层面的研究也应当加强，因为上网活动的心理学维度具有重要意义，值得仔细审视。人们在使用社交媒体的经验中，似乎天生就会选择喜爱的材料来再现自己。这一过程是逐步累积的，它有效地制造了一个在线形象（“化身”式的社交头像）。它既是为社交而生的，也能够推动社交活动。人们会格外选择那些最好的因素呈现给别人看，而社交头像就反映了这一倾向，并在实际上造成了一种“界沟式”的效果，它存在于在线形象（再现）和离线身份（实质）之间。创造一个社交头像因此也颇具重要性，对于所有社交媒体的用户来说都值得仔细考虑，而不仅仅是那些拼命想要整合自己多层面现代人格的用户。因此，在理解社交媒体是如何影响了个体心智，或者说如何导致精神病理状况时，社交头像是一个重要因素。

观察论文使用的方法

通常而言，学者是根据论文作者使用的方法来对其进行评价的。这些方法，也就是学者们进行研究时所遵循的道路，这是至关重要的。作者如何来支持自己的论点？他们作出了什么推论？他们使用的方法有效吗？如果用其他的方法是不是更好？本章后文会更详细地分析有关方法的问题。

> 既有研究提出了五个心理动力（自大、自恋、黑暗、逃避、冲动），认为它们构成了建立“电子人格”的基本材料。作为在21世纪对弗洛伊德“本我”概念的再次确认，它们带来了一种人格的转变（或分裂），被称为“网络效应”。

寻找重要的理论与概念

学术文章通常包含着一些理论与概念。理论常通过界定相关内容，来确定研究的整体面貌。我认为理论与概念是有差异的，前者如心理分析理论，后者则是理论中的一 42
些元素，例如强迫症（OCD）。因此，如果人们每天洗手两百遍，我们可以将之描述为一个强迫症的案例，而根据心理分析理论，这可能是一种源于创伤或基因的行为。你应当仔细观察理论是如何被解释的，又是被如何使用的。

我们可以看看下面所列：

理论： 心理分析理论

概念： 强迫症

行为： 每天洗手两百遍（或类似行为）

概念及其界定是理论的一部分，也解释了特定的行为。

> 人类用户在赛博空间中再现自己的方式，是相当奇妙、复杂的，而关于人类本性，它又颇能泄露天机。在寻求对在线自我呈现的理解时，“化身”是一个关键的概念。……这个概念被彻底挪用，并大获拓展，纳入了个人在虚拟世界中的展现，既包括你创造的那幅代表自己的图片，也包括你呈现给别人的心理特征。
>
> **************
>
> 图片被认为是一种符号性再现，也是一种人们头脑中的构想（尤其是一般性公众）。它被给予越来越大的重要社会意义，并被确立为现代生活许多面向中的核心影响力，也包括在线体验。

如果文章使用了数据，观察数据是如何使用的

论文是如何使用数据来支持自己的理论和概念的？在2012年，总统选举的那一晚，共和党候选人米特·罗姆尼（Mitt Romney）相信自己将会当选总统，因为他的竞选

团队获得的数据显示了这一点。但他的团队所使用的数据是不准确的，罗姆尼发现自己最后以较大劣势败北。内特·希尔沃（Nate Silver），《纽约时报》“5–38”专栏的作者，
43 预测罗姆尼会输掉，他使用的数据则是每个州的调查，比罗姆尼团队使用的全国调查更为准确（希尔沃，2012）。我在这里想要指出的是，你不可能总是确保自己的数据是准确的，就算它是准确的，也总有许多方式来阐释数据。这解释了一个现象，即不同政治立场的经济学家们对同样的数据总有不同的阐释。

寻找作者所做的论断

从实用性的角度来说，所有学术刊物上的文章都是在某些主题上所做的论断。论文展现了作者对某些兴趣点的讨论，有数据支持，走向某些结论。我们已经明白，某些数据是不准确的。也有可能，作者的逻辑推断存在某种问题，导致其结论效度存疑。当你在论文中读到“所有”或“每一个”等词语的时候，你遇到的就是高度的概括，只要一个单一反例，就能让它的有效性土崩瓦解。这也解释了为何有的学术论文作者会给自己的总结附加某种限定，但这种有限定的总结也会成为谬误。你要问问自己：为何这位作者（或这些作者们）相信这一点，而不相信另外的观点？一个好办法是找到一篇论文，写下论文的主旨观点，并列出所有的“论断”，看它们是否能引导出作者希望达到的结论。

> 为了探索上网行为的任何一个心理学层面，例如社交媒体对心智的影响，首先要做的事情就是考虑那些掌控或影响我们上网行为的力量，既包括那些与媒介相关的因素，也包括那些个体用户自身的特征。理解这一进程的最根本环节，是把网络情境视为一种媒介，它产生了一种免除抑制的影响（参见表2）。在个人层面上，既有研究提出了五个互相嵌合的心理动力，它们能帮助观察者理解为何个体能够管理自己在赛博空间的存在（参见表3）。因此，看上去，极有可能个体的人格特征是另一个重要的考虑因素（即一位个体对赛博空间的使用，与在其他生活领域一样，很有可能反映了其人格的特征）。在此概念的基础上，可以进一步假设说，个人的特殊人格可能在一个特殊化的网上风格中表达出来（参见表4），虽然这需要进一步的深入研究。最终，也是最重要的，
> 44 媒介本身就有能力对用户个性造成根本性的改变。虽然说，上网与使用社交媒体有可能影响心智，这一点很明显，但要想勾勒出一个连贯的且整体的解释框架来分析其运行的机制，确是对心理学术语与研究的一个重要挑战。

观察作者使用的资源

这些资源可信吗？它们可靠吗？它们是不是最新的资料？它们支持该文所辩称的主旨吗？这并非意味着文章所使用的每一个来源都必须是当代的。如果你的研究涉及心理分析理论，那么引用弗洛伊德以及从19世纪至今的各位理论家的研究就是很合理的事了。

注意：该文共有22条注释，我仅列出了其中4条。

注释

1. Te Kaunihera,Tapuhi-Aotearoa/Nursing Council of New Zealand. Social medics and electronic communication guidelines,http://nursing council.org.nz/Publications/Standards-and-guidelines-for-nursesGuidelinesSocialMedia.pdf (2012,accessed 19 April 2013).

2. Kiss,J.Facebook hits 1 billion users per month. The Guardian,4 October 2012,http://www.guardian.ca.uk/technology/2012/oct/04/facebook-hits-billiosi-users-a-month(2012,accessed 19 April 2013)

3. Aboujaoude,E.Problematic Internet use:An overview.World Psychiatry 2010;9:85-90.

4. Aboujaoude,E.Virtually you-the dangerous powers of the e-personality.1st ed.New York:W.W.Norton&Company,2011.

寻找对比与比较

正如我之前所说的，我们的头脑使用对立来理解事物。正如乔纳森·卡勒（Jonathan Culler）在《索绪尔》（1986）一书中所述，语言学家罗曼·雅各布森（Roman Jakobson）说过，二元对立是人们发现意义的基本途径。这就是说，人类要想理解某个概念，就要找到它的对立概念。因此，“富”的意义来自作为对立面的“穷”；“健康”则是“疾病”的对立面（其反面则是“不健康”）。我们寻找的是真正的对立，而非反义。我们将会在第三章关于符号学的讨论中看到，某个概念之所以获得自己的意义，就是因为它是其他概念的对立面。因此，我们应该关注论文作者使用对比与比较的方式，注 45
意这些对比或比较是否正确。

> 身份认同指的是界定某个人的个体性格特征，或者某个人可以被认定的方面。与形象不同，身份认同更位于实质性层面，而非再现性层面。

观察文章所使用的案例

我们应该注意作者使用的案例，它们是否有用且正确？这些案例是与主题相关的吗？它们是否激发人们的兴趣？它们是否支持作者的论点？让我提供一个牵强附会的案例吧！如果一位作者在写作有关俄狄浦斯情结与心理分析理论及其应用的文章，他使用的案例是每天洗手两百遍。我们可以看到，这里产生了错误，这种行为应该是强迫症的案例。我想说的是，有时作者使用了不恰当的案例。如果我们发现了类似的案例，我们就有理由去质疑它。

> 可以说，互联网已经成为一种增强幸福感的工具，许多人都很享受那些先进的通信手段。然而，社交媒体也不断带来问题，这些问题既是技术进步的产物，也反映了人类行为的阴暗面。有些网络言论存有恶意，会伤害某些人，而这些言论颇为多样，颇具创意，甚至其设计就追求最大化效果。例如，有一种在线行为就是颠覆性的，甚至是病态的：有人匿名参与互联网纪念性群体，从而蓄意破坏其悼念性质，这种行为很难制止。网络欺凌、网络骚扰、张贴不恰当/令人反感的内容，以及与成瘾相关的各种问题，都可以被界定为此类行为，即对于整体人群具有负面影响的行为。

寻找线索

通常而言，你会发现论文中存在一条主线，即某个反复出现的主题。这些线索在文章中起到什么作用？它们是否有助于读者不会偏题？它们还有其他功能吗？

46 寻找洞见

我把“洞见”界定为，在你阅读该文章之前并未意识到的两个事物之间的联系。洞见非常有价值，它有助于解释事物，在某种程度上，我们可以说某篇文章的研究质量如何，就取决于其中的洞见的质量。你能否将文献中的洞见，应用到自己的研究之中？

> 互联网对个体身份和行为的变动的助长是潜在的，这就导致了我们无法察觉虚拟世界所造成的变化，以及随之而来的对我们心理图景的微妙改造，因此那些接踵而至的至关重要但往往是负面消极的心理变化，绝大部分都是无法探明的。
>
> 负面心理影响的例子因此可以被识别出来，而这些例子最显著的表现，就在于那些挣扎着想要整合自我身份的个体身上。从实在层面（某些人将网络与欺骗融为一体）到抽象层面（社交“化身”的创造划分并加强了自我内部业已存在的病理学分裂），一些明确的隐患已被察觉。“划分”在传统病理学角度的定义是使人格中的分裂部分重新整合在一起。然而它可能会孕育出一种日常的防御机制——通过我们对时间和情感复杂而矛盾的需求，来提高这个世界的效率。这样的区划在不同阶段需要进行不断的处理和整合，以便一个真正的自我心理得以茁壮成长。

借鉴写作风格

期末论文、研究报告和所有学术性写作，都应当使用恰当的写作风格。我们应当避免在学术写作中使用对话式或非正式的方式。但是，学术写作可绝不意味着它就是枯燥乏味的。我们还应当避免拗口或艰涩的段落，并注意语法规则。

我之所以选择这篇关于社交媒体的论文，是因为它处理的是一个许多人都会感兴趣的话题，而作者使用了平易近人的风格。布伦斯奇尔对其所使用的概念做了界定，避免了那种艰涩的术语，而这种术语在很多论文中都会出现。我们可以设想，别人在阅读我们的学术论文或研究报告时可能会提出的问题，在研究时注意它们，并 47
体现在写作中。

❖ 做文献综述

所谓文献综述，是一种特定的图书馆检索结果。文献综述总结了学者和研究者们在你的研究兴趣领域已经做出的重大发现。为了完成文献部分，你应当梳理图书馆、数据库和互联网可提供的那些材料，寻找有关这个主题的论文、研究报告、期刊、著作等，并提供一个概述，说明在你研究的这个领域中哪些工作已经完成。

文献研究要做两件事：第一，它为你的读者提供了一个语境，使其了解你的研究是如何与既有研究相关联的。第二，它向读者表明，你是在何处发现何种信息的，也使其知晓这些信息的时效性和可靠性。

❖ 一手研究和二手研究的资源

一手研究指的是研究者自己所做的第一手观察和研究。例如，对某一群人进行调查，搜集数据，看它们揭示了什么。二手研究则使用别人所做的研究，这些研究可能得出了某些结论，或作出了某些论断。这种研究实质上是一种编辑工作，从不同的学者那里获取可引用的材料，对这些材料进行总结、复述、综合，从而写作一篇文章或论文，得出结论。在一手研究中，我们开展“实实在在”的研究；在二手研究中，我们则对他人的研究进行“利用”。

在《美国现代语言协会手册》中，约瑟夫·吉保迪（Joseph Gibaldi, 1995）描述了一手研究和二手研究之间的区别。

> 一手研究是通过一手观察和调查来对某个主题开展的研究，例如分析一个文学文本或历史文本，开展一项社会调查，或进行一项实验室实验。一手研究的资源包括统计数据、历史文件、文学与艺术作品等。二手研究是对其他研究者所做研究的再次审视。二手研究的例子包括政治议题、历史事件、科学争论或文学工作的著作与论文。（p.2）

48 对学生们来说，二手研究占的比重较大，他们经常在自己的论文和研究计划中使用其他研究者的观点与发现。

从某种意义上来说，这样做是一种调用权威的方式，调用“专家们”的权威来作出某种论断。有时候，引用马克思、弗洛伊德、亚里士多德、柏拉图等理论家们的研究，可以维护或支持自己的观点。在文学研究、媒介与传播研究、艺术研究、广义的文化研究等领域，许多对文本与现象的阐释正是建立在著名哲学家、思想家和学者的概念之基础上的，这些概念可应用于任何研究之中，那么如何应用就是关键所在了。

在有些例子中，论断的基础往往是评价与阐释，这些评价或阐释是学者与批评家们对某个艺术作品或曰“文本”所作出的。批评家们经常会对如何阐释一个特定文本而各抒己见，研究者的问题是弄清楚哪些批评家是正确的（或者何时是正确的），哪些批评家是错的（或者何时是错的）。之所以这么说，是因为批评家们对一个文本的评价，从某个角度来说是正确的，但从另一个角度来说可能是错误的。在某种程度上，批评家们的争执与创意作品的复杂性是相关联的。在我的文章中，我的一大乐趣是引用（或许在某些时候是误用）弗洛伊德、马克思和各位哲人的观点，将之用于各种不同的文本、对象和实践。

据说，口味是无法争论的。我们对于电影、电视节目和其他文本都有权持有独特的看法，但这不意味着我们的观点永远是正确的，或者永远跟其他人的一样好。你对某个文本的论断，其力度与密度无关宏旨，但质量却至关重要。

在媒介与传播研究中如何使用期刊

如今，要在图书馆中找到有用的学术期刊是非常容易的事了。如果你在图书馆中找不到，可以使用互联网来找到它们。下文列出了一些可能对你的研究有用的期刊，[1]它们仅供参考。其中许多期刊的文章可以在《传播研究摘要》中读到，这本双月刊每年会提供约1,500篇摘要。

American Anthropologist
American Behavioral Scientist
American Educational Research Journal
American Journal of Psychology
American Journalism
American Political Science Review
Canadian Journal of Communication
Central States Speech Journal Communication
Communication Education
Communication Quarterly
Communication Research
Communications and the Law
Journal of Communication Inquiry 49
Journal of Marketing Research
Journal of Media Law and Practice
Journalism History
Journalism Quarterly
Mass Comm Review
Media,Culture and Society
Political Communication and Persuasion
Public Culture
Public Opinion Quarterly
Public Relations Journal
Quarterly Journal of Speech

[1] 为便于读者寻找这些期刊，下表保留英文原文。——译者注

Critical Studies in Mass Communication
Human Communications Research
InterMedia
Journal of Advertising
Journal of Applied Communication Research
Journal of Broadcasting and Electronic Media
Journal of Communication
Reference and Research Book News
Signs: Journal of Women in Culture and Society
Telecommunication Journal
Thalia: Studies in Literary Humor
Theory and Society
Western Journal of Communication
Written Communication

摘要是对论文中最重要观点的总结。如果你在摘要中发现了某种有用或有趣的东西，你可以找到刊物来阅读全文。

另外还有大量的有关媒介、传播和广播电视的行业期刊，你可以从中找到有用的信息。很多行业期刊都有大量的数据，你可以根据自己的目标选用。下面所列的是一些有用的网址，可以帮助你开展研究。

50 **框 2.1　实用的互联网网址**

http://www.amazon.com （bookstore）
http://www.barnesandnoble.com （bookstore）
http://www.cios.org （Communication Institute for Online Scholarship–CIOS）
http://www.cios.org/www/afjourn.htm （journals list from CIOS）
http://www.ipl.org（Internet Public Library）
http://www.iTools.com/research–it （research source）
http://www.library.uiuc.edu/cmx/ （Communications Library,Uriiversity of Illinois）
http://www.loc.gov（Library of Congress）
http://www.moviedatabase.com （movie database）
http://www.mmds.com/af/fr–bottom.asp（to find the meaning of acronyms）
http://www.nytimes.com（*New York Times*）
http://www.nara.gov（ National Archives & Records Admnistration）
http://www.netlibrary.com （2000 books, periodicals,journals,and articals）
http://www.onelook.com（dictionaries）
http://www.wsj.com（*Wall Street Journal*）
http://www.wsu.edu/brians/errors/errors.html （common errors in English）
http://www.yahoo.com/Reference （research source）

如此丰富的资源，意味着你必须不断提高辨别力，才能决定如何取舍。《国会图书馆标题表》确定了各种主题下的标题，它可能会有助于解决此问题。你看，在研究中，我们碰见的每个问题几乎都有解决方案，你只需知道去哪里寻找它，或找到正确的人来寻求帮助，例如一位图书资料员。

框2. 2 网络搜索引擎 51

网络搜索引擎会对我们浏览过的网页进行记录。当你搜索某些主题时，搜索引擎会查找这份记录，找到相关网页。

Excite	http://www.excite.com
Google	http://www.google.com
Hotbot	http://www.hotbot.com
WebCrawler	http://www.webcrawler.com
Yahoo!	http://www.yahoo.com

网络元搜索引擎

元搜索引擎会同时向许多搜索引擎发出对信息的请求，这就意味着，这样的搜索要比一般的搜索花费更多的时间。普通的搜索引擎只是总览它们收到的数据，呈现其中的一部分，这可能导致重要信息的遗漏。

Dogpile	http://www.dogpile.com
MetaCrawler	http://www.metacrawler.com
SavvySearch	http://www.savvysearch.com

❖ 互联网信息检索（“尽管找吧！如果你能找到的话……”）

对于做研究来说，图书馆是个绝妙之处。当你游走于书架之间，常常会发现其他感兴趣的书籍。互联网也非常有用，你可以很快找到各种有用的信息。下面是进行互联网查询时的一些建议。很多时候，你必须不断改变搜索的关键词才能找到所需的信息。可以这么说吧，进行互联网搜寻，有点像一个游戏，名叫“尽管找吧！如果你能找到的话……”很有可能，信息就在某个地方，要找到它却很成问题。 52

按照惯例，你应该在论文或报告中，注明网络信息来源的网址，以及你使用它的日期。

1. 使用谷歌、雅虎、必应等搜索引擎，任选一个题目搜寻信息。点击一些搜索引擎所提供的网址，获取更多信息。对我来说，如果有某个东西我想要了解，我做的第一件事就是打开谷歌，看看它能提供什么。估计每天都有数百万人在做类似的事。下表是我在2012年和2015年输入“媒介与传播研究”等关键词后，谷歌给出的结果。

	2012	2015
媒介与传播研究	38，200，000	288，000，000
媒介研究	172，000，000	1，960，000，000

我很好奇，如果搜索我的书《媒介与传播研究方法》，能得到多少网页。2015年5月5日，我发现输入“媒介与传播研究方法+伯格”之后，得到了266,000条结果。我们会发现，在过去几年间，有关媒介与传播研究的网站数量发生了巨大变化。这意味着，你必须学会如何缩减搜索范围。

2. 使用“谷歌学术搜索”来寻找学术资料。大多数搜索结果是不能免费下载的，但你可以很快找到它们，再通过自己学校的图书馆或电子数据库来找到文章所发表的期刊。

3. 使用“谷歌书籍搜索”来阅读谷歌所扫描的书籍，或者网上已有的书籍。你可以通过宾夕法尼亚大学的在线书籍页面（http://digital.library.upenn.edu/books）来获得3.5万本在线书籍，或者使用其他在线图书服务。

4. 使用维基百科作为搜索引擎和数据库。它列出了许多可能有用的网站，例如EBSCO，它含有多个在线数据库。

5. 有些机构也拥有大量关于媒介、舆论和相关论题的信息，例如凯泽家族基金会（Kaiser Family Foundation，http://www.kff.org）和皮尤研究中心（Pew Research Center，http://pewresearch.org）。

53 6. 亚马逊网站、巴诺书店和其他互联网书店也列出了许多主题的书籍，帮助你获取相关信息。在亚马逊网站上，你可以预览许多此类书籍（浏览部分章节、目录和参考书目等）。

7. 有不少学术期刊是可以在互联网上阅读的。你所在学校的图书馆可能有授权，因此你可以直接找到相关的学术期刊来浏览。从期刊获取信息有一大优势，即时新性；而一本书要出版，起码要历经一年的出版周期。

最重要的学术期刊都是同行评审的期刊。期刊编辑会把收到的文章匿名发给一些此领域内的学者。评审者不知道作者是谁，而作者也不知道评审者是谁。如果评审者认为文章值得发表，编辑通常会将它登载出来。有时，评审者会要求作者进行修改，有时则认为文章根本不值得刊登，他们会写下评审意见。编辑用同行评审的方式来确定文章会得到客观公正的评价，确保论文的确具有价值。

❖ 分析学术论文中的方法体系

阅读学术论文时，不仅要注意其研究发现，也要注意其研究方法。我们既可以从别人方法的错误中学习，也可以从其精巧的方法设计中获益。不管怎样，第一步是能够确定其使用的方法体系。

假设，你要使用调查法来完成某个主题的研究。它主要使用调查方式，从精心选择的人群中来收集信息，这一人群代表着更大的总体，例如某一个城市或州或国家的电视节目收视群体。我会在第十三章详细阐述这套方法体系。

在检视使用调查研究的期刊论文时，你应当使用下列方法来评估其研究的质量。
这一列表是我的同事柴姆·艾奥（Chaim Eyal）提供给我的，他在我们系负责教授研究 54
方法课程。

1. 确定研究所使用的方法。
2. 寻找研究问题或研究假设。
3. 确定自变量和因变量。
4. 考虑样本数量：N=?
5. 评估其使用的抽样方案。
6. 这项调查是如何实施的？
7. 对研究的主要结果和结论做笔记。

即使一篇论文中充满了统计数据和其他数据，也并不意味着研究就一定是准确的，而发现就是有效的。

在分析其他类型的研究时，我们可以遵从类似的步骤：

1. 作者探究的是什么主题？
2. 作者使用了什么方法？

3. 作者得到了什么发现或结论?
4. 你在其方法中是否发现了某些问题?
5. 研究的发现有效吗? 有用吗?

有时，我们可以直接使用别人的研究方法，来对自己感兴趣的特定问题进行研究，所以，看论文不仅要看内容，也要看方法，这将使我们获益匪浅。

❖ 研究程序：应用与练习

1. 使用图书馆和互联网中的学术期刊资源，找到有关下列主题的论文：

- 现代性与后现代性的关系
- 不同国家的自杀率
- 出境游（排名前10的目的地国家吸引了多少游客?）
- 55 不同国家的广告支出：美国、法国、德国、日本、中国和巴西
- 007电影的文化意义

2. 使用柴姆·艾奥的问题列表及其他内容，对使用调查法开展研究的论文进行检视。

❖ 结论

如果你找到一个感兴趣的题目，你的研究会变得趣味盎然。感谢互联网，你现在可以使用电脑或智能手机来完成各种研究。你可以借助图书馆，或者愿意提供帮助的图书馆员来找到书籍与论文。大学图书馆还有大量的流行杂志、学术期刊、政府出版物和其他书籍，可以供你在研究中使用，或者，仅仅满足你的好奇心。

❖ 延伸阅读

Agosti, M.(Ed).(2008). *Information access through search engines and digital libraries*. Berlin, Germany: Springer.

Bent, M. J. (2015). *Practical tips for facilitating research*. London, UK: Facet.

Fink, A. (2014). *Conducting research literature reviews: From paper to the Internet* (4th ed.). Thousand Oaks, CA: SAGE.

Fielding, N. G., Lee, R. M.,&Blank, G. (Eds.). (2008). *The SAGE handbook of online research methods*. London, UK: SAGE.

Gibaldi, J. (2009). *Handbook for writers of research papers* (7th ed.). New York, NY: Modern Language Association.

Gross, R. (Ed.). (1993). *The independent scholar' s handbook*. Berkeley, CA: Ten Speed Press.

Hart, C. (1998). *Doing a literature review: Releasing the social science research imagination*. Thousand Oaks, CA: SAGE.

Mann, T. (1987). *A guide to library research methods*. New York, NY: Oxford University Press.

Muijs. D. (2018). *Doing research with secondary data*. Thousand Oaks, CA: SAGE.

Pettey, G., Bracken, C. C.,&Babin, E. (2015). *Communication research methods: A strategic communication science approach to applied research methods*. New York, NY: Routledge.

Semonche, B. P (Ed.). (1993). *News media libraries*. Westport, CT: Greenwood.

Weinberg, S. (1996). *The reporter' s handbook: An investigator' s guide to documents and techniques* (3rd ed.). New York, NY: St. Martin`s.

第二部分

文本分析方法

语言是一种表达观念的符号系统，因此，可以比之于书写系统、聋哑人的字母、军事信号等。它只是这些系统中最重要的。

因此，我们可以设想有一门研究社会生活中符号生命的科学，它将构成社会心理学的一部分，因而也是普通心理学的一部分，我们管它叫"符号学"（semiology，源自"符号"一词的希腊语semeion）。它将告诉我们符号是由什么构成的，受什么规律支配。因为这门科学还不存在，我们说不出它将会是什么样子，但是它有存在的合理性，有其立足之地。……把仪礼、习惯等等看作符号，这些事实也将显得完全是另一种样子。到那时，人们将会感到有必要把它们划归符号学，并用这门科学的规律去进行解释。

——费尔迪南·德·索绪尔，《普通语言学教程》（1966,p.16）[①]

① 中译文参考了费尔迪南·德·索绪尔著，沙·巴利、阿·薛施霭、阿·里德林格合作编印，高名凯译，岑麒祥、叶蜚声校注的《普通语言学教程》，商务印书馆，1990年，第38–39页。有改动。——译者注

3

符号分析 59

第3章　核心问题

- 索绪尔提出的符号的两个组成部分是什么?
- 人们是怎样将金发用作“谎言”的符号的?
- 为什么符号学家认为社会是首要现实?
- 皮尔士的符号三分法的内容是什么?
- 直接意指与含蓄意指的区别是什么?
- 拉帕耶关于“文化密码”的分析有哪些要点?
- 文本分析中组合和聚合的区别是什么?
- 艾克曼关于表情的论述是什么?我们能从中学到什么?
- 007电影《大破天幕杀机》的聚合文本由哪些部分构成?

关于符号的科学——符号学,是一个庞大的学科,且纷繁复杂。符号学理论家的某些著作也着实晦涩,但是在这简短的章节里,我们还是可以解释清楚符号学的基本
原则,并提供一两个符号分析的应用实例,之后你就可以进行独立的符号分析了。若 60
对符号学感兴趣,你还可以通过阅读本章末尾的参考书深入学习。关于“符号”一词

有诸多定义，让我来介绍其中的一则吧，它援引自著名社会符号学家马克·戈特迪纳（Mark Gottdiener）于1997年发表的著作《美国的主题：梦想、想象与消费空间》。

> 符号学的基本单元就是符号，符号这一概念，可定义为指代他物的某物，更准确地说，就是口语、书面语、图画图像或者是某种物质在头脑中与某一文化概念连为一体。符号是两个元素的统一体，一是词/物，即“能指”，二是其文化层面的意涵，即“所指”。这样，我们的意识将“狗”这个字或“狗”的图像与“狗”这个概念——一种有着特定行为特征的被驯化的犬科物种——联系在一起。如果我们的日常生活中没有狗，那么，我们就不可能知道“狗”这个能指的意义了……当我们面对的事物是特定概念、文化意义或者意识形态信仰的能指时，我们可以不将之视为“符号”，而视为符号载体。指示性的事物本身运载着意义。（pp. 8-9）

你会发现，符号学家们的分析对象，包括面部表情、发型及头发颜色、牙齿、时装、眼镜、珠宝、人体穿孔以及任何你能想到的事物，分析它们如何产生意义，反映了怎样的社会与文化。我将会在本章中分析其中的数种。

一个关于符号学的小短剧

大审判官：	我最近一直在观察学生们。跟我说说长发吧，它代表着什么呢？
阿瑟：	长发在过去代表着反主流文化，但是现在这个意义已被人们淡忘，甚至一些“老古板”都会留长发、戴耳环了。
大审判官：	紫色头发和绿色头发又有什么意义呢？
阿瑟：	这通常是“朋克”文化的标志。
大审判官：	女性剃光头又代表着什么？难道是战争犯吗？
61 阿瑟：	现在当然不是了，她们只是想让自己看起来更酷。
大审判官：	可是冬天她们的头不会冷吗？还有为什么那么多男人突然开始蓄胡子呢，包括一些棒球运动员？
阿瑟：	美国社会已经越来越去性别化了。男士蓄胡须是为了彰显他们的男性气概，当然也有可能是为了挡住那些令他们不甚满意的下巴。
大审判官：	你看那边那朵云，多像一只骆驼啊！
阿瑟：	没错，的确很像。

大审判官：	或许它更像一只黄鼠狼？
阿瑟：	它确实像黄鼠狼。
大审判官：	或者像头鲸鱼？
阿瑟：	非常像鲸鱼。

❖ 索绪尔对于符号的划分：能指与所指

瑞士语言学家费尔迪南·德·索绪尔（1857–1913）开创了欧陆符号学（semiology）；美国哲学家查尔斯·桑德斯·皮尔士（Charles Sanders Peirce, 1839–1914）则创立了美国符号学（semiotics）。这两种符号学体系都是关于如何对符号进行阐释的。近年来，为了方便，我们开始统一 62
使用“符号学”（semiotics）一词来代表这两种研究路径。到底什么是符号呢？我将先后为大家介绍索绪尔和皮尔士的理论。

费尔迪南·德·索绪尔

索绪尔认为，符号由“能指”和“所指”两部分构成。“能指”是构成符号的声音和图像，而“所指”则是这些声音和图像带给我们的观念。索绪尔如是说：

> 我们把概念和声音/图像的结合叫做符号，但是在日常使用上，这个术语一般只指声音/图像，比如说一个词语。……我建议保留“符号”这个词表示整体，用“能指”和“所指”分别代替“概念”和“声音/图像”。后两个术语的好处是既能表明它们彼此间的对立，又能表明它们和它们所从属的整体间的对立。至于“符号”，如果我们认为可以满意，那是因为我们不知道该用什么去代替，日常用语没有提出任何别的术语。（1966, p. 67）[①]

① 中译文引自费尔迪南·德·索绪尔著，沙·巴利、阿·薛施蔼、阿·里德林格合作编印，高名凯译，岑麒祥、叶蜚声校注的《普通语言学教程》，商务印书馆，1990年，第102页。有改动。——译者注

索绪尔论及的“能指”和“所指”的关系，如表格所示：

符号	
能指	所指
声音/图像	所代表的观念

天生的金发（而非染成的金发）

例如：词语“树木”　　“茎干粗大的植物”……

63 词语是符号，许多其他事物也可以是符号，诸如面部表情、肢体语言、穿着、发型，等等，随手拈来均是符号。对于一个符号学家而言，任何事物都可以是符号。符号学简直是一门帝国主义式的科学，但符号的一个问题就是，它可以被用来欺骗。一位坐在酒吧里的金发美女，很可能既不是女性也非金发，而是个男人，一个用符号进行欺骗的异装癖者。

❖ 金发的符号学阐释

金色是无数女性染发时的首选。正如俗话所说：“十个金发女郎九个染”。[①]在美国，人们认为“金发的人更风流”。但是关于金发有不同的解释，它也常意味着冷酷或者纯真。D.H.劳伦斯曾说，在美国的小说中，金发女性往往扮演着高傲冷漠且可望而不可即的角色，而黑发女性则表现得热情如火、性感无比。社会学家查尔斯·威尼克（Charles Winick）在他的著作《美国生活的去性别化》中写道：“对大部分女性来说，金发的吸引力与其说是带来更多的风流机会，不如说是传达一种情绪的收敛和激情的缺失”（p. 169）。他认为这便是玛丽莲·梦露之所以如此风靡的原因：她给人的印象不是性感诱人，反而是清纯无辜。对威尼克而言，一个深色头发的女人即使将头发染成金色，在思想上也不会具备金发女人的特质。

64 我们可以将金色头发作为“说谎”的符号的例子。意大利著名符号学家翁贝托·艾

① 原文是“Many a blonde dyes by her own hands”。——译者注

柯（Umberto Eco，小说《玫瑰之名》的作者）认为如果符号可以用来讲述真相，那么它们同样可以用来说谎：

> 符号学研究所有可以作为符号的事物。符号就是一切可以替代他物的事物。这个“他物”并不一定是存在或者确实出现在被符号指代的那个时刻的某个位置上。因此，原则上说，符号学是一门研究所有可能被用来说谎的事物的学科。倘若一个事物无法被用来说谎，那么反过来，它也无法被用来“说出”任何事情。（p. 7）

想想那些把头发染成金色实则是深发色的女性、那些穿内增高的矮个子男性、那些戴假发的秃发者，以及打扮成男性的女性，从符号学的角度来看，他/她们都在借用符号说谎。

费尔迪南·德·索绪尔认为，对于理解符号而言最重要的是：能指和所指之间的关系是约定俗成的，是任意的。词语“树木”和它所代表的“茎干粗大的植物”之间的关系不是自然的，而是历史的、约定俗成的、人为选择的。他还区别了象征符与符号，象征符被包含在符号的范畴之内，它并非完全任意的。如他所言：

> 象征符的特点是：它永远不是完全任意的；它不是空洞的；它在能指和所指之间有一点自然联系的根基。一座天平可以作为“正义”的象征符，这是不能随便被比如双轮马车这样的物体所替换的。（p. 68）①

象征符对我们的生活而言意义非凡，在我们的思考与行为中扮演着重要的角色。

❖ 符号学与社会

能指和所指之间这种约定俗成的关系有着重要的含义，它意味着我们需要社会体系来告诉我们如何阐释能指。正如乔纳森·卡勒在其著作《索绪尔》的修订版中所写的：

---

① 中译文引自费尔迪南·德·索绪尔著，沙·巴利、阿·薛施霭、阿·里德林格合作编印，高名凯译，岑麒祥、叶蜚声校注的《普通语言学教程》，商务印书馆，1990年，第104页。有改动。——译者注

> 65 对于人类而言，社会是最首要的现实，但社会不仅仅是个体活动的集合……如果一个人想要研究人类行为，他就必须承认社会现实的存在……因为意义是社会产物，解释必须在社会层面上进行……个体行为和症状可以从精神分析的层面阐释，因为它们是一般的精神过程、由社会戒律引起的无意识抵抗并造成特定反抗和置换的结果。语言的交流之所以可能，是因为我们吸收了一套共同的规范系统，这套系统使世界得以运行，并赋予语言行为以意义。如涂尔干所言，对个体而言至关重要的现实并非物质世界而是社会环境，这里有规则与规范体系、共同的表征，它们让社会行为成为可能。（pp. 86-87）

符号学理论含蓄地告诉我们，我们是社会化的动物，我们理解世界的方式与我们成长的社会环境息息相关。可笑的是，有的人坚信“不存在社会，仅存在个体”，但这一见解恰恰源自其身处的社会。下面我们就通过对文化密码的讨论来了解更多这方面的内容。

❖ 皮尔士符号三分法：图像符号、标识符号和象征符号

C.S. 皮尔士，为符号与符号学命名的人

皮尔士构筑的是另一个完全不同的符号系统，他认为符号可以分为三类：图像符号（肖像）、标识符号（标志）和象征符号（象征）。图像符号强调符号与所表征对象的相似性；标识符号通过两者的因果关系来表征；而象征符号则是建立在约定俗成的基础之上。如皮尔士所言：

> 每个符号都被它所指代的事物决定。首先，当我
> 66 将一个符号称为“图像符号”时，它就参与构成了该事物的特征；其次，当我将一个符号称为“标识符号”时，它是以独立存在的方式与独立存在的事物产生联系；最后，当一个符号被我叫做“象征符号”时，它被用来指代一个事物，这种指代多少带着些不确定性并来自于习惯用法。（引自泽曼，1977，p.36）

三者关系如图所示：

	图像符号	标识符号	象征符号
符号来源	相似性	因果关系	惯例习俗
示例	照片	火与烟	十字架
理解过程	可见	可推断	必须习得

索绪尔和皮尔士的符号论均涉及符号的运作且都影响深远，但两者各有旨趣。其最大区别在于，皮尔士认为符号是“在某方面或以某种方式对某人而言代表着某物”的事物（转引自 Zeman, 1977, p. 27）。他同样认为即使世界并非完全由符号构成，也充斥着各种符号（转引自Sebeok,1977）。如果世间万物都可以被视为符号，那么符号学就是一门最重要的科学。

这两种关于符号的解释可以被视作符号学学科得以创立的基础。当然，关于符号学的讨论还有许多其他面向，但凭借这两种对于符号的理解，我们就可以进行符号分析了。它们能帮助我们理解人们是如何发掘事物的意义的，我们可以运用符号学去分析和理解平面广告、电视和广播中的商业广告、摄影作品、建筑、电视节目和电影是怎样生产意义的。无论诉诸视觉还是诉诸听觉，媒体世界充斥的符号都是符号学家分析的对象。优秀的电影人和卓越的艺术家们即使从未研习符号学，潜意识里也深知符号的重要性。在无数成功与失败的历程中，他们深刻地领会了符号的要义。

❖ 相关概念

有些概念对于符号学分析至关重要，此处稍做解释。

直接意指（外延意义，denotation）。直接意指是指某个术语或研究对象的字面意义，一般是描述性的。“巨无霸”的外延性描述就是一种麦当劳出品的、重达数盎司、 67
浇满调味酱汁的夹层汉堡。“芭比娃娃”的外延性描述便是一种身高11.5英寸、胸围5.25英寸、腰围3英寸、臀围4.25英寸的玩具娃娃，于1959年首次问世销售。

含蓄意指（内涵意义，connotation）。含蓄意指讨论了一个词语文化层面的意义。“巨无霸”的内涵意义就体现出了美国文化的某些方面——快餐、同质性、时间紧迫、烹饪兴趣缺乏、食品制作机械化，等等。“芭比娃娃”的内涵是一个让年轻女孩子们趋之若骛的美丽女性形象和一个消费偶像，教会女孩儿们成为消费者。

直接意指与含蓄意指的区别如下表所示：

直接意指	含蓄意指
字面的	象征的
能指	所指
一目了然的	需要推测的
描述性	暗示性

隐喻（metaphor）。隐喻指用类比的方式交流。例如，一个人可能会说："我的爱是一支红玫瑰。" 如前所述，我们大部分的思考都是隐喻性的。

明喻（直喻，simile）。明喻是隐喻的子范畴，常常使用"像"或"如"来描述。例如，"我的爱像玫瑰一般"就是明喻。隐喻以同等性（identity）为基础（我的爱=红玫瑰）；然而明喻以相似性为基础（我的爱像红玫瑰）。

转喻（metonymy）。转喻通过联想来传达意涵。我们通过联想将所知的事物与其他事物相联系来理解世界。例如，我们都知道劳斯莱斯汽车非常昂贵，而这就可以将劳斯莱斯与财富（或高品位）相连。

提喻（借代，synecdoche）。提喻属于转喻的子范畴，强调以某部分来指代全部，反之亦然。例如，我们用白宫来代表美国总统，用五角大楼指代美国军方。

比喻和转喻（及其相关范畴）通常被称为"修辞手法"。我们常在诗歌以及其他文
68 学作品中遇见它们，现如今在广告以及各种大众媒体上随处可见。事实上，隐喻在我们的日常生活中扮演着重要角色。乔治·莱考夫和马克·约翰逊（George Lakoff & Mark Johnson, 1980）就曾经探讨过"隐喻是我们思维的基础"：

> 大多数人认为没有隐喻他们也能活得很好。恰恰相反的是，我们发现隐喻已经渗透进日常生活里，不仅在语言中，还在思想和行动中。我们普通的概念系统（我们依此思考和行动）从本质上说就是隐喻性的。(p. 3)

有些时候，为了使生活更丰富，我们发现有些事物可以兼具隐喻与转喻的功能。比如说，蛇在隐喻的层面可以被视作男性生殖器符号，在转喻的层面上，蛇又是伊甸园的

一个指示物。

互文性（intertexuality）。互文性指的是文本与所引用文本的关系，有时有意为之，有时则是无意的。由此，苹果公司著名的麦金塔电脑广告《1984》与乔治·奥威尔著名的反乌托邦小说《1984》、圣经中大卫和歌利亚的故事就构成了互文的关系。恶搞（戏仿，parody）就是一个文本以诙谐的方式模仿另一个文本，它是一种很常见的互文范例，诸如伍迪·艾伦在科幻电影《傻瓜大闹科学城》中的戏仿等，许多文本都借用了其他文本中的题材、元素乃至人物角色。这个理论是苏联的符号学家巴赫金在其著作《对话的想象：四篇论文集》（1981）中提出的：

> 活语言中的词语直接地、公然地指向一个在未来会有回应的词语，它会激发回应、预言回应，以回应为导向完成自身的组织结构。在一种对话已完成的氛围中建构自身，尽管这些话语还是未说出口的，它们也被已回答过的话语所决定和预言，这就是所有活语言所处的境况。（p. 280）

他在讨论中举了一个关于中世纪文本的例子，引用了当时的一位文学研究专家的话：

> 中世纪文学尤其是拉丁语文学的历史“是一部挪用、再造和模仿他人作品或者说是其他语言、风格和话语的历史。”（p. 69）

如果我们将巴赫金的观点用来分析文本，而不是对话中的词语，我们就可以理解
互文性的运作机制了。所有的文本都会为之前的文本所影响，即使创作文本的人并没 *69*
有意识到他们（不同程度地）“借用”了其他文本的情节、主题、语言或其他方面，部分原因在于我们共享着相同的文化遗产。

密码（符码，code）。在侦探故事中，密码指的是那些混淆视听或容易“破解”的信息。当你掌握了密码技术，就可以“解锁”信息。在符号学的思想中，我们可以用符码来指代结构化的行为，大部分人类行为都可被视作符码，它们有着机密的、不易被理解或察觉的隐蔽的结构。

文化可被视作符码的集合。要理解文化，就需要“解码”生活在各种文化和亚文化背景下的人类行为。符号学可以帮助我们解释形式背后的意义以及各种很重要却并不

显著的传播的意义。比如，随着成长，我们学会了某些烹制菜肴的“符码”：上等腰肉牛排或猪排不可以用开水焯。我们也学到了吃牛排如何配菜的“符码”：常用的是烤土豆和炸薯条，而不是煮土豆或米饭（除非你是亚洲人）。我们不加思考地习得了诸多符码，因为我们的行为几乎都为它们所塑造，所以便对它们视而不见了。

语言（language）**与言语**（speaking）。语言，从符号学视角看，是一套社会机制：在一个使用某一语言的特定共同体（或亚文化）中成长起来，我们也就习得了语言。索绪尔（1966）对语言和言语的差别做了一个重要的区分：

> 但语言是什么呢？在我们看来，语言和言语行动不能混为一谈，它只是言语活动的一个确定的组成部分，而且当然是一个主要的部分。它既是言语机能的社会产物，又是社会集团为了使个人有可能行使这种机能所采用的一整套必不可少的规约。（p. 9）①

索绪尔将个体行为称为言语（speaking/parole）。因此，我们可以思考三种不同的现象，如下表所示：

语言（Langue）	话语（Langage）	言语（Parole）
语言（language）	演讲（speech）	讲话/个人行为
（社会）制度、规则与传统	个人/社会行为	个人对规则的运用

70 言语同样可以包括发型、服饰、面部表情和其他个人传播形式。比方说，一旦我们理解了他人的肢体语言，他/她某个特定姿势的意义也就为我们所领会了（比如当你说话时，他/她把头扭向另一边）。

❖ 克洛泰尔·拉帕耶与文化密码

让我们来深入讨论一下“密码”。法国学者及营销专家克洛泰尔·拉帕耶（Clotaire Rapaille）在他的著作《文化密码——最实用、最有趣的全球文化解读》（2006）一书中讨论了密码的问题。拉帕耶十分重视解读“印记”（imprints）：经验与随之而来的情感

① 中译文引自费尔迪南·德·索绪尔著，沙·巴利、阿·薛施霭、阿·里德林格合作编印，高名凯译，岑麒祥、叶蜚声校注的《普通语言学教程》，商务印书馆，1990年，第30页。——译者注

的结合。如他所言，“印记一旦产生，就会限定我们的思维过程并塑造我们之后的行为。每一个印记都会助我们形成自我，印记的集合定义了我们是谁。”（p.6）这些印记在不知不觉中影响了我们。拉帕耶还认为，寻找到这些印记就 71
可以对“我们文化中的元素以发掘依附于这些文化的情感与意义”（pp.10–11）进行解码。同时，他认为大部分印记在我们七岁时就已经形成了，因为“情感是儿童在七岁之前的核心力”（p.21）。正如他所说，他探索的是“隐藏在文化潜意识中”的密码。

他的文章阐释了印记和不同文化中的密码。他借有关奶酪的论述，举了一个文化解码的例子：

《文化密码》封面

来源：Jacket Cover copyright ©2006

> 奶酪的法国密码是有生命的，这充分体现在法国人怎样挑选和储存奶酪的过程中。法国人在奶酪店里会用手指碰戳奶酪，通过闻味道来判断它们的“年龄”。当他们选好奶酪带回家后，便把它放在钟形玻璃罩里（上面有小孔可以透气，还能防止昆虫去叮咬）以室温储存。相反，奶酪的美国密码是死的，同样在具体情景中才能体现出来。美国人用加热杀菌法来“杀死”奶酪（未经加热杀菌处理的奶酪不得进入这个国家），然后精选一块块被包装好（像木乃伊一样）的奶酪——可能的话还会放在塑料袋（好比裹尸布）里——带回家，最后密封起来放在冰箱（停尸房）里储存。（p.25）[1]

拉帕耶的举例和措辞极具说服力和吸引力，因为美国人确实会把奶酪晾干，然后像存放尸体似地保存它们。在这里要记住的是，从拉帕耶和符号学视角来看，文化之中饱含各种密码，而符号学家们的任务就是学会如何解码。

---

① 中译文引自拉帕耶.文化密码[M].陈亦楠，李晨，译.南海出版社，2008.——译者注

❖ 社会中的符号学：一种重复

现在我们要开始用这些概念来分析图像、物体及一切传播形式。对符号学的运用也许看起来就像“常识”一般，可是大多数情况下仅运用常识无法为我们感兴趣的话题提供完整精确的分析。下面两段引言将有助于我们理解符号学的运作。

第一段话来自语言学家乔纳森·卡勒，这段话对社会和文化现象做了重要阐释：

> 认为语言学家有必要研习其他文化现象的观点是基于这样的两种洞见：其一，社会和文化现象并非仅仅是物质实体或事件，而是有着意义和符号的物体和事件；其二，它们不是本质主义的，而是由关系网络所决定的。(p.4)

72 我们必须学会通过符号的视角看待事物，并思考这些现象之间的关系，以便理解它们的意义。意义建立在相互关系之上——正如索绪尔所说，有差异，概念才具备意义。

玛雅·派因斯（Maya Pines）在1982年提出了一个相似的观点，认为人类是创造符号、生产符号的生物：

> 我们所做的一切，都是以各种各样的方式传递着有关自我的讯息。同样地，我们也处在讯息的接收端，这些信息浩如烟海，以音乐、动作、食物、习俗、书籍、电影或广告等各种方式来编码。然而，我们很少会意识到自己接收了这样的讯息，也无法说清它们运行的规则。(p.G1)

尖尖的牙齿被约定俗成地视为吸血鬼的能指

由此，符号学能帮助我们解读所收到的讯息，并更好地理解那些我们传达给他人的、有关我们自身的讯息。通常，我们对这一讯息传送的机制是毫无察觉的。

举一个有趣的例子吧。有一次，我在一个会议上讲授符号学。我让学生拿来一些自认为可以体现其特质的物品，放入棕色的纸袋里，这样大家就不知道这些东西分别是谁放的。关于他们认为这个物品反映的他们自身的特点，我让他们写在一张纸上，也同样放进纸袋里。一位女士拿来的是一个大贝壳，她罗列了贝壳反映出的她的特质是：美丽、精致、自然、简单。而我将贝壳展示给大家时，会议上的其他人员写下了不同的形容词：空洞、贫瘠、易碎以及无聊。通过这件事我想说的是，在我们向他人传递信息时，他人与我们自己的理解常有出入。

❖ 文本的组合分析 73

弗拉基米尔・普洛普

无论是故事、叙事或传说——统称为文本好了，其句子大同小异，当然写得越长也就越复杂。符号学家们用“组合分析”（syntagmatic analysis）来解释事件发生的先后顺序是如何赋予文本以意义的，就像一个句子中利用词语的顺序创造意义的方式。“syntagm”一词就有“链条”之意。

苏联民俗学家弗拉基米尔·普洛普（Vladimir Propp）是叙事分析的代表人物之一，也是《故事形态学》（1928/196）一书的作者，这部著作开创性地研究了叙事如何产生意义。“形态学”一词指的是对形式或结构的研究，也包括某个事物的组成部分（作为整体中的部分）如何彼此关联，又形成整体。普洛普在书中表示，按照主要人物的功能来理解叙事是最简单的。他研究了一系列的俄罗斯神话故事，并尝试理清这些神话如何运作以及它们到底聚合出了怎样的意义。他这样写道：

我们需要对这些神话的主题进行对比，因为对比可以让我们用特殊的方式将神话的组成部分分离开来；然后，我们再依据它们的组成部分进行对比。这一结果会是形

态学的（也即，基于神话的组成部分以及这些组成部分和彼此、和整体之间的关系而对神话进行的描述）。(p.19)

74 普洛普之所以决定使用形态学的研究路径，是因为其他方式行不通，它们聚焦的是故事的风格、主人公的种类或其他分类方式。

普洛普提出，叙事基本的或最小的单元是"功能"，他将之定义为"从其对于所行动过程意义角度定义的角色行为"①。他也加入了一些其他重要观点：

- 在一个故事中，角色的功能是稳固的、持续的元素，独立于"如何或经由谁而实现"。他们是一个故事的基本组成部分。
- 对于神话故事而言，已知的功能的数量是有限的。
- 功能的顺序总是相同的。
- 所有神话故事的结构都是同一类型。

普洛普提出，每一种神话都有31种功能和一种初始状态，初始状态中会介绍主人公及其亲属。每一项功能还包括许多子类目，代表了使这一功能得以实现的不同方式。普洛普的观点及其功能说可以用于分析现代文本。功能详情和俄罗斯神话故事主要人物列表可参见表格3.1：

75 **表3.1　普洛普功能说**

α	初始状态	主人公或主人公家属出场
β	离家	某一家庭成员离家
γ	禁止	主人公接到某个禁令
δ	违禁	禁令被违背
ε	侦察	反派开始进行侦察活动
ζ	传递	反派获得其迫害对象的信息
η	诡计	反派企图欺骗受害人
θ	共谋	受害人被谎言欺骗，不知不觉中成为敌方助力

① 中译文引自普罗普.故事形态学[M].贾放，译，北京：中华书局，2006：18.——译者注

续表

A	恶行	反派伤害家庭中的某位成员
a	匮乏	家庭成员中某人缺乏或渴望得到某事物
B	调停	不幸传开，主人公被派遣
C	开始	搜寻者同意参与抵抗
↑	出发	主人公出发
D	施予者的第一项功能	主人公接受考验，获得魔力器具或助手
E	英雄的反应	主人公回应施予者
F	接受魔力器具	主人公将魔力器具收入囊中
G	空间转移	主人公被带向搜索目标
H	战斗	主人公和对头正面交锋
I	胜利	反派被打败
K	清算	所有的灾祸和损失都被清算
↓	归来	归来
Pr	追逐	一场追捕：主人公被追捕
Rs	营救	将主人公从追捕中营救出来 76
O	未被认出的到来	未被认出的主人公回家或抵达另一个国度
L	无理要求	假主人公提出无理要求
M	艰难的任务	英雄再次面临艰巨任务
N	完成	困难迎刃而解
Q	认出	主人公被认出
Ex	揭露	假主人公和反派被识破
T	美化	主人公的面貌焕然一新
U	惩罚	反派得到惩罚
W	婚礼	主人公结婚或登基加冕
普洛普模型中一共存在七种人物形象		
1	对头	与主人公斗争
2	施予者	为主人公提供魔力器具
3	助手	帮助主人公应对棘手任务
4	被寻找者与她的父亲	被寻找的人物，分派任务的人物
5	送信者	将任务交到主人公手上
6	主人公	追踪某物或与反派斗争
7	假主人公	伪装成主人公但最终被识破

如果承认普洛普理论中功能的顺序总是相同的，那么数以万计的电视节目、电影以及其他叙事都可以被视作神话，也都可以用新版、现代版的普洛普功能说进行分析，这多么了不起啊！比如说，你可以轻易运用普洛普的功能说来解读詹姆斯·邦德（“007”）系列电影了。邦德总是先从M处接过一个任务，从Q的手里得到各种“秘密武器”（普洛普称之为“魔力器具”）。邦德通常会被一个坏人追杀或擒获，而最后往往是邦德反败为胜。而且通常情况下，他还能获得“性福”，和从坏人手里解救出来的美丽女郎共度春宵，这个环节相当于“英雄的结婚与加冕”。

❖ 文本的聚合分析

另一种重要的文本分析方法叫做纵向聚合，是在文本中搜寻那些生产意义的对立物。横向组合分析关注的是文本中事件的顺序，及其如何产生意义，而纵向聚合分析关注的是隐藏于文本中的对立物是如何生产意义的。它源于法国人类学家克洛德·列维-斯特劳斯（Claude Levi-Strauss）对神话的探讨。民俗研究学者阿兰·邓迪思（Alan Dundes）（1928/1968）在介绍普洛普《故事形态学》时写道：

> 聚合分析旨在描述模式（往往基于先验的二元对立原则），这一模式构成了故事文本的基础。这样的模式与纵向聚合完全不同。故事中各元素从“已有的”顺序中被取出，然后重新组合成一种或多种分析架构。（p.xi）

77 让我们回到索绪尔的观念中来：概念在差异中产生意义。著名语言学家罗曼·雅各布森持有相同的观点，他认为二元对立是人类思维建构意义的基本模式（卡勒，1986）。在所有的文本中，人们的思维不仅仅搜寻概念，也会搜寻其对立物以便理解事物。这是因为语言就是如此运作的，即概念就是被差异化定义的。

对《007：大破天幕杀机》的纵向聚合分析

让我来对詹姆斯·邦德系列电影《大破天幕杀机》进行纵向聚合分析吧。在这个文本中，对立物或直接显露，或隐性存在，为观众们提供了其意义的解释。《大破天幕杀机》是邦德系列的第23部电影，于2012年上映，全球票房逾10亿元，位列全球电影史上票房排行榜第七位[①]。影星丹尼尔·克雷格饰演邦德一角，哈维尔·巴登饰演军情六处前要员席尔瓦。席尔瓦自觉被M（朱迪·丹奇饰）所背弃，遂筹划了一场针对M和其所在机构的复仇计划。这部电影中出现了多场邦德与反派的打斗场景。邦德与M将席尔瓦引诱到了邦德长大的地方，即位于苏格兰的天幕庄园。影片在主人公与席尔瓦及其组织成员的直升机激战中达到高潮。M在袭击中身受重伤，邦德炸毁了让他心存阴影的天幕庄园，摧毁了直升机并杀死了席尔瓦组织的大量成员，席尔瓦侥幸逃脱并挟持了M，举枪对准了M和他自己。最终邦德打倒了席尔瓦并将他一刀杀死，M也因失血过多而身亡。

英雄	反派	
詹姆斯·邦德（丹尼尔·克雷格饰）	拉乌尔·席尔瓦（哈维尔·巴登饰）	
为军情六处工作	曾为军情六处工作	
守护M和军情六处	攻击军情六处	
炸毁天幕庄园	炸毁军情六处指挥部	
动机：爱国精神	动机：复仇	
在澳门附近岛屿捕获席尔瓦	故意被捕获，被擒至伦敦后潜逃	
在伦敦地铁中追捕席尔瓦	在邦德手中巧妙脱身	
将席尔瓦引诱至天幕庄园	在直升机上袭击天幕庄园	
与盟友一同杀死袭击者	与杀手一起伤害M（M最终因伤身亡）	78
杀死席尔瓦：用匕首刺入其后背	将枪指向M头部时被邦德所杀	

当人们观看这部电影时，这些两极对立赋予了电影以意义。即使人们不去刻意制造反差，这种效果也真实存在，因为我们理解概念和文本时都会使用二元对立的逻辑。一些批评家认为，纵向聚合分析仅仅是刻意解读或再创造了文本结构（这是"骗人的把戏"），而非真正发现了它们；但另一部分人认为，这种方法找到了真实存在的结构（即一系列对立物），它们隐藏于文本中，看上去像"上帝的真理"般天经地义，实际上，我们在无意识的情况下就能识别它们。

---

① 截止至2016.1.1，这部电影票房排在全球第14位，数据来源http://www.boxofficemojo.com/alltime/world/——译者注

请记住，否定和对立是不同的。对立是由两个不同单元构成的（如开心与难过），而否定只需要一个术语。

对立	开心对应难过
否定	开心对应不开心

每一组对立之间都会有一个概念或观点联系着二者。比如在“开心和难过”中，与二者相关联的就是“精神状态”。每一个文本生成意义都要经过两个步骤：第一步是构造事件发生的顺序（组合结构）；第二步是将对立隐藏于文本之中（聚合结构）。

❖ 符号学理论的应用

让我们来思考一下符号学理论该如何应用吧。来看日常生活中两个符号的例子：眼镜与牙齿。在电视节目和电影中，眼镜与牙齿也是重要的存在，在诠释人物角色时它们是不可或缺的，因为我们习惯于通过“解读”角色的面部来发现有关角色性格、特点、状态等的蛛丝马迹。符号学的领域分布之广，以至于从没听说过符号学的人都会受其影响。许多报纸杂志都有着符号学意义，因为它们企图理解那些被符号学家喻之为“符号”的事物与现象。（一个人可能从未听说过“精神分裂”这个词，但这并不阻碍他患有精神分裂！）

79 我们从眼镜说起吧。1991年，《华盛顿邮报》的记者亨利·艾伦（Henry Allen）写了一篇名为《关于眼镜你想知道的一切》的文章，可谓一次符号学应用的实践。文章开头的第一句就写着：“眼镜可不仅仅是一种视觉工具，它们还是戏服，是声明，是脸部的服饰，是一种社会性的崇拜物。”艾伦指出，眼镜业在美国是一个年产值逾120亿美元的产业，与此同时60%的美国人拥有自己的眼镜。他从符号学的视角讨论了男人的眼镜：

> 50年代，男人的眼镜成为一种性感的标志，因为那时智力、孤僻和瑕疵成为一种男人的性感。被折磨的詹姆斯·迪恩就是戴着眼镜出现的。戴着黑色塑料边框眼镜的巴迪·霍利说：“我戴眼镜，我不在乎你是否觉得我英俊帅气。”①

① 詹姆斯·迪恩（James Dean，1931—1955），美国电影演员。巴迪·霍利（Buddy Holly，1936—1959），美国摇滚乐手。——译者注

接下来他对各种各样的眼镜款式的意义做出了解释，我将它们列成下表：

能指	所指
眼镜款式	**意义**
小眼镜	认真专注
小型金属边眼镜	工业气息、强烈的谦逊感
大眼镜	不因佩戴眼镜而尴尬
圆框眼镜	传统、可靠、知识分子
方框眼镜	擅长科技、实干、工程师气质
飞行员镜（蛤蟆镜）	男性冒险气质
底框眼镜	爱自省
高框眼镜	乐观、有行动力
银丝框眼镜	机械、实际
黑丝框眼镜	古板机械师、极简抽象艺术派
塑料镜框眼镜	自我意识强、有钱人
彩色镜框眼镜	幽默、创造性、古怪
无框眼镜	酷、谦虚、不想佩戴眼镜
彩色眼镜	神秘

这些正是符号学的阐释。艾伦深谙该学科，他以对二战将军道格拉斯·麦克阿瑟的讨论来为自己的文章作结。有人将麦克阿瑟评价为一个杰出的战略家，也有人认为他是一个成功的自我推销者。 80

从故意为之的矛盾冲突到先发制人的刻板印象，眼镜审美意义的核心是羞怯。

矛盾冲突：道格拉斯·麦克阿瑟将军以一个飞行员的墨镜（标志着技术强悍）和一个玉米芯烟斗（标志着原始的智慧）修饰自己的脸，这堪称本世纪最棒的符号学妙举之一。（Allen,1991）

由此我们可以看到眼镜的功能是多种多样的，不仅仅是让我们看得更清楚。

牙齿看起来并不像一个符号学分析的研究对象，但是根据牙医们的说法，它们都是重要的符号，与我们的爱情生活和事业成就密切相关。我们都知道，如果一个面无血色、苍白无力的人嘴中突出一对锋利尖锐的牙齿，那就意味着他是个吸血鬼。我们从电影中可看到这样的例子，但是牙齿还有着其他的意义。很多年前，一个名叫杰夫·莫利

（Jeff Morley）的旧金山整形牙医提出，人们在不知不觉中“阅读”了牙齿，他的这番论述引起了《华尔街日报》的注意（Chase, 1982）。正因如此，他认为人们应该确保自己的牙齿传递了正确信息，并确保它们保持良好的状态。

莫利和伙伴在一则宣传中说过这样的话：

> 你的笑容出卖了你，牙齿的整齐度、形状、色泽和状况是你与朋友、家人、商业伙伴之间有力的表达工具。它们对于你的自尊心而言也异常重要。

在接受《华尔街日报》的采访时，莫利这样说道：

> 总的来说：龅牙让人显得很蠢，大犬齿意味着侵犯性，弱小的下巴显示出消极，而强壮的下巴则富有种马般的男子气概——我不知道谁造出了这些，但它们确实都是文化标准。(Chase,1982, p.1)

可见，我们的眼镜和牙齿是他人理解我们的符号。即使一言不发，我们也总是在传递讯息，而符号学家们的工作可以帮助我们“解读”他人传递的讯息，并确保我们发出的讯息正是我们想要传递的。

81 ❖ 保罗·艾克曼与面部表情理论

在面部表情研究领域，保罗·艾克曼（Paul Ekman）堪称首屈一指的学者。他在广泛研究后发现，人类有7种一般表情和一个不表示任何情绪的“中立”状态（Ekman & Sejnowski,1992）。它们如下所示：

愤怒	中立（无特殊情绪）
坚定	不满
厌恶	难过
恐惧	惊讶

在一次课堂练习中，我将艾克曼演示这些情绪的照片拿给我的学生看，结果发现他们无法正确辨别其中的大部分情绪。

艾克曼建立了一套面部动作符码体系，在这个体系中，人的面部共有43块肌肉，它们通过不同的组合展示我们的情绪。有时一种情绪只会在脸上出现一瞬间（艾克曼称之为“微表情”），我们甚至都不会意识到自己做出了这样的表情。艾克曼和泰伦斯·塞乔斯基（Terrence J. Sejnowski）合作完成了国家科学基金会报告《理解面部表情》，告 82
诉我们以下关于面部表情的信息：

- 面部表情可以提供关于我们的情绪和心情的信息；
- 面部表情可以反映诸如困惑、专注、厌倦等认知活动；
- 面部表情可以揭露真相与谎言；
- 面部表情可以提供沮丧、狂热、精神分裂的诊断性信息，以及呈现我们对治疗此类痛苦情绪的回应。

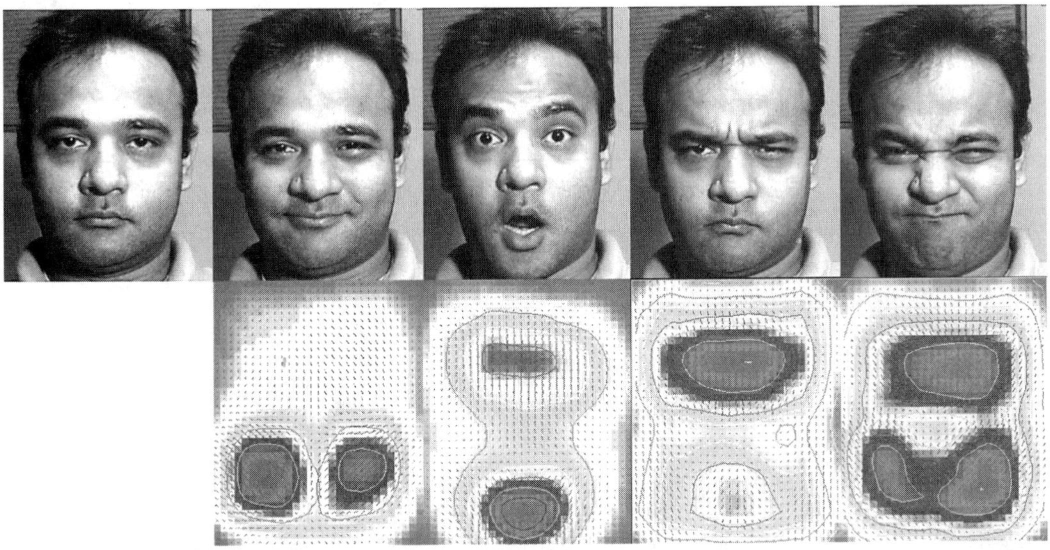

上方的五张图反映了面部表情所传达的五种情绪，下方的四张图显示的是每一种面部表情及情绪所对应的能量扩散图 ©Irfan Essa

报告还指出：“正在利用科技手段着手建立面部表情监控和人工模型驱动的自动

系统……面部科技是和医药、法律、传播、教育一样丰富多样的革命性领域。”对于训练有素的观察者而言，面部可以揭示许多信息 。

❖ 符号分析：应用与练习

1. 寻找一则兼有隐喻和转喻两种修辞法的广告，尝试解释它们如何运用这些方法销售产品。研究广告中人物的面部表情，思考它们揭示了怎样的信息。你是依靠什么得出结论的？

2. 寻找一些运用符号学分析人们发型、发色的文章，看一看它们都提供了哪些洞见，是否令人信服。

3. 研究《阿凡达》或其他由导师推荐的电影、电视节目，写一篇1000字左右的符号分析的文章。首先，单独在一张纸上做出一个应用表格（参见表 3.2），左侧罗列符号学概念，右侧罗列这些概念在电影情节和对话中的实际应用。然后在文章中详尽解释各项应用。

注意：在你所有的文本分析中都应该运用这种表格。

表3.2　应用表格范例

概念范例/《囚徒》之“抵达”应用表格		
符号学概念	“抵达”的应用分析	
1. 能指/所指	档案柜 村庄 编号 金发女管家	官僚主义 小镇 囚徒 无辜者
2. 横向组合分析	见正文表格	
3. 纵向聚合分析	见正文表格	
4. 隐喻	文本中一个重要的隐喻是，村庄就是一个监狱	
5. 提喻（借代）	罗孚车（Rover）代表了“二号”的权威和管理权力	
6. 图像符号	如“六号”的照片、小镇上的雕像等	
7. 指示符号	例如，主人公间谍正在收拾行李，一股烟雾涌入他的房间，使之昏迷并使人得以将他带到村庄。烟雾代表一种毒气。	
8. 象征符号	例如，直升机是成功逃脱的象征，棋盘上的兵卒是村民的象征。	

续表

概念范例/《囚徒》之"抵达"应用表格	
符号学概念	**"抵达"的应用分析**
9. 互文性	与《囚徒》产生互文的有：麦高汉早期作品《危险人物》中的相关内容，以及一般意义上的间谍和科幻小说。
10. 密码	一个重要的密码是：编号越小、权力越大。另一个密码是欺骗性：没有人值得相信。还有一个密码是隐私的缺乏："六号"和其他人被长期监视。

4. 运用符号学方法，写一篇1000字左右的文章，分析电视剧《囚徒》（网上有免费版）中关于"精神病患者"的片段。请运用问题3中所说的应用表格的格式。

注意：《囚徒》免费版链接：http://www.amctv.com/. 83

5. 回顾一部电视广告，讨论其中你所感兴趣的关于符号或其他方面的信息。用一个应用表格罗列出你在分析中使用到的符号学概念，并写出你是如何运用这些概念的。对文本进行横向组合（普洛普）和纵向聚合（列维-斯特劳斯）的分析。

❖ 结论 84

符号学是理解人们如何发掘生活中的意义的有效工具，不论意义来自物品、习俗，还是各种文本。当你认为世界上"充斥着符号"，并且了解符号如何传递讯息时，你就可以利用这种高效的研究工具去解读大众媒介中的一切文本，以及日常生活中的一切传播行为。

❖ 延伸阅读

Barthes, R.(1973). *Mythologies*(A. Layers, Trans.). New York, NY: Hill&Wang.

Berger, A. A.(1984). *Signs in contemporary culture: An introduction to semiotics*(2nd ed.). Salem, WI: Sheffield.

Berger, A. A.(1992). *Reading matter: Multidisciplinary, perspectives on material culture*. New Brunswick, NJ: Transaction Books.

Berger, A. A.(1997). *Bloom's morning: Coffee, comforters, and the secret meaning of everyday life*. Boulder, CO: Westview/HarperCollins.

Berger, A. A.(2009). *What objects mean: An introduction to material culture*. Walnut Creek, CA: Left Coast Press.

Berger, A. A.(2010). *The objects of our affection: Semiotics and consumer culture*. New York, NY: Palgrave Macmillan.

Berger, A. A.(2012). *Understanding American icons: An introduction to semiotics*. Walnut Creek, CA: Left Coast Press.

Berger, A. A.(2015). *Ads, fads and consumer culture: Advertising's impact on American character and society*.Lanham, MD: Rowman and Littlefield.

Bignell, Jonathan.(2002). *Media semiotics: An introduction* (2nd ed.). Manchester, UK: Manchester University Press.

Blonsky, M.(1992). *American mythologies*. New York, NY: Oxford University Press.

Chandler, D.(2002). *Semiotics: The basics*. London, UK:Routledge.

Danesi, M.(1995). *Interpreting advertisements: A semiotic guide*. Toronto, Canada: Legas.

Danesi, M.(2002). *Understanding media semiotics*. London, UK: Arnold.

Eco, U.(1984). *The role of the reader: Explorations in the semiotics of texts*. Bloomington: Indiana University Press.

Eco, U.(1991). *The limits of interpretation*. Bloomington: Indiana University Press.

Gottdiener, M.(1995). *Postmodern semiotics: Maferial culture and the forms of postmodern life*. Cambridge, MA: Blackwell.

Gottdiener, M.(1997). *The theming of America: Dreams, visions, and commercial spaces*. Boulder, CO: Westview Press.

Kress, G.(2009). *Multimodality: A social semiotic approach to contemporary communication*. New York, NY: Routledge.

Leeds–Hurwite,W (1993).Semiotics and communication: Signs, codes, cultures. Mahwah, NJ: Lawrence Erlbaum.

Rapaille, C. (2006).The culture code. New York, NT: Broadway Books.

Solomon,J. (1990).The signs of our time: The secret meanings of everyday life.New York, NY: Harper & Row.

亚里士多德

修辞学可界定如下：它是一种观察机制，在任何给定的例子中都能识别出劝服的可能方式。这并非其他艺术形式均能具备的功能。其他的每一项艺术形式都有自己特有的主题与对象，进行着引导和说服。比如说，药物之于健康与疾病，几何学之于量级的特征，算术之于数字，其他艺术和科学的真谛也是同样的道理。但是修辞学被认为具有识别几乎所有主题中的劝服方法的力量；这也就是为何我们说修辞学的角色不会仅限于任何特定的或确定的某一层次的主题。

——亚里士多德（转引自麦克恩，1941，p.1329）

4

修辞分析 87

第4章 核心问题

- 亚里士多德如何定义修辞学？修辞学的三个分支是什么？
- 在分析大众媒介时，修辞学的作用是什么？
- 雅各布森和拉斯韦尔的媒介模式有何区别？
- 小罗伯特·鲁特是如何应用修辞学概念的？
- 米歇尔·德塞都所说的读者与观众对文本的“抵抗”是什么意思？
- 如何运用修辞学分析视觉图像和叙事图像？
- “海蓝之谜”面霜的广告中运用了哪些修辞学概念？

在过去，修辞分析常常局限于演说和书面写作中。但是伴随着大众媒体爆炸性的发展，修辞学理论被越来越多地用于阐释广播、电视以及电影作品，而正是它们构成了我们现如今所说的大众媒介化的文化。

韦恩·布斯（Wayne Booth），芝加哥大学著名批评家，是提出修辞学家应当聚焦大 88
众传媒的先驱者之一。之后他的呼吁被人们所关注，现如今修辞学家们对大众媒介越发兴致盎然。布斯在《修辞学的前景》“修辞学如今的视野”中写道：

> 像许多人所想的那样，如果所有好的艺术中都不包含修辞的维度，那么修辞学将会为心怀鬼胎的人所利用……倘若我们可以找到一种方式，去理解文学和戏剧作品以修辞学的方式极好地构建和强化了传播，那该有多好。阅读《战争与和平》、观看《李尔王》对我们思维的改变，和阅读《贾斯汀》或看一系列的电视节目是一样的。像《毕业生》这样的电影取决于我们所共享的平常事物，这些事物远超那些关于碎片和疏离的口号，并且加强了对于这些平常事物的共享性；像《午夜牛郎》或《逍遥骑士》，我们可以说它们制造了大众，亦可以说找到了业已存在的大众，它们都极力显得没有修辞性。没有人会认为毕业生或者牛仔的价值观与“成人”世界（两部电影都极力反对这个世界）是对立的，但是在任何可能的世界里，只有最顽强或批判的、四十岁以下的观众可能会抵制对流浪者的同情和对伪善者的蔑视。如果我们生活压力的量和度可以测量，以上作品的修辞学就更像是一种研究，而非像舞台剧那样的具有公开侵犯性的修辞。（引自Medhurst & Benson，1984,p.102）

布斯提到了几部颇具修辞学研究意义的影片。虽然这些影片中没有演讲和辞令，但它们依然深深震撼了观众。亚里士多德的时代已经过去，我们需要拓展对修辞学的理解。

❖ 亚里士多德与修辞学

亚里士多德的《修辞学》是千百年来最具影响力的修辞学文本，它作为修辞学的权威被无数次引用。亚里士多德将修辞学分成两大领域：公共演讲与逻辑论证，并进一步解释，虽然每种思想领域都用独到的方式进行说服，但是作为说服工具的修辞学
89 适用于所有领域。他提出了修辞学中的三种说服模式：人格诉求、情感诉求和逻辑诉求（ethos, pathos, and logos）。

他在《修辞学》卷一第二章中写道：

> 口语提供了三种说服模式。第一种取决于说话者的个人特质；第二种是将听众置于一个特定的思维框架之中；第三种被证明的模式则是由演讲的词语本身所提供的。（引自麦克恩，1941，p. 1329）

亚里士多德主要讨论的是演讲与口语，但是我们可以扩大修辞分析的范围，将各种各样的文本，尤其是商业广告都囊括进来。当分析商业广告时，我们最好牢记亚里士多德对依据（proofs）和表象依据（apparent proofs）的区分。

说服模式	说服依据
人格诉求	演讲者的个人特质（可信度）
情感诉求	演讲者激发听众情感
逻辑诉求	演说中的逻辑论据

我们可以在医药广告中发现亚里士多德的三种劝服模式。例如，医师介绍某种特效药并称赞药物的神奇疗效。医生对药物的介绍是最令人信服的，接着他激起观众对疾病严重性的恐慌心理，最后他告诉人们这种药物可以有效治愈疾病（即使该药物或许还有许多不为人知的副作用）。

亚里士多德还写了另外一本书《诗学》，讨论了悲剧与喜剧、阴谋的本质及相关话题。但是于我们而言，我们可以将诗学视作修辞学的一部分（虽然一些学者并不认同这个观点）。我们的视线不应该仅仅局限于辩论和演讲，而是应该将说服放置在一个更宽广的视野之下，即文本的创造者是怎样实现其目的的。诸如广告商们如何说服我们购买产品、试用服务；小说作者们怎样“打动”我们；电影制片人和编剧们如何创造让我们产生共鸣的角色，等等。

关于拓宽对修辞分析的理解这一点，巴利·布鲁梅特（Barry Brummett）在他的著作《修辞学与流行文化》（2011）中说道：

> 历史上，修辞学首先在传统文本形式中获得定义，但那时人们就已在试验着那些不以传统形式而存在的符号、手工艺品和文本。非正式的对话、建筑物、服饰风格、平常的娱乐、食物——简而言之，所有的文化人造物而非传统的修辞文本，都在人们的试验中变得有影响力和有感染力，然而修辞学理论家们还在研究传统文本的修辞学…… 90
>
> 这种理解上的转变引发了一个疑问：18世纪和如今相比，修辞学到底发生了什么变化？现在的人们以不同的方式受到符号的影响，以至于我们必须把如今日常经验中的文本称为修辞学，而两百年前却不需要？还是说修辞学理论家们直到近期才对那些一直未被认知的真相幡然醒悟？换句话说，我们对修辞学产生新的认知，是因为这世界

变了，还是有关它的理论变了？（p. 53）

布鲁梅特总结说，世界在变化，对于修辞学构成要素的观点也已经改变。他的书探讨了如何用修辞理论研究流行文化，广义来说，修辞理论也可应用于大众媒体的研究。

❖ 修辞学与大众媒介

马丁·麦都思和托马斯·本森（Martin J.Medhurst & Thomas W.Benson）在《媒介的修辞维度：一个批判性案例》（1984）一书的序言中，阐述了将修辞学应用于大众媒介中的一套理论。麦都思和本森指出：希腊和罗马之所以将修辞学置于一个崇高的地位，是因为修辞学对于人以集体方式生活于社会中而言至关重要：

> 通过修辞学——一个人或一个群体通过有策略地选择和按某种风格处理表达方式以影响他人——一个社会可以对自己进行说服，讨论它的内部问题，以非武力的方式决定自己所遵循的常规和价值。 （p. vii）

在当下，一如他们所言，说话依旧是我们彼此产生影响的基础：

> 修辞学研究的核心关注点，在于探究人们如何选择特定场合的特定用语，如何安排和规划思考的内容，挑选特定的术语，以及决定他们以何种特定方式传达讯息。（p. vii）

91 **一个关于修辞学的小短剧**

大审判官：	什么是道路？
阿瑟：	我在军队的时候（这是真的哦，我是一个训练有素的杀手），他们告知我一共有三条道路：正确的道路、错误的道路和军人的道路。
大审判官：	还有其他的道路吗？
阿瑟：	当然了，对于学习媒介的学生而言是有的。
大审判官：	这是最后一条路吗？

阿瑟：	当然不是。我们如今生活在一个多元文化的世界，世界上有津巴布韦，还有安利呢！
大审判官：	有没有人说过你很“新潮”？
阿瑟：	我并不是很“新潮”，但你确实有些“落伍”了！
大审判官：	这意味着“是个退伍军人”吗？
阿瑟：	我说的是一个双关语！

两位作者还提出，需要注意的重要的一点是，正式演讲的场所——“辩论台”，已不再是交流的关键部分了。我们生活在一个大众传播的时代，我们可以用修辞来解释这种大众媒介化的传播。麦都思和本森（1984）提到了两位重要的修辞学家：肯尼斯·伯克（Kenneth Burke）和韦恩·布斯（Wayne Booth）。他们认为所有象征性传播的本质都是修辞学，因为象征性传播旨在交流，而修辞学批评关注的正是象征符号是如何传播的。

我要顺带指出，一些符号学术语同样出现于修辞学分析中。要知道符号学的创始人之一是费尔迪南·德·索绪尔，他可是一位语言学教授。然而，具体哪一个学科在规范这些概念和术语，对我们来说是无足轻重的。

在《媒介的修辞维度》（1984）一书的序言中，麦都思和本森罗列了大量修辞学应用于媒介的范畴，这一列表的改编版如下：

1. 有意为之的劝服； 92
2. 社会价值观与文本中符号形式的影响作用（包括有意和无意为之的）；
3. 艺术传播的技巧；
4. 戏剧或叙事作品中角色的劝服技巧；
5. 研究文本的类型与流派；
6. 象征性作品作者提出的关于人类符号互动的内隐理论；
7. 一个人类传播的操作典范；
8. 研究使文本形式发挥效力的因素。

麦都思和本森把此列表作为一份指导，提供给那些想要了解文章的作者到底在做什么的读者们。同样，当我们对平面广告、广播、电视广告、电视节目、电影以及其他形式的大众媒介化的娱乐产品进行文本修辞分析时，也可以运用此列表。

有必要对“娱乐”（entertainment）一词进行一些解释。许多人认为娱乐消遣是琐碎而无意义的，而现如今我们却发现诸如电视节目、电影、广告、音乐录影带、流行乐、电子游戏等娱乐产品，在塑造我们的意识上扮演着重要的角色，这一点与布斯早年在他的文章中所说的不谋而合。

❖ 传播过程概要

在这一点上，我们有必要分清到底是谁在对谁进行传播。我将讨论语言学家罗曼·雅各布森广为人知的传播模式，也会谈到同样家喻户晓的哈罗德·拉斯韦尔（Harold Lasswell）的传播模式，然后将他们与我所建立的传播中的五个焦点相联系，这五个焦点分别是：艺术家/创作者、艺术作品、受众、艺术家所使用的媒介，美国（或其他任何社会）。雅各布森的传播模式如下所示（McQuail & Windahl, 1993）：

内容

讯息

传送者 ———————————— 接收者

联系物（媒介）

符码

93 雅各布森在题为《语言学和诗学》的文章中提出了这个模式。他说：

> 语言必须对自身功能的各种形式加以研究——这些功能的概要需要对所有话语行为和口语传播行为的组成要素进行调查。发送者将信息传递给接收者，为了可操作，这条信息必须要有语境；发送者必须把握到这种语境，并且它是语言的或者能够通过语言表达的；符码对于发送者和接收者而言完全或至少部分是常见的；最后，发送者和接收者之间有一种物理的及心理的联系，使他们得以进入并驻留在一段交流中。（引自洛奇,1988, pp. 34-35）

雅各布森认为，无论我们面对的是什么类型的传播，它们都不会脱离一个人（传送者）向另一个人（接收者）传送信息的过程。信息是经由一个联系物（媒介），以符码

（比如说英文）的形式传送出去的，这个过程受到所处语境的影响。因此，“把注射器递给我”这句话，在一条幽暗小巷中是一种意思，而在一家医院中则是另一种意思。语境在传播过程中扮演着重要的角色。而棘手的是，即使人们收到一则讯息，他们也不一定能按照传送者的本来意图理解它。

雅各布森认为信息有着诸多功能：

1. 指示功能：指信息发送者所处的环境；

2. 情感功能：指传送者的情感表达；

3. 诗学功能：指运用的文学手法，比如传送者的隐喻和转喻。

哈罗德·拉斯韦尔（转引自McQuail & Windahl，1993）这位政治学家讲过传播学研究最负盛名的一段话，他认为传播学研究者应该问以下五个问题：

- 谁？
- 说了什么？
- 通过什么渠道？
- 对谁说？ 94
- 取得了什么效果？

虽然我在完善我的五焦点时并没意识到它们与拉斯韦尔著名的问题或格言相一致，但它们确实或多或少应对的是相似的问题。

如表4.1所示，如果将三个模式罗列起来，上述观点就很清楚了。本质上说，这些模式包含了相同的基本要素，而传播学研究者们所关注的也都是这些要素之间的某种关联。

表4.1　传播理论

拉斯韦尔	伯格	雅各布森
谁？	艺术家	传送者
说了什么？	艺术品（文本）	讯息
通过什么渠道？	媒介	联系
对谁说？	受众	接收者
取得了什么效果？	美国（社会）	意义

德塞都

在各个层面的传播活动中都会产生问题，比如传送者编码和接收者解码方式的迥异。意大利著名语言学家翁伯托·艾柯称之为大众媒体传播的解码畸变现象，即受众解码信息的方式与编者们的预期有着极大的差别。而在人际交流中，这种情况也是屡见不鲜，对方常常会曲解我们本来想传达的意思。法国媒介理论家米歇尔·德塞都也曾探讨过这种解码畸变，他认为受众经常会故意"异常地"解码大众媒介所传播的信息，以满足个人特殊需求。

95 ❖ 德塞都：受众的"抵抗"

德塞都（Michel de Certeau）在《日常生活实践》一书中提出，我们必须更加关注媒介使用者，因为媒介的受众总是以自己的方式解读收看和收听的讯息，而他们的反应往往不像传播者所期待的那样。关于媒介的影响，他是这么说的：

> 还有另外一种生产，它与合理的、扩张的，且集中、嘈杂、壮观的生产相对应，我们称之为"消费"。它是有计谋的、四处分散的，但是它深入到任何地方，悄悄地、几乎是不为人所察觉地渗入进来，因为它通过对占主导地位的经济秩序强加的产品进行使用的方式来凸显自己，而不是通过产品本身来显示自己。(pp. xii, xiii)[①]

他举了一个例子，是关于印度人如何对付西班牙侵略者的。他说，印度人看似俯首帖耳，但实际上以各种方式抗拒那些强加于自己的仪式或法规，来达到自己的目的。德塞都认为，在当代社会，大众媒介的受众们做的是同样的事情，他们运用各种各样的战术抵抗着处于支配地位的精英们强加于他们的信息。德塞都的观点是，我们不能假设每个人会受到来自媒体信息的相同的影响，人们会依照自身的需求重新解读文本。

① 中译文引自米歇尔·德·塞托.日常生活实践：1.实践的艺术[M].方琳琳译.南京大学出版社，2009:33.——译者注

❖ 修辞分析的应用

96

过去，修辞学家们的兴趣主要聚焦于传播过程的某一个要素，即态度劝服（在媒介研究的术语中，它被更宽泛地称为社会效果或影响）。在某种程度上，这源自于亚里士多德对修辞学的定义，即将之作为劝服的艺术。小罗伯特·鲁特（Robert L. Root Jr.）在《流行文化的修辞：广告、辩论及娱乐》一书中介绍了他是如何制定分析计划的：

> 每次我都尝试将修辞分析应用于流行文化的特定方面，不停地问同样的问题：呈现的模式是什么？这一模式如何影响呈现方式？话语的目的是什么？话语的听众是谁？话语如何被操纵着指向这些听众？什么样的人被创造出来，如何被创造，为何被创造？话语的论据是什么？它们如何排布？它们基于何物？大体而言这就是有关所有话语的修辞学问题。（p. 21）

鲁特吸收了亚里士多德的观点，指出了修辞分析的通用要素，即前述人格诉求、情感诉求和逻辑诉求。基于这个分类，他增加了一些条目，包括目标（话语的目的）以及方式（所使用的媒介）。这就是鲁特的主要关注点，他认为，修辞批评家无论针对何种传播研究，都应当聚焦于此。

在分析广告或商业宣传时，应注意其中特定的修辞手法，比如文案所使用的头韵、韵脚、韵律、定义、隐喻、转喻（详见第三章符号学分析）、比较、例证以及反语。修辞学家们常备各种词典与手册，其中罗列了数以百计的专业术语，按拉丁字母顺序排列。下面是一些分析流行文化和大众媒介文本时常用的修辞工具。

❖ 常用修辞工具的小型词汇表

寓言（Allegory）。寓言是一种用人物和事件来表达抽象的道德和哲学信条的叙事。卡夫卡式的英国宗教系列电视剧《囚徒》是久负盛名的电视寓言节目之一，由帕特里克·麦高汉（Patrick McGoohan）主演，于20世纪60年代末播出。此后，该剧不断重播，相关书籍也是层出不穷。寓言可被视为隐喻的延伸。文本中事件的意义是超越文 97
本之外的，其中的人物可被视作抽象观念的人格化。

头韵（Alliteration）。一般来说指的是在文章中使用大量以相同字母开头的词汇或对一些元音进行重复。例如《美国杂志出版商》的一则报纸广告的标题："Magazines Move Millions. One Mind at a Time."头韵有一个特定的戏谑点，可以帮助人们更好地记住这条讯息。我在自创的传播焦点模式中就运用了头韵：artist, artwork, audience, America (or society), and medium.（艺术家、艺术作品、观众、美国/社会，以及媒介）。

双关（Ambiguity）。指陈述中含有不同的解释。可以有意为之，也可以无心插柳，但是这两种情况都可能会引起误读和误解。

对立（Antithesis）。展现对立物，或摆列不同观点。

比较（Comparison）。如前所述，索绪尔告诉我们，意义从比较中生成。"比较是可憎的"，有人如是说。论者常会运用比较来强化他们的观点。例如，我于20世纪70年代出版了《电视引领美国》一书，《纽约时报书评》所发表的评论是这样结尾的："伯格对电视研究的贡献，堪比伊迪·阿明对乌干达旅游业的贡献。"[1]

定义（Definition）。定义有许多种类，如词汇式或辞典式定义，指词语的惯例用法；如约定式定义，指服务于论证目的的定义；还有操作式定义，指的是不依靠词语而是提供一系列操作流程以理解所定义的对象。

颂词（Encomium）。颂词指的是赞美一个事物（或人）的内在特质。它在广告宣传技巧中被广泛使用。"更少配料，更多美味"就是一则典型的赞美式广告语。

例证（Exemplification）。在论证时，我们常列举一些案例来支持自己的观点。应该
98 注意的是，不要被选择性理解蒙蔽双眼。比如说，我曾在课堂上说吸烟有害健康，我的一位学生却告诉我，他的一位叔叔每天抽两包烟，但是现在已经活到85岁了。我要说的是，这位同学的叔叔并不能代表全体美国公众。

反语（Irony）。反语指的是使用与其实际意思相反的词语。反语存在的一个问题是，如果人们没有意识到此处使用了反语，而停留在其表面意义上，就会带来误读。关于人们如何理解反语有这样一个笑话：

> "一个名叫凯兹曼（Katzman）的人，不想让人一看名字就知道他是个犹太人，就决定改一个法国名字，于是他去找一个法官寻求帮助。法官说：'法语中cat是chat，man

---

① 伊迪·阿明（Idi Amin, 1926–2003），乌干达前总统。1971年发动军事政变而上台，1976年任终身总统，1979年政权被推翻后流亡国外。在任期间曾多次发动战争、屠杀、驱逐。——译者注

是l' homme，所以我们给你改的新名字就叫Chat-l' homme."

这个笑话的笑点在于，"Chat-l' homme"的发音刚好和希伯来语①的"你好"（shalom）一样，所以这个人最后换来了一个比原来的名字更犹太化的名字。反语还有许多其他的类型，包括：戏剧化反语，指命运给人物带来的是与意愿完全相反的结局；苏格拉底式反语，指假装无知。更强化、更具侮辱性的反语是讽刺（sarcasm），这个词的字面意义是"肉体的撕裂"。

隐喻（Metaphor）。隐喻是运用一种类比来生产意义。隐喻意味着等同，比如"我的爱是一朵红色玫瑰"。

转喻（Metonymy）。转喻通过关联生产意义。广告商们会使用"大厦"或"劳斯莱斯"这样的词向受众传达"富有"之意。因为转喻的方式通俗易懂且节约成本，故而成为广告商们最常用的技巧。

韵脚（Rhyme）。指对末尾音相同的词汇的重复运用，是一种可以吸引人们注意力并帮助人们记忆事物的常用手法。常见于诗歌，比如恶搞诗《树》：

我想我永远都看不到，
一个广告牌可爱得像个跳蚤……

它也存在于其他的传播类型中，比如广告。我来举一个经典例子吧，是我小时候常听到的一首顺口溜：

百事可乐恰到好处， 99
十二盎司真是够数，
一分价钱两倍容量，
百事可乐你是最棒。

押韵可以给人们留下深刻印象，这就是它常被用于广告语的原因。

韵律（Rhythm）。韵律是声音或话语以多样的间隔呈现出的模式化的、循环往复的

① 希伯来语是犹太民族的语言。——译者注

交替更迭。韵律的另一种说法是节拍（beat）。如果你仔细看看摇滚乐的歌词，会发现它们看起来有些滑稽，但这是因为印刷版歌词是无法传递演唱时的旋律和节拍的。

明喻（Simile）。隐喻的弱化版，常使用“像”或“如”等词语。隐喻建立在等同的前提之下，而明喻建立在相似的前提下，如“我的爱像一朵红色玫瑰。”

借代（Synecdoche）。转喻的弱化版，指使用部分代表整体，反之亦然。例如，我们会使用五角大楼指代美国军方，使用白宫指代美国总统。

❖ 修辞分析时的其他注意事项

除了口语外，进行大众媒介的文本修辞分析时还有一些地方值得注意。在观看电影和电视时，我们也许会思考诸如音效的运用、演员们说话的方式以及怎样使用肢体语言和面部表情，以及对书面输入字符的运用。

从修辞学的视角分析一个电视广告或者音乐电视录影带可能是一件异常复杂的事情。

❖ 修辞分析范例：海蓝之谜面霜广告

我们可以从修辞学的视角来分析广告，例如下面的“海蓝之谜”面霜广告[1]。为了便于大家理解，我用编号的方式来重新组织了这则广告。

100 1. “大海的肌肤”；
2. “日益改善”；
3. 海蓝之谜面霜出现；
4. 海蓝之谜瓶身出现；
5. 瓶身商标上出现“保湿面霜”；
6. 瓶身商标上凸显“重塑新生面霜”；
7. “源自海洋强大的修复力，富含活性精粹Miracle Broth™，饱含能量，修复细胞”；
8. “由极富营养的深海巨藻精心提炼，使肌肤充满水份和能量”；
9. “重塑光泽，抚平细纹，肌肤看起来更细腻、更健康，青春永驻”；

---

① 海蓝之谜：LA MER，雅诗兰黛集团旗下著名化妆品品牌。——译者注

10. “甚至极干肌肤也能得到修复”；

11. LaMer.com网站网址出现；

12. 布卢明代尔百货公司&诺德斯特姆公司。

“海蓝之谜”广告

寓言。第7条显示这个广告是一则寓言，代表该产品具有一种“源自海洋强大的修复力”，具备使肌肤年轻永 101
驻的魔法力量。我们看到，海蓝之谜面霜富含活性精粹，甚至具有修复的功能。它类似于一种源自希腊神话的物质，那是一种具有永驻青春能量、使人面容不老的物质。这可谓一种渴求青春永驻长生不老的当代视角。第9条针对的是女性肌肤伴随年龄增长而逐渐干燥、不再如年轻时一般光泽的焦虑。我多年前还对另一款面霜广告进行了分析，那则广告宣传说，使用了该产品，你的肌肤就不会变成“西梅干”（干燥），而会永远如水蜜桃般光滑水润。

头韵。头韵的例子比比皆是。首当其冲的便是广告的标题：大海的肌肤（英文中的Sea和Skin都是S字母开头）。其次便是第8条的“精心提炼”与“巨藻”（英文中的carefully crafted和kelp都有k这个音）。我们同样可以在第9条的“重塑光泽”（radiance is restored）和“抚平细纹”（fine lines fade）中看到端倪。头韵的使用可以强化文本的观点与态度，使人们的记忆更深刻。

暗示。这是一种指代不在文本中却非常重要的事物的修辞方式。“海蓝之谜”面霜以法语命名，就是为了暗示一种法式精致，暗示其中包含着卓越香料等美好的事物。一般意义上，大海也是一种美好、永恒、迷人以及生命宝库的表征。在第8条，“使肌肤充满水分和能量”大概也是暗示着一种清洁肌肤的洗礼，之后便可获得“抚平细纹”的成果。“能量”一词指代的则是海蓝之谜使肌肤更柔软润泽的神奇力量，但同样也是一种性暗示。

比较。在第4条中，海蓝之谜对我们未来将要面对的“细纹”以及肌肤问题做出了一个“日益改善”的承诺：更加光泽、平滑和年轻，让女性看起来“青春永驻”。我们的内心被这种对干燥老化肌肤的拯救所深深触动。海蓝之谜可以解决这种困扰女性的“干燥老化”问题，源自其拥有如第7条所言的“强有力的使细胞新生的活性精粹Miracle Broth”。

定义。在这里有一处精妙而直接的关于定义的使用。海洋被定义为一种具有修复性力量的事物。所以，在修复能力失去效力时，就意味着干燥肌肤被隐含地定义为处在一种只有海蓝之谜可以解救的危机之中。

颂词。颂词一般称赞某事物的内在特性，而该广告则可视作是海蓝之谜的一种颂
102 词。在广告中出现了许多诸如“修复”“极富营养”以及“细胞修复力量”等正面词汇。

委婉语。广告中使用了“细纹”一词而不是“褶皱”或者“皱纹”的说法，这是一种避免它们之间消极联系的方式。我们使用委婉语以避免令人感到不适。相比直言一个人的死亡，“过世”就会更加委婉。

转喻。在这里有一处关于大海的联想，据称大海拥有永恒的魔幻修复能力，海蓝之谜因其源自海洋巨藻的强效的细胞修复面霜而做出了让女性“青春永驻”的承诺。

图像。整个广告都被绿色的光影所覆盖，与绿色背景呈鲜明对比的是白色的字迹，绿色暗示着源自自然以及一种正面的内涵。比如广告中巨藻的叶子不单单是向人们展现巨藻的样貌，左侧的叶子将人们的视线引向了海蓝之谜的瓶身，而右侧的叶子指引着人们注视文本。文本整体靠右对齐而左边未对齐，这是一种倒置呈现文本的模式。

该产品仅有2盎司，但贵达285美元。不过，若能换取时光的倒流，区区285美元又算什么呢？

❖ 视觉影像的修辞分析

据估计，美国人每日在屏幕上花费的时间大约在8小时左右。有的图文并存，有的两者仅有其中之一。最典型的，我们每天大约会在电视上花费4个小时，此外还要浏览杂志，在YouTube上观看视频，查阅脸书、Pinterest以及相关社交网站。所有这些活动都

发生在图像的世界里，所以，我们应将修辞分析的研究路径从书面文本拓展到视觉影像之上。定义视觉影像并不容易，但是我认为照片、画作、图片、电视节目、电影以及广告中的图像都具有以下六个特征：

- 它们都由视觉符号所组成（能指与所指、象征、图像、标识）；
- 它们再现了真实或想象中的事物；
- 它们通常包含了不同地点的人和物，有时也有文字； 103
- 它们为读者产生意义；
- 它们具有直接的和含蓄的两种意指；
- 它们常常使人产生情绪反应。

图像一词有诸多定义方式，以上是为了分析方便起见而进行的界定。

法国符号学家罗兰·巴特（Roland Barthes）在他的《图像、音乐、文本》（1977）中的《图像的修辞》一章里，对图像进行了一番著名的分析：

> 有些人认为图像在传达意义方面是微弱的，也有人认为和语言相比，图像是一个极端不成熟的体系，还有人认为图像妙不可言的丰富性包含着无穷无尽的含义……意义如何进入图像？何处是它的尽头？如果有尽头，是否还有超越图像的含义？让我们以一种稍微简单的方式开始吧：我们只研究广告中的图像。为什么？因为广告中图像的含义都是有意的；商品的某些特质将广告的所指塑造成一种先验的存在，这些所指必须 104
> 以一种最清晰的方式表现出来。如果这一图像中包含了符号，我们可以肯定这些符号是饱满的，是最适宜观看的：广告图像极尽直白，或者至少是十分显著的。（pp. 32–33）

这一章中，巴特对百珍妮（Panzani）意面的广告加以分析，解读了其中的语言学讯息。他指出，在这则意面广告图像中，“几包意面，一个罐头，一个小口袋，几个番茄、洋葱、甜椒，一只蘑菇，从一个半敞开的网兜里滚落出来，黄绿相间，红色为底”（p. 33），这些符号恰恰生产出一套“意大利特性”。巴特所做的，就是对广告进行“剥洋葱”，寻找其中的语言学讯息和图像讯息。

解读图片时，一些符号学家们的论述至关重要，这里罗列了其中四条：

1. 洛特曼（Yuri Lotman，1977）认为，任何一件内涵丰富的艺术作品和文本中都没有多余的赘述；

百珍妮意面广告

2. 费尔迪南·德·索绪尔（1966）认为，观念都是纯粹差异性的，要站在其对立面理解它们的意义；

3. 查尔斯·桑德斯·皮尔士（1977）认为解释者的角色就是寻找符号的意义；

4. 翁贝托·艾柯（1976）探讨了符号与谎言，他认为如果符号可以道出真相，那么它们也会说谎。

该到总结的时候了。分析图像时，平面广告常常成为焦点。平面广告是一种汇集语言和图像以吸引观众的复杂文本，要分析它，需要关注以下问题。

- 图像或者广告的基本环境是什么样的？
- 图像的内容是什么？图像的主题是什么？
- 你在图片中能找到哪些能指、所指与符号？
- 图像是怎样使用隐喻和转喻的？
- 图像的主要信息是什么？次要信息又是什么？
- 图像中的直接意指信息是什么？
- 105 图像中的含蓄意指信息是什么？
- 图像产生了什么样的情感与内涵？
- 可以找到什么样的互文性？（如果存在的话）
- 图像具有什么样的空间性？是否存在大量的留白？
- 灯光效果在图像中扮演了什么角色？
- 图像中可以看到什么颜色？这些颜色是如何使用的？
- 图像中的人物扮演了什么角色？他们的穿着打扮是什么样的？

- 他们都拿了什么物件？
- 图像中人物的表情是什么样的？他们的面部传达了什么？
- 图像中包含哪些文化符码？
- 图像中元素的排布有什么意义？
- 图像中可以看到什么平衡？纵向平衡还是不对称平衡？
- 图像强调了什么？
- 图像的基调是什么？这个主题代表了什么？
- 图像中的拍摄镜头是什么样的？特写？大特写？
- 图像中推销的商品是什么（就广告而言）？
- 你认为图像的目标受众是哪类群体（尤其广告）？
- 图像中有哪些文字？为什么会选这些文字？
- 图像中有哪些劝服技巧？小册子中呢（就广告而言）？
- 图像中有哪些设计者可能没有意识到或者没想要传达的东西？

这个列表罗列了一系列分析图像
时可思考的问题。如你所见，进行图
像的修辞分析时要考虑如此诸多的问
题。你可以就图像写出无尽的内容并
极尽详细地描述它们，但是无论你怎
样描述，你的读者都无法“看到”图 106
像本身或者获取图像本身能给予他们
的信息。例如很多年前有人为我拍摄
了一张手持画笔的照片，我一头短发，
系着领结，身着考究。而我对此描述
再多你都不会知道我穿的到底是什么
样子。如图所示：

一个青年艺术家的肖像

❖ 叙事文本中的图像

商业广告《1984》剧照

107 在电影以及电视广告的叙事中，分析每一幅图像或每一个镜头，都要跟其他景象相联系。例如，美国苹果公司著名的麦金塔电脑广告《1984》[①]，在分析时可以采取多层次的分析方法：

> 字面层面：一个金发碧眼的女性手执大锤跑进一间会场；
> 文本层面：这个场景是《1984》广告的一部分，图片的意义与广告中的情节相关；
> 互文层面：该广告使人联想到乔治·奥威尔的同名反乌托邦小说《1984》；
> 神话层面：《圣经》中大卫与歌利亚的故事。

我们可以看到，在这里，图像的意义依赖于文本的地点（我称之为"语境"层面），以及图像内涵与援引的文学作品中某一方面的联系，即我所言的文本层面、互文层面和神话层面。所以，就像语句的语境帮助其建立意义一样，语境和知识也帮助文本建立了意义。

① 1984年1月24日，苹果公司推出第一代麦金塔电脑，并拍摄了一支著名的广告。——译者注

近年来业界对视觉影像的兴趣大增，视觉影像所扮演的角色也愈发重要，相关书籍比比皆是。既然我们已经深入地观察过图片了，就要开始思考这些图片可能对我们产生什么样的影响，不论是对我们个人，还是对我们的文化和社会。

❖ 修辞分析：应用与练习

1. 使用常见修辞手法中的相关术语，对海蓝之谜广告进行分析，撰写一篇1000字左右的修辞分析。运用应用图表罗列出相关概念及其在广告中的应用，将该表置于文章首页，另附该广告。
2. 对穆齐尔的小说《没有个性的人》（见xviii页）进行修辞分析，尽可能多地使用 *108*
修辞术语并结合应用图表。在图表左侧罗列出修辞理论，在右侧罗列出理论在文中的应用。
3. 你认为穆齐尔的文章风格有什么特征？你喜欢他的风格吗？解释一下。
4. 对一首流行乐的歌词进行修辞分析，在分析中请使用应用图表。
5. 以符号学视角对一则政治广告进行分析。文本设计者使用了哪些劝服技巧？文本中有那些图片？它们有什么作用？

❖ 结论

你懂的越多，就会看到越多、了解越多。我们的概念体系让我们超越了基础描述，并理解了每一个所看到的事物。因此，在媒介和传播学的研究中，修辞学是不可或缺的，它为我们提供了不计其数的理论概念，帮助我们理解文本究竟是怎样产生意义，并形塑人们的情感和行为的。

❖ 延伸阅读

Barthes, R.(1977). *Image, music, text*(S. Heath, Trans.). New York, NY Hill&Wang.

Berger, A. A.(1997). *Narratives in popular culture, media, and everyday life.* Thousand Oaks, CA: SAGE.

Berger, A. A.(2012). *Seeing is believing: An introduction to visual communication.* New York, NY: McGraw Hill.

Berger A. A.(2014). *Media analysis techniques*(5th ed.). Thousand Oaks, CA: SAGE.

Berger A. A.(2015). *Ads, fads, and consumer culture: Advertising' s impact on American character and society*(5th ed.). Lanham, MD: Rowman & Littlefield.

Booth, W.(1961). *The rhetoric of fiction.* Chicago, IL: University of Chicago Press.

Brooke, C. G.(2009). *Lingua franca: Toward a rhetoric of new media.* Creskill, NJ: Hampton Press.

Esslin, M.(1982). The age of television. San Francisco, CA: W. H. Freeman.

Evans, J.,&Hall, S.(Eds.). (1999). *Visual culture: The reader.* London, UK: SAGE.

109 Foss, S. K.(2008). *Rhetorical criticism.* Long Grove, IL: Waveland Press.

Gries, L.(2015). *Still life with rhetoric: A new materialist approach for visual rhetoric.*Logan: Utah State University Press.

Lakoff, G.,&Johnson, M.(1980). *Metaphors we live by.* Chicago, IL: University of Chicago Press.

Lanham, R. A.(1991). *Ahandlist of rhetorical terms*(2nd ed.). Berkeley: University of California Press.

Mitchell, C.(2011). *Doing visual research.* Thousand Oaks, CA: SAGE.

Mitzoeff, N.(1999). *An introduction to visual culture.* New York, NY: Routledge.

Olson, L. C., Finnegan, C. A.,&Hope, D. S.(Eds.). (2008). *Visual rhetoric: A reader in communication and American culture.* Thousand Oaks, CA: SAGE.

Rice, J.(2007). *The rhetoric of cool: Composition studies and new media.* Carbondale:Southern Illinois University Press.

Ridolfo, J.,&Hart-Davidson,W.(Eds.). (2015). *Rhetoric and the digital humanities*. Chicago, IL: University of Chicago Press.

Root, R. L., Jr.(1987). The rhetorics of popular culture: Advertising, advocacy, and entertainment. New York, NY: Greenwood.

Smith, M.(2008). Visual culture studies: Interviews with key thinkers. Thousand Oaks, CA: SAGE.

卡尔 · 马克思

我们的出发点是从事实际活动的人，而且从他们的现实生活过程中我们还可以揭示出这一生活过程在意识形态上的反射和回声的发展。甚至人们头脑中模糊的东西也是他们的可以通过经验来确定的、与物质前提相联系的物质生活过程的必然升华物。因此，道德、宗教、形而上学和其他意识形态，以及与它们相适应的意识形式便失去独立性的外观。它们没有历史，没有发展；那些发展着自己的物质生产和物质交往的人们，在改变自己的这个现实的同时也改变着自己的思维和思维的产物。不是意识决定生活，而是生活决定意识。

——卡尔·马克思，《社会学与社会哲学选读》(1964, p. 75)[①]

① 中译文引自马克思，恩格斯.费尔巴哈[M]//马克思恩格斯选集(第一卷)，中央编译局，编.北京：人民出版社，1972：30–31. ——译者注

5

意识形态批判 111

第5章　核心问题

- 在《意识形态与乌托邦》的选段中，曼海姆讨论了什么问题？
- 作者在引言里是如何定义意识形态的？
- 罗兰·巴特在他的《神话学》中就“媒介与摔角”提出了什么样的观点？
- “霸权”是什么？为什么它成为马克思主义批判家的一个问题？
- 马克思主义理论是怎样解读斐济的“蛇”香水广告的？
- 约翰·伯格是怎样界定魅力的？在广告中又是如何运用的？
- 女性主义媒介批判提出过哪些基本理论？
- 曼海姆在其“知识社会学”中探讨了什么？
- 什么是“格/群”理论？它是怎样实现其四种政治文化或生活方式的？
- 我们的流行文化与媒介参考是怎样与四种政治文化或生活方式相关联的？

意识形态批判是什么？它为何如此重要？ 112

答案很复杂，因为意识形态是一个艰深而庞杂的概念。任何对文本或其他现象的批评，如果是基于关涉某个群体消费利益的议题（通常是政治的或社会经济的），那么就属于我所说的意识形态批判。从传统上来说，意识形态一词指的是对于社会所发生之事的系统而详尽的社会政治解释。在这一章里，我们主要探讨的是马克思主义批判理论，也会谈及女性主义批判以及政治学家阿伦·威尔达夫斯基（Aaron Wildavsky, 1982）关于政治文化的相关著作。他在著作中提出，所有的民主社会都存在着相互角逐权力的四种政治文化，其中被他喻之为“平等主义”的文化，与马克思主义价值观较为相似。

❖ 曼海姆：《意识形态与乌托邦》

卡尔·曼海姆（Karl Mannheim）的《意识形态与乌托邦》（1936）是关于意识形态思想的经典研究之一。曼海姆这样写道：

> “意识形态”概念反映了来自政治冲突的一个发现，即统治集团可以在思维中变得如此强烈地把利益与形势密切联系在一起，以致它们不再能看清某些事实，这些事实可能削弱它们的支配感。在“意识形态”一词中内含着一种洞悉，即在一定的条件下，某些群体的集体无意识既对其本身，也对其他方面遮掩了真实的社会状况，从而使集体无意识得到稳定。[①]（p.40）

曼海姆认为，与“意识形态者”（ideologist）相对的是“空想家”（utopian）。空想家们存在于被压制的次文化群体之中，仅能发觉自己身处的社会的消极面。曼海姆眼中的意识形态者们看不到社会中的恶，空想家们则看不到社会中的善。这两种人的认识当然都是有误的。

❖ 界定意识形态

关于意识形态最实用的一种解释，可见于德汉和凯尔纳《媒介与文化研究读本》（2011）一书的序言之中：

---

① 中译文引自[德]卡尔·曼海姆《意识形态与乌托邦》，黎鸣、李书崇译，周纪荣、周琪校，北京商务印书馆，2000，第41页。——译者注

> 意识形态的观念使读者们认识到，所有的文化文本都存在着明显的偏见、利益和隐含价值，复制着生产者的观点和统治集团的价值观。卡尔·马克思和弗里德里希·恩格斯于19世纪40年代创造了“意识形态”一词，旨在描述某社会秩序中的统治观念及 113
> 其再现……在资本主义时代，个人主义、利润、竞争以及市场化的价值观占据统治地位，扩展着新资产阶级的意识形态，从而有助于巩固其阶级权力。今天，在高科技和全球资本主义时代，全球化、新技术以及无限制市场经济的观念变成了主流观念，而这一切都推动着全球经济中新统治精英的利益……意识形态变得自然而然，看起来如常识一般，亦因此常常变得隐形，免遭批判。马克思和恩格斯开启了一种意识形态批判，揭示了统治观念是如何试图将既有社会、其体系以及价值观念自然化、理想化以及合法化的，又是如何复制支配性社会利益集团的权力的。(p. 6)

意识形态分析认为，媒介以及其他传播形态都为资本主义国家所掌控并由资本主义统治阶级所支配，为大众（或者按照马克思主义的说法就是无产阶级）生产虚假意识。大众没有意识到意识形态，并不意味着它就不存在。他们可能缺乏自觉意识，也没有能力去推广它，但是马克思主义的观点认为，每个人都有着意识形态信仰。

一个关于意识形态批判的小短剧

大审判官：	你是马克思主义者吗？
阿瑟：	我是一个双倍的马克思主义者！对我影响最深远的两位哲学家就是卡尔·马克思和格劳乔·马克斯（Groucho Marx）。①
大审判官：	卡尔·马克思提出了异化的观点，也揭露了资产阶级资本主义消费社会的本来面目，他认为我们需要用革命的手段来解放被压迫的无产阶级。那么格劳乔·马克斯的政见是什么呢？
阿瑟：	格劳乔是一位无党派诗人，他和他的哥哥如被压迫者一般向WASP（白种盎格鲁—撒克逊新教徒）的势利小人们开战，尤以受苦受难的玛格丽特·杜蒙为象征，她出演了多部格劳乔的影片。他最知名的一句台词是：“不是你已死去，就是我的表停了。”仔细想想，这句话的火力比起马克思来也毫不逊色。 114
大审判官：	……我搞不懂自己为啥要听你扯，除了自己我还能怪谁？
阿瑟：	“只要我还活着！”（借自格劳乔·马克斯）

① 格劳乔·马克斯（Groucho Marx，1890–1977），美国喜剧电影演员，“马克斯三兄弟”之一。下文的玛格丽特·杜蒙（Margaret Dumont，1882–1965）是美国女演员，经常出演马克斯兄弟的电影。——译者注

❖ 马克思主义批判

马克思主义批评家们，乃至所有的意识形态批判家们（无论批判的是何种说服性内容），其主要任务就是揭露出隐藏在媒介或其他传播形式之下的意识形态。这些隐藏的信息塑造着接收者们的意识。马克思主义批判还指出，更防不胜防的是，媒体从业者们自己都没有意识到他们生产的内容（情景喜剧、连环画、电子游戏、小说、电影等等）包含了意识形态。

马克思认为，社会塑造了我们的观念（《社会学与社会哲学选集》，1964）：

> 人们所进入的一定的社会生产关系是不可或缺并独立于他们的意志而存在的：这些生产关系相当于他们物质力量生产力发展的特定状态，这些生产关系的总和构成了社会的经济结构这一真正的基础，在此之上出现了法律和政治的上层建筑与明确的社会意识形式相对应。物质生活决定社会、政治以及精神生活过程一般特征的生产方式并非由人类意志决定，而是相反的，是社会存在决定他们的意识。（p. 51）

正是这种社会生产模式最终塑造了我们的思维。当然，思想与社会之间的关系是
115 很复杂的，但马克思主义秉持唯物论的思想，认为是经济关系和“社会存在”从根本上塑造了我们的意识。

一位马克思主义批评家唐纳德·拉泽（Donald Lazere，1977）就马克思主义如何阐释文化进行了论述：

> 无论应用于文化的哪个方面，马克思主义方法都力图把文化解释为物质生产模式、意识形态价值、阶级关系以及社会权力结构（种族、性别、政治经济）的或明或暗的显现，以及特定历史时期与社会经济形态下的人们的自觉意识状态。……近年来，马克思主义理论在不同程度上与结构主义和符号学相结合，提供了一种研究当下文化各层面的政治意义的锋利分析工具，包括电视、电影、音乐、畅销图书、报纸杂志、漫画、时尚业、旅游业、体育运动等大众娱乐，也包括教化机制如教育、宗教、家庭以及育儿、两性关系、工作/娱乐的各种类型以及日常生活中的其他惯例。……
>
> 马克思主义文化批判最常见的主题，就是任一社会的生产方式和统治阶级是如何

占据文化的每个方面的，而现如今，就是资本主义生产和意识形态是如何统治着美国文化，以及被美国商业和文化所开辟为殖民地的世界其他地区的。（pp.755–756）

如果拉泽的观点是正确的，那么对马克思主义者而言，一切文化都具有政治意义，而指出“潜在的”或隐藏在大众媒介文本、艺术作品或诸如时尚这类集体行为中的意识形态内容，正是马克思主义批评家们的任务。

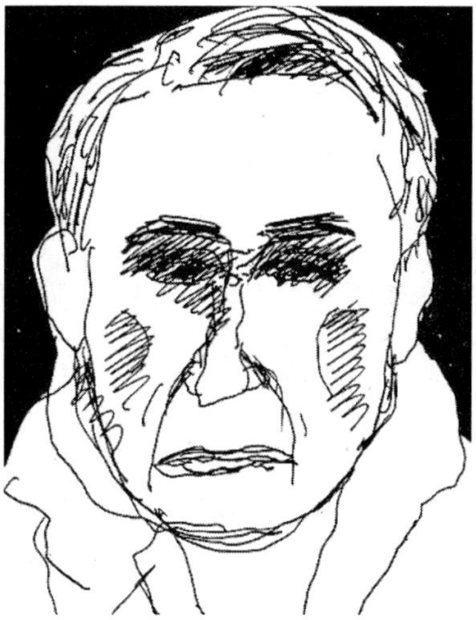

罗兰·巴特，一位极具影响力的法国马克思主义符号学家

❖ 罗兰·巴特与神话

116

符号学家罗兰·巴特是法国的马克思主义者，也是一位久负盛名的批评家，他研究的领域包括媒介、流行文化以及日常生活。他的著作《神话学》于1957年在法国出版，1972年翻译成了英文，是最具影响力的以符号学方式对媒介和大众文化进行马克思主义分析的著作之一。在该书的序言里，巴特这样写道：

> 我觉得写此书有两个决心：一是对大众文化的语言作意识形态批评，再是对这语言作初步的符号学解析。我那时刚刚读了索绪尔的著作，从中得出了一个信念：倘若把“集体表象”看作符号系统，就能期望从尽责的揭露中摆脱出来，就能深入细致地了解神话制作过程（mystification），这过程将小资产阶级文化转变成普遍的自然。[①]

全书分为两个篇章。第一篇章由28篇短文组成，巴特探讨了“摔角的世界”“电影中的罗马人”“肥皂粉和洗涤剂”“人造黄油制法”“清洁工的面孔”“脱衣舞”“新款雪铁龙”“竞选照片”以及“塑料制品”等诸如此类的话题；第二篇章“今日神话”主要讨论的是神话及其与资产阶级文化和社会的关系。

---

① 中译文引自罗兰·巴特.神话修辞术，批评与真实[M].屠友祥译.上海人民出版社，2009.27.——译者注

“摔角的世界”是书中第一篇探讨“神话”的文章，也是篇幅最长的一篇，在巴特的文章中极具代表性。在文中，他将职业摔角喻之为“剧场”：

- 摔角场的灯光效果可以产生极端情绪。
- 摔角不是一项运动而是一项精彩的表演。
- 摔角是一幅“蒙受苦难的浮世绘”。
- 摔角充斥着过激姿态。
- 摔角的每一个符号都“被赋予了绝对的明晰”。
- 摔角者的身体就是他们摔角模式的符号。
- 摔角提供了激情的象征而非激情本身。
- 117 在美国，“摔角代表着一种善与恶的神话般的斗争”。

《神话学》仅仅158页，不盈一握，却带来了巨大的反响，并且已经成了符号学、马克思主义、媒介文化理论以及传播学研究的奠基性著作之一。

❖ “霸权”理论

安东尼·葛兰西

霸权（Hegemony）一词因意大利马克思主义思想家安东尼·葛兰西（Antonio Gramsci, 1891–1937）而蜚声世界，它指的是意识形态支配无处不在，故变得隐形。根据马克思主义者的观点，虽然任何事物都被灌注了意识形态内容，但这种支配却是难以察觉的，因为我们无从对照，也无法将之剥离。马克思主义理论认为，更为严重的是，即使存在着任何欲与之抗衡的力量，也是软弱无力的。

实质上，媒介变成了操纵大众的工具，使其接受经济现状，也接受其他现状。不过，许多马克思主义者认为“操纵”一说过于简化，也未免过时。“操纵”意味着那些掌握操纵权的小资产阶级（报社、电视台运营者们和电影的制作者们），对这一行为所知甚详。但是，许多马克思学者都认为事实并非如此。小资产阶级深信这种意识形态，因而并未将之视为意识形态。

❖ 基础与上层建筑，虚假意识以及“成功源于个人奋斗” 118

自马克思之后，马克思主义思想不断获得发展，但他的理论精髓始终未获得普遍采纳，即经济关系是社会基础，形塑（并非决定）社会文化制度，而社会文化制度反作用于该社会中人的意识。（“经济基础决定上层建筑”的说法被认为是“庸俗马克思主义”,并且已过时多年）。这种意识形态的教化过程是微妙而无形的；人们没有意识到其意识被外部力量形塑的程度，并对自己的认知和能力心存幻想。

马克思对于虚假意识和统治阶级如何形塑我们的思维方式有着这样的见解：

> 统治阶级的思想在每一时代都是占统治地位的思想。这就是说，一个阶级是社会上占统治地位的物质力量，同时也是社会上占统治地位的精神力量。支配着物质生产资料的阶级，同时也支配者精神生产的资料，因此，那些没有精神生产资料的人的思想，一般也是受统治阶级支配的。占统治地位的思想不过是占统治地位的物质关系在观念上的表现，不过是表现为思想的占统治地位的物质关系；因而，这就是那些使某一个阶级成为统治阶级的各种关系的表现，因而，这也就是这个阶级的统治的思想。此外，构成统治阶级的各个个人也都具有意识，因而他们也会思维；既然他们正式作为一个阶级而进行统治，并且决定着某一历史时代的整个面貌，不言而喻，他们在这个历史时代的一切领域中也会这样做，就是说，他们还作为思维着的人，作为思想的生产者而进行统治，他们调节着自己时代的思想的生产和分配；而这就意味着他们的思想是一个时代的占统治地位的思想（p.78）。[①]

比方说，在美国，人们信奉“成功源于个人奋斗”[②]。这意味着我们忽略了社会、经济、政治等各项条件的重要性，而将更多关注放在个人心理和个性、成功的意志、个人

---

① 中译文引自马克思，恩格斯.德意志意识形态[M]//马克思恩格斯全集：第三卷.北京：人民出版社，1960：52.——译者注

② 原文是“self-made man and woman”，指的是那些出身贫寒，但完全依靠个人努力、个人奋斗和个人打拼而获得财富及事业成功的人士。——译者注

的决心以及“推销”自我的能力上。我们变成了心理学的囚徒，因为社会于我们而言并不那么重要，只有我们自己、我们的意志和品质才重若千钧。正如前英国首相玛格丽
119 特·撒切尔夫人认为的那样，我们相信存在的只有个人，社会只是一个抽象概念。如果仅考虑个人价值就够了，那么心理学就是学科之王了！

马克思主义认为，这种“成功源于个人奋斗”的观点对于社会中的资本家而言是极其受用的，因为这个阶层拥有和控制了生产方式。任何一个没有“达到预期目标”的人（无论这意味着什么）只会将失败归咎于自己，潜意识会告诉他们，这是由于意志力或品质的缺失。在这个社会中，成功纯粹是个人行为，失败亦然。马克思主义认为这是一种维护既有现状的意识形态理论，而统治阶级是这一切的始作俑者。“成功源于个人奋斗”的观点把责任归咎于失败与贫困，马克思主义称之为病态社会，这样的社会倾向于将人们的注意力从统治阶层和社会经济事务上转移开来。我要指出的是，在美国，处于仅占人口1%的顶层群体控制着经济命脉并占据着政治要位，为他们所偏爱的政党、政治活动甚至某个政治人物提供源源不断的巨额资助。而近年来，美国人已开始意识到阶级的重要性，不论是对政党还是美国公众来说，收入不平衡都是目前他们最为关心的话题。

❖ 后苏维埃的马克思主义批判

苏维埃共产主义的衰落，使得马克思主义批评家们收敛了很多，但是他们并不赞同（委婉地说）苏联所发生的一切，也并不后悔看到极权政府的倾覆。在美国等国家中，马克思主义批评者聚焦于如下的问题：

- 美国的不平等以及由此催生的各种问题；
- 富有阶层控制政治议程的方式；
- 媒介的集中化，以及成为统治阶级工具，究竟到了何种程度。

常言道：“谁出钱，谁点戏”。马克思主义批评家们认为媒介为富有阶层所拥有，并成为维系其支配地位的工具。更值得注意的是，全球化正在将资产阶级的意识形态传
120 递至世界各个角落。媒介已越来越多地被美国大型跨国集团公司所控制，世界各地遍布着其生产的电影、电视节目以及其他形式的媒介产品。

媒介扩散着消费的欲望，无论是电影、电视节目、报纸，还是其他大众传播形式，特别是广告，都将对商品的渴望植入人的心底。资本主义社会充盈着消费主义文化，马克思主义者认为这是必然的。由于资本主义社会异化的产生，人与人之间逐渐疏离，唯有消费欲望可以抚平疏离的苦痛。在资本主义社会中，无论穷人还是富人都感到孤独。资产阶级在允许的时候，使用意识形态进行劝导，而在必要的时候，则诉诸暴力。

❖ 马克思主义批判的基本思想

马克思主义意识形态批判的观点可总结如下：

- 在任何国家中，经济基础（或曰生产关系和生产方式）都形塑着上层建筑，比如艺术、宗教、教育等，而这些上层建筑形塑着人民的意识。
- 资本主义社会存在着不同的阶级。资产阶级是统治阶级，无产阶级是劳动阶级。小资产阶级则负责管理工厂、制作电视节目，为资产阶级完成其他任务。马克思主义认为，阶级斗争是历史发展的动力。
- 资产阶级通过建立一系列“虚假意识”来维护对于无产阶级的统治。这些虚假意识体现在“社会关系是自然形成的”；“成功是个人意志的结果”；“成功或失败，全由自己决定”等话语之中。必要时，统治阶级则会使用暴力。
- 资本主义社会产生了异化，这种异化可以由消费欲和商品拜物教暂时地、部分地缓和。资本主义社会中各个阶级均遭受着异化，彼此之间缺乏应有的联系。
- 消费文化加固了个人主义，使人觉得社群与社会阶层不再重要。更应关心个人开支，而非社会开支（如教育、医疗、基础建设等）。
- 媒介和经济体制日益全球化，这使得统治阶级可以向第三世界传播资本主义意识形态，也 121
向其出口各种难题。马克思主义称之为“文化帝国主义”。

这是一幅马克思主义意识形态思想原理的简笔画。不过，称之为“传统马克思主义思想”会更为准确。就像任何团体、实体、政党一样，马克思主义也有诸多流派，每一流派都阐述着马克思主义思想的不同方面。

接下来，我将解释一些马克思主义理论的基本要素，并用这些概念解读一则香水广告。

❖ 斐济“蛇”香水的马克思主义解读

斐济（Fidji）香水是姬龙雪公司（Guy Laroche）的一个著名产品。对于这则广告，马克思主义批判家可能得出的观点是：它折射了第一世界对第三世界（有色人种的世界）
122 的剥削。第一世界是一个资本主义的社会，充斥着类似姬龙雪公司这样的资本家企业，它们是剥削者。根据马克思主义理论，如今的资本主义依靠输出和转嫁内部问题而存活下来。因此，这则广告不仅仅是在推广香水产品，更是一种资本主义国家的文化帝国主义的投射。

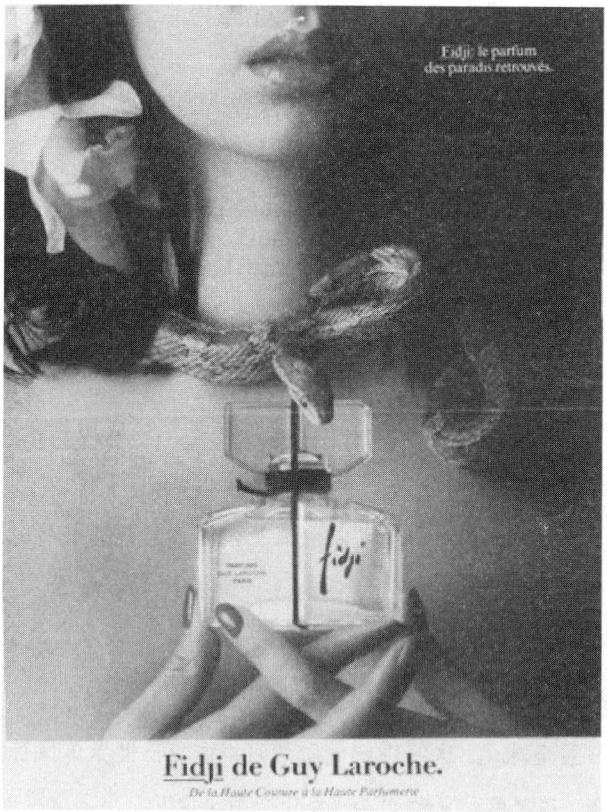

斐济“蛇”香水广告

来源：斐济“蛇”香水广告

广告中只有一位女性形象，我们甚至看不到她的完整面孔。她来自第三世界，是千千万万无名氏中的一员。除了她对第一世界的幻想与向往，我们对其一无所知。但在第一世界中，我们被邀请进入她的世界，与这样一位清纯的“原生态”美女产生尽情性爱的美梦。但是她真的是一个“原生态”的美女吗？从某些方面来说，可能如此，如她发间的花朵或者颈间的蛇所暗示的，给人一种伊甸园般原始纯真的想象。但是，她用手指交错的有趣方式所端持的那瓶香水，却表明了另一种被生产出来的幻想，那就是资本主义的教化。说到底，又有哪一个城市，比巴黎更“文明”、更资本主义呢？

此外，对马克思主义批评家来说，斐济香水广告也可以是一个资本主义消费文化的经典案例。这种奢靡的消费文化已经主导了我们生活的方方面面，尤其是性观念。我们被鼓励着去耗费更多无用的开支，来获得一种赝品般的“魅力”。从这个意义上来说，“性”成为统治阶级为了控制我们而利用的工具。

广告不仅仅是一种促销和娱乐的方式，更堪称当代资本主义文化的核心机制。我们为那些所谓的“免费媒介”所支付的东西，远比我们想象中更多。广告的存在是为了销售产品，但同样存在着政治使命，它把我们的注意力从公民文化的崩塌中转移开来，而聚焦于私人开支与个人幻想。马克思主义认为，我们在奢侈品中纵情挥霍，与此同时，我们所处的社会分崩离析。我们躲进那些被封闭的和被监视的社群避难所，以求逃离我们的生活方式所滋生的社会解体和病态现象。

诸如斐济香水这样的广告表明，“异化”是功能性的。换言之，对于掌握生产资料的人而言，异化非常有用。我们创造一种消费文化，企图通过持续不断的消费来缓解这种异化，然而却为生产资料的所有者们带来了愈发丰厚的收益。因此，异化催生了消费。此外，资本主义社会更将消费行为与“性”紧密相连，致使人们参与消费文化的诱惑越发强烈。

作为一种象征，少女手中的斐济香水可以被理解为资本主义文化对第二世界和第 123
三世界国家的主宰。也就是说，这个广告可以被视作当代社会中文化帝国主义的投射。媒介文本的制作成本如此之高，第三世界国家只得依靠电影与电视节目的大规模进口。“文化帝国主义”这一理论来自马克思主义和其他一些思想流派，它指的是第一世界的媒介正摧毁着第三世界国家的本土文化，最终导致文化的同质化。第三世界进口的文化产品中隐藏着资本主义的价值观，而这种价值观正是这种同质化文化的主宰。对第三世界的媒介使用者来说，无论是观看来自第一世界的电影或电视，还是聆听流行音乐，抑或是玩游戏，都不免要遭受这一文化的荼毒。

马克思主义对这些广告和消费文化进行分析时，存在的一个问题是：这种分析是教条化的和预设性的。“党的路线”涵盖了广告以及资本主义社会的方方面面，它在观看任何具体文本之前，就已明确了自己想要发现什么。此外，就政治上而言，马克思主义已经内爆，前苏维埃社会现已陷入消费狂潮，似乎正在努力弥补失去的时间。或许正是消费文化导致东欧和俄罗斯的马克思主义制度失去了其力量。

另一方面，即使马克思主义者对资本主义社会的批判是合乎逻辑的，在某些方面甚至是正确的，但共产主义社会同样也是问题重重。研究表明，以往的共产主义执政社会中，政党的精英成员也多多少少存在对人民的严重剥削和对食物及商品的巨大消费。共产主义作为政府形式存在问题，而马克思主义作为一种批判当代社会种种失败的理论工具却依旧具有生命力。

因此，马克思主义批判面临着诸多问题。虽然其揭示了资本主义社会中的不平等和其他方面的一些问题，但是其对于共产主义社会中存在的相似问题却几乎视若无睹。此外，马克思主义和共产主义在一些国家中失去信任，而另外一些国家则放弃了这一道路，共产主义国家屈指可数。有一种说法是，当今社会中的很多马克思主义批评，都存在于美国的大学里，这一说法不无道理。

124

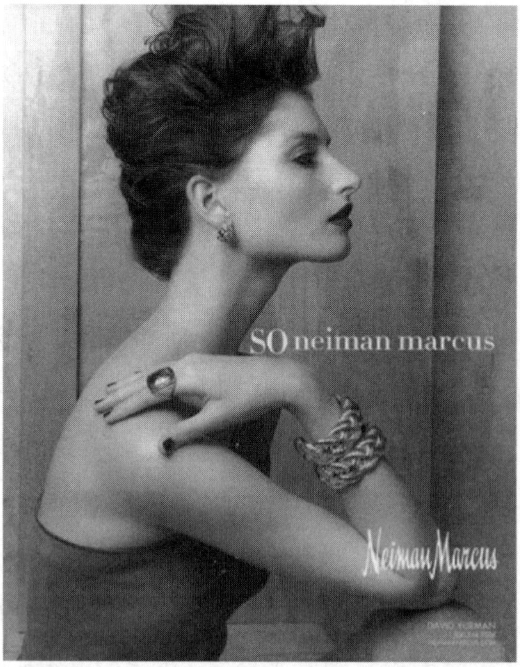

内曼马库斯广告

内曼马库斯①的广告是摄影术美化人物的范例。她的姿势，她的面部表情以及整个广告的空间都在暗示着精致与“格调”。

---

① 内曼马库斯（Neiman Marcus），或称尼曼百货，是美国一家以经营奢侈品为主的高端百货公司。——译者注

❖ 约翰·伯格的魅力研究

英国马克思主义作家约翰·伯格（John Berger）对于魅力的本质提出了很多有趣的洞见。伯格著有《观看之道》（1972），其中用“宣传”（publicity）一词代替广告，并探讨了广告在“魅力感”塑造中的作用：

> 广告通常被解释和判定为一种竞争性的媒介，最终有利于大众（消费者）及最有效率的制造商——因而有利于国民经济。广告也和某些关于自由的观念息息相关：购买者选购的自由，生产者经营的自由……
>
> 在广告世界中，不同品牌或厂商展开竞争；同时每个广告影像也确认并强化了对手。广告不仅是互相竞争的信息大组合，本身还是一种语言，传达一个共同信息。
>
> 广告建议我们每个人以多购多买来改变自我或生活。广告推出业已改变而备受羡慕的人士，并说服我们追求类似的改变。令人羡慕的状况就是构成魅力之所在，而广告 125
> 就是制造魅力的过程。[1]（pp.130-131）

他还指出，广告或宣传作品之所以起作用，是因为其源自我们对愉悦的天生渴望。归根到底，广告诉诸的是愉悦，而不是那些所推销的产品。

伯格（1972）认为，广告给我们提供了一种“购买了这种产品就可以更富魅力”的印象，因此，广告其实与购物无关，而是与社会关系和对幸福的承诺息息相关。广告利用了“羡慕”（envy）的力量来激发我们的积极性。一旦购买了某产品后，我们就摇身一变，成为自己羡慕、别人也羡慕的某种人。来自他人的羡慕，使得我们的自恋具有了正当性。他还认为，广告图片作品利用了我们早已存在的自恋，将它返还给我们，我们却需要支付代价，那就是我们所购买的商品价格。

法国文学研究者勒内·吉拉尔（Rene Girard）有一个与此相关的理论。他在《羡慕剧院：威廉·莎士比亚》（1991）一书中提出，莎士比亚笔下的每一个角色都被一种他所谓的“模仿的欲望”（mimetic desire）所激发。吉拉尔认为，模仿即亦步亦趋地学习他人，这在社会关系中承担着重要的角色。如他所言：

---

① 中译文引自约翰·伯格.观看之道[M].戴行钺译.广西师范大学出版社，2005:141-142.有改动。——译者注

> 当我们想起那些通过模仿就可以扮演一个角色的现象，我们会列举一些诸如穿着、矫饰、面部表情、演讲、舞台表演、艺术创作等之类的要素，但我们永远都想不到的是渴望。因此，我们将社会生活中的模仿看作一种群集性的力量，和一些社会模式中大众复制品带来的乏味一致性。
>
> 而在渴望中占有一席之地的模仿则会污染我们学习和掌握的意志这一传统观念虽然也有些许道理，但它漏掉了最核心的问题：模仿不仅仅会将人们集中在一起，更会使人们彼此分离。
>
> 矛盾的是，它可以使双方同时发生。渴望相同事物的个体会被一些事物强有力地联结起来：只要他们可以分享一切他们渴望的，他们就依旧是最好的朋友；而一旦他们不再如此，他们就变成了对立的敌人。（p.3）

吉拉尔解释道，当我们购买商品和服务时，就是在满足对名人以及广告中使用各种产品的人物进行模仿的欲望。就本质而言，羡慕之心引导我们去模仿，模仿那些我们在广告中看到的人，有时甚至是日常生活中看到的人。

126 ❖ 身份政治

在美国，马克思主义思想及其政治哲学并没有得到广泛传播。即便如此，马克思主义一以贯之的意识形态批评，仍然对批判美国文化和社会影响甚广。其结果之一就是所谓“身份政治”（identity politics）的扩散，指的是某些人群对自己的身份全情投入，对他们的处境、问题和需求都怀着热忱。这与曼海姆所言的“乌托邦”思想非常近似。

一些群体关注自己的特定欲望，并由此对美国社会开展意识形态批判。另一部分人也在这样做，但主要是基于社会公平。因此，我们有酷儿运动（酷儿包括男女同性恋者、双性恋者以及跨性别者），也有以种族和族群为基础的政治活动。他们中的大部分人聚焦于自己独特的关注点，而另一部分人则认为这些问题的解决在于建立一个更公平的社会。

一个广为流传的笑话是这样的：

> 有一天，犹太小男孩莫德才·哥德堡（Mordecai Goldberg）冲到了爷爷家：“爷

爷，巴比·鲁斯（Babe Ruth）[①]刚刚完成了他人生中的第60个本垒打！”

“确实很有趣，”老人家说，他可能并不知道谁是巴比·鲁斯，也许连什么是本垒打都不知道，“不过告诉我，这个本垒打，对犹太人有什么好处吗？”

粗略而言，对于身份政治来说，各个群体会对任何关于社会、经济或政治的事件提出相同的问题：“这对女人而言有好处吗？”“这对男同性恋者、女同性恋者、双性恋者或跨性别者而言有好处吗？”“这对非裔美国人有好处吗？”“这对意大利裔美国人有好处吗？”“波兰裔呢？”（你可以换用任何种族、宗教以及民族群体）“这对儿童和老人有好处吗？”然而，一些群体提出这些问题，却放眼在更广阔的领域。他们认为如果要实现自己的目标，社会必须要有关键性的变化。女性主义的媒介与传播理论就从中受益。 127

朱迪斯·巴特勒

❖ 媒介与传播领域中的女性主义批判

女性主义批判中一个颇具争论的领域是性别的社会建构，朱迪斯·巴特勒（Judith Butler）的《性别麻烦：女性主义与身份的颠覆》（1999, 2009）这本书的标题就显露无遗。她开篇便讨论了主流女性主义理论中的一些假设：

> 1989那一年我最关注的是批判女性主义理论里普遍存在的一种异性恋假设。我试图对抗那些对性别的界限和性质做一些自以为是的假定，并把性别限定于一般所接受的男性与女性的概念的特点。[②]（p. vii）

① 巴比·鲁斯（Babe Ruth, 1895–1948），是美国著名的职业棒球手。

② 中译文引自朱迪斯·巴特勒.性别麻烦：女性主义与身份的颠覆[M].宋素凤译，上海三联书店，2009:1. ——译者注

巴特勒（1999）提出了关于性别本质的问题，同时批判了一些女性主义思想家的观点。下文将会谈及这一问题的争论，以及有关政治与媒介的女性主义批判中的其他争议。但总体来说，大部分女性主义理论关注的是以下问题：

- 在文本、商界和日常生活中，女性被赋予了什么样的角色；
- 媒介和日常生活中对女性的剥削（或曰“性剥削”）：将女性视作性别物件，即男性欲望的发泄对象；
- 女性在工作场合被剥削、在日常生活中（包括性关系）被主宰，这使得男性的优越性合法化；
- 女性建立对自身处境的认知，以及以政治方式改变现状的必要性。

128 应该注意的是，在一个家庭、一个教派或一个棒球队等群体的内部，不是每一个成员都想得完全一致。女性主义也是如此。在斯蒂乌斯（H. Leslie Steeves）与史密斯（Marilyn Crafton Smith）所写的一篇名为《黄金时段电视娱乐的阶级与性别：社会主义女性视角的观察》（1987）的文章中，我们可以找到一些自由主义女性主义者与社会主义/马克思主义女性主义者之间的差别：

> 与自由主义女性主义形成对照的是社会主义女性主义。它同马克思主义一样，假设资本主义之下的阶级体系是女性受压迫的根本原因。但与此同时，它也同意激进主义女性主义的观点，即“父权制”（性别压迫）自有其生命，在资本主义之前很早就已出现。因此，大部分社会主义女性主义者们认为父权制和资本主义必须被同等对待，主要手段就是消灭劳动力的阶级分化和性别分化。……
>
> 自由主义女性主义者聚焦于媒介是怎样影响个体态度与行为的，与此形成对照的是，社会主义女性主义强调媒介（以及其他传播渠道，诸如语言、教育和艺术）在形塑意识形态（包括形塑女性附属状态的意识形态）中的核心地位。（pp. 43–44）

这两位作者如同马克思主义者一样，认为资本主义依旧是问题的核心所在，需要与女性所面临的特定问题一起解决。马克思主义女性主义者关注的是，媒介如何描绘和再现女性，以及媒介与传播如何将女性作为一个整体而非独立个体呈现给社会。

至于“激进”女性主义，我不确定该文是否准确描述了它的特征。大部分激进的女性主义者关注的是媒介对于美国文化和社会的影响。与斯蒂乌斯和史密斯论文同期呈现的还有凯瑟琳·斯柯塞娜（Kathryn Cirksena，1987）的论文。她对女性主义批判的理解如下：

> 在我看来，论及传播过程时，激进主义女性主义批判关注三个方面：第一，知识和信息的社会建构，尤其是涉及性别的假定；第二，在支撑性别不平等的状况中，语言所充当的角色；第三，关于“差异”的理解，这挑战了男权哲学家们关于人类社会普遍性的观念，并进一步挑战了他们的方法论以及政治观。（p.20）

129

添加利广告

通过展现她未晒成棕色的皮肤，添加利将一位女性的身体用到了自己的广告当中

卡芭娜广告

是什么让这张照片中女性的腿如此性感撩人？她未晒成棕色的皮肤引导着我们的眼睛看向她的私处

我要指出的是，这里有一个关键性的差异。社会主义女性主义者认为：“资本主义是女性从属地位的根源，也是其他群体的问题根源。”但另有一些学者却强调，对知识的社会性认知才是问题根源。 130

❖ 知识的社会性认知

“知识的社会性认知”这一概念强调，教育、媒介、家庭以及社会其他机制在形塑人们的理念中都扮演着重要的角色。一个颇具讽刺性的例子是，“只有个人是重要的，而社会无关紧要”，这种观念就是被社会性地建构起来的。人们通过阅读、与他人攀谈、接触媒介等方式建构起了这一观念。

卡尔·曼海姆的《意识形态与乌托邦》(1936)一书是有关知识的社会起源的经典论述之一：

> 严格地说，说单个的人进行思维是不正确的。更确切地说，应认为他参与进一步思考其他人在他之前已经思考过的东西，这才是更为正确的。他在继承下来的环境中利用适合这种环境的思想模式发现自我并试图进一步详细阐述这种继承来的反应模式，或用其他的模式取代它们以便更充分地对付在他所处的环境变化中出现的新挑战。因此，每个个人都在双重意义上为社会中正在成长的事实所预先限定:一方面他发现了一个现存的环境，另一方面他发现了在那个环境中已形成的思想模式和行为模式。[①](p. 3)

华盛顿纪念碑

这种分析存在着一个问题，即观察新理念的成形是十分困难的。一个解决方法是，将新理念（甚至是批判既存社会的可能性）视作个人不完善的社会化的结果，它们是从抵制社会基本规范的亚文化中生成的。曼海姆的“乌托邦”抵制着它们在社会中发现的大多数事物。从这个视角看来，女性主义同样可以被理解为乌托邦。现在我们转至女性主义思想的另一个方面：男权中心观点。

---

① 中译文引自曼海姆.意识形态与乌托邦[M].黎鸣，李书崇，译.周纪荣，周琪，校.北京：商务印书馆，2000：3.——译者注

❖ 男权中心理论：男性统治的身体基础 131

有些女性主义者在分析男性统治时，不仅直指阶级体系和资本主义，而且关注男性身体，尤其是其生殖系统，因此论及家长制的“男权中心”（phallocentric）统治。根据男权中心理论，男性认为他们在社会中的权力关系是与生俱来的，对女性的从属地位和被不平等对待的事实熟视无睹。男性往往在这类社会权力体系中扮演要职，而艺术界或媒体界的女性代表最终会被男性性欲尤其是男性生殖器的象征性力量所形塑。当然，男性并没有意识到这一点，也并没有为此所触动，反而还在女性主义者的论证中嬉笑嘲弄（反映了他们的权力和支配意识）。

女性主义者也探讨了“男性凝视”（male gaze）等现象。所谓“男性凝视”，指的是男性将女性视为性对象，并且这一观念已经被视为天经地义了。无疑，女性在大众媒介文本中常被刻画为一个性对象或欲望对象，更糟糕的是，越来越多真实生活中的女性也开始将自己视为性对象，而这在媒介中均有迹可寻。

我们之所以对媒介文本拥有这么多种批判路径，是因为文本如此复杂多样，以至于可以应用不同模式的分析方法。有人建议采用跨学科的分析方法，例如，将政治、经 132
济、社会、心理及其他路径结合起来。在探讨媒介和传播时，女性主义是一个重要的意识形态路线，我认为它只是一个例子，我们可以从此出发，对其他受压迫的群体进行研究。我们也可以把不同的受压迫群体结合起来进行研究。例如，伊斯兰女性主义者，或者非裔美国人中的同性恋者。下文将再介绍一种理解美国社会的路径，即“政治文化”的路径，这个路径可以为我们提供更加深刻广泛的视角，以理解媒介与传播中的政治面向。

❖ 政治文化、媒介与传播

这种分析路径可溯源至英国社会人类学家玛丽·道格拉斯（Mary Douglas）和美国政治学家阿伦·威尔达夫斯基（Aaron Wildavsky）的著作。道格拉斯提出了“格/群理论”（grid-group theory）。在迈克尔·汤普森（Michael Thompson）、理查德·埃利斯（Richard Ellis）和阿伦·威尔达夫斯基的《文化理论》（1990）中，对该理论进行了这样的描述：

> 道格拉斯认为，个体在社会生活参与中具有可变性，而社会性具有两个维度，即群与格，它们可以充分阐释这种可变性。群，指的是个体融入某个有边界的单位的程度。融入程度越深，个体选择屈从于群体决策的可能性就越高。格，指的是个体的生活被外部施加的指令所控制的程度。这种指令的范围越广，就越具有约束力，那么个体生活的协商可能性就越小。(p.5)

威尔达夫斯基指出，聚焦于政治活动中的利益集团是没用的，因为这些群体根本无法判断他们的利益所在。他认为，理解政治最好的方式是留意政治文化的重要性，因为它们往往捆绑于人们的价值观并深刻形塑了人们的决策与选举，虽然人们对选举所涉议题往往知之甚少。

威尔达夫斯基写过一本书，名为《多元民主的条件：或曰多元文化意味着一个国家拥有不止一种政治文化》(1982)，书中说：

> 人们所关心的事是如何与其他人相处。社会生活中最主要的问题便是“我是谁？”
> 133 （类似的还有我属于哪个群体？）以及“我应该做什么？”（我是否应该多少遵循一些惯例？）群体的强弱，源于它们是否能将这部分人与那部分人隔离得泾渭分明。人们做决策，或是为了群体整体（强边界），或是为了个体与家庭（弱边界）。规矩或多、或少，显示了个体对自己所属的行为规范内化的程度。而将规矩与边界相结合，就形成了四种政治文化，它们可以解决与社会生活相关的大部分问题。(p. 7)

下图展示了这四种政治文化的关系：

		群体边界	
		弱	**强**
规矩与规条	**大量**	宿命主义者	精英主义者
	少量	个人主义者	平均主义者

威尔达夫斯基的四种政治文化

在威尔达夫斯基前后的著作中，这四种政治文化的名称稍有调整。我将使用较易理解的说法。“四种政治文化”模式是基于群体边界（弱或强）和规矩数量（多或少）而划分的：

宿命主义者：群体边界模糊，规矩众多；

个人主义者：群体边界模糊，规矩较少；

精英主义者：群体边界明晰，规矩众多；

平均主义者：群体边界明晰，规矩较少。

威尔达夫斯基是这样描述四种政治文化的：

> 有的强群体，内部规矩繁多，根据社会角色而不同，从而形成等级制的集体主义。有的强群体，其成员要遵守的规矩较少，形成了精英主义文化，在自愿、同意的基础上而非强制和不平等的基础上形成了共享。竞争式的个人主义，规矩较少且界限较弱，从而鼓励新的融合。当群体较弱而规矩较强时，决策就多来自于外部，则群体文化往往是宿命主义的。（引自 A. A. Berger, 1990, p.6）

这四种文化存在于所有的民主社会中，可以用一些基本信念来描述。 *134*

个人主义者笃信自由竞争与尽可能少的政府参与；政府需要维持一种公平的竞争环境并保护私有财产。精英主义者坚持分层化与等级化的必要性和正确性，但他们对于自己之下的群体存在一种义务感。平均主义者坚信，每个人都有自己的必然需求应当获得满足，因此他们致力于提升宿命主义者的地位。平均主义者批判精英主义者与个人主义者，显得与美国主流政治思想格格不入。宿命论者认为他们是厄运的牺牲者并往往无心政治。精英主义者与个人主义者代表了美国民主社会的支配性信念，但是民主若要兴盛，则四者均不可或缺。所有群体都彼此相系，不可分离。

威尔达夫斯基的政治文化分析具有一个重要的价值，它展示了不同群体如何回应特定的问题，例如：关于羡慕与领导力；当事情出错时的问责；如何处理风险及其他相关事宜。表5.1展示了这四种文化的属性及其对相关问题的回应。威尔达夫斯基晚年调整了一些说法，所以我们看到的是"等级化精英主义者"而非"等级化集体主义者"。表5.1还显示了四种文化所涉及的平等、炫耀、匮乏、控制等不同方面。威尔达夫斯基在文中通过大量的细节描述了这些情形。

还需强调的是，如果没有从所认同的政治文化中得到回报，人们往往（宿命论者除外）会从一种政治文化转投另一种政治文化的怀抱。举一个例子，我曾有一位邻居是一家大型航空公司的飞行员，他是一位威尔达夫斯基所言的求胜的个人主义者，但是20世纪80年代末，航空公司做了一些他认为不公平的事，例如削减他的薪水以及指派他做一些他认为大材小用的工作。不久，他便转而拥护工会，实际上成为一个平等主义者了。

表5.1 威尔达夫斯基四种政治文化属性

	个人主义者	精英主义者	平均主义者	宿命论者
领导力	自己即领袖	合法权威	排斥	被他人领导
羡慕心理	允许差异	不是问题	严重问题	无嫉妒心
问责	个人	偏离者	归咎于体系	命运
公平性	竞争的机会	视身份而定	平等对待一切	生活不公
财富	多创造多储蓄	集体牺牲	基本条件的平等	运气
风险	创造财富的机会	短期危险	体系不平等的基础	运气
控制	依靠结果	程序要素	一致的决议	逃避
炫耀	为建立关系网	仅公共事务	少量炫耀	隐藏
平等	竞争机会相同	法律上的平等	结果的平等	不公难避免
匮乏	利用重要资源	官僚控制资源分配	由体系开发资源	自然分配

❖ 流行文化与媒介对四种政治文化有所偏爱

流行文化和大众媒介，与四种政治文化彼此关联。我们来做两个假设：

135 1. 人们期望强化自己的信念，因此选择相关的电影、电视节目、歌曲、书籍，以及其他可以支持自己的价值观或与其价值观相一致的事物；

2. 人们总是避免认知失调，因此避免观看相关电影、电视节目，以及其他挑战自己价值观的大众媒介文化产品。

这表明，在美国（及任何民主国家），事实上都存在着四种受众，或曰四种公众品味与价值，分属威尔达夫斯基所言四种政治文化中的一种。这也意味着，当我们观察特
136 定的电视节目、歌曲、电影或书籍时，可以分析它们最吸引哪一种政治文化或相应品味

的公众。人们观看什么电影或电视节目、阅读什么书，此类决策大部分都是基于其政治文化所做的无意识选择。在某种程度上，人们并没有意识到自己实际上是威尔达夫斯基所言“政治文化”中的一分子。然而人们确实如此。

作为政治文化中的一员，人们在信息较少时也可做出政治决策（例如为谁投票，加入哪个党派等）。每个人都试图确认“他是我们之一”或“这个问题如我们所想”。如威尔达夫斯基所言：文化是政治的弹性橡皮人，因为它允许那些被小细节形塑的偏好（1989,引自A.A.Berger,p.40）。这确实是可信的，也许在工作中、私底下，在我们关于观看什么电视节目的决策中，个人的政治文化与基本价值信念便悄然相连。

如果你询问人们观看电视的原因，他们大概会说是为了娱乐消遣。但是为什么这个人会看摔角节目，另一个人会看情景喜剧，第三个人会看一部自然纪录片？在表5.2中，我罗列了一些特定的流行文化和媒介产品，并根据其政治文化偏好分门别类。这个表格是根据我多年前媒介批判课上组织学生讨论而形成的，你可以用新电影、新书籍以及新的电视节目来替代表格中提及的项目。

表5.2　政治文化与流行文化 *137*

主题分析	精英主义者	个人主义者	平均主义者	宿命论者
歌曲	《天佑女王》	《我行我路》	《天下一家》	《英国无政府主义》
电视节目	PBS《新闻一小时》	《豪门恩怨》	《伸冤人》	《天龙特攻队》
电影	《壮志凌云》	《金钱本色》	《伍德斯托克音乐节》	《第一滴血》
杂志	《建筑文摘》	《金钱》	《琼斯夫人》	《雇佣兵》
书籍	《君主论》	《为自己着想》	《你好我也好》	《1984》
英雄	里根	李・艾柯卡	甘地	吉姆・琼斯
女英雄	伊丽莎白女王	安・兰德	特蕾莎修女	麦当娜
游戏	西洋棋	大富翁	新游戏运动	俄罗斯轮盘赌
运动	马球	网球	飞盘	旱冰速滑
时尚	制服	西装三件套	牛仔服	二手服装

如果某人始终如一，他的选择就会全部（或大部分）落入其所属的政治文化类别。当然，我们知道这是不可能的。但是，我们可以试着这样做，把表格里的媒介文本拿出来，询问某个人中意哪些。如果他的选择有模式可循，那么，无论他自己是否意识到，他

都属于某个政治文化的群体。换言之，如果一个人受意识形态的影响强烈，那么，他的文本选择就会呈现出清晰独特的模式，可能分别属于平等主义者、精英主义者、个人主义者或是宿命主义者。

威尔达夫斯基的“四种政治文化论”告诉研究者们，可以通过研究人们的媒介和流行文化的品味而迂回获取人们政治上的信息。我们可以运用调查研究，获知人们在流行文化媒介文本中偏爱什么，以获知他们所归属的政治文化是什么，这也可以帮助我们了解他们过去和将来的行为。

我们还可以从个体走向社会整体，通过畅销书、成功的电视节目和电影，来概括整个社会的情况。当然，这也有一定的风险。我们可以研究这些文本中的基本价值观，探讨其归属于哪一种政治文化。当我们发觉某一政治文化中的价值观和信念开始增强或减弱时，我们就可以推断该社会发生了显著的变化。这种研究必须与其他的社会研究相结合，看看我们关于媒介和政治文化的文本研究，是否与其他的研究结果达成一致。

138 ❖ 马克思主义视角下的社交媒体

马克思主义者对社交媒体颇有兴趣。虽然很多传播学者都热情投身于社交媒体，积极强调着它们在所谓“参与式文化”中扮演的角色，但是马克思主义学者聚焦的却是社交媒体的剥削面，以及它们在维系资本主义中的作用。例如，克里斯廷·福克斯（Christian Fuchs）在《社交媒体：批判性导论》一书中提出，社交媒体应被视作一种剥削手段：

> 在这本书中，我自始至终强调的一点，就是商品化和意识形态的双重逻辑，形塑着企业化的社交媒体。企业化社交媒体的资本积累都建立在互联网产消者（prosumer，生产者和消费者二词的结合）的商品化，互联网使用者的无酬劳劳动以及定向的广告宣传与经济监视之上。
>
> 谷歌是互联网产消者商品化的统治者。它建立起了一种精细的定向广告宣传系统，用来收集相关用户兴趣以及行为（人口统计学方面的、技术方面的、经济方面的、政治方面的、文化方面的以及生态信息）、传播、网络覆盖以及相关协作的大量数据。脸书

> 网则是占据支配地位的社交网站，它建立起了一个尤其依赖商品化网络、联系、用户资料以及无酬劳用户生产的用户原创内容的产消者商品化系统。 (p. 255)

福克斯认为，我们应当将脸书以及其他社交媒体视为一种维系资本主义社会中的不平等权力关系与阶级划分的手段。实际上，社交媒体正是那些利用各大网站的“用户原创内容”(UGC)和那些对卖家和广告商有用的用户信息来大量揽金的统治阶级的工具。根据马克思主义批判理论，那些在社交媒体上发布信息的人们，并没有意识到他们被剥削的程度之深，而这是由于他们已被马克思所言的“虚假意识”所教化。

❖ 批判性话语分析前瞻

在第七章，我将讨论那些形形色色的话语分析。我们将看到话语分析的分支之一
批判性话语分析（CDA）是如何践行马克思主义思想并聚焦于隐藏于话语之后的意识 139
形态内容的。在教科书《如何进行批判性话语分析》(2012)中，作者戴维·马钦(David Machin)和安德里尔·梅尔(Andrea Mayr)说道：

> 批判性话语分析假设权力关系是分散的，换言之，权力是为话语传输和演练的。因此我们可以学习到“权力关系是如何在话语中被运用和协商的”(Fairclough and Wodak, 1997:242)…费尔克拉夫(Fairclough, 1989: 5)总结了“批判性”话语研究的思想，即分析语言要素以揭示隐藏在背后的语言、权力与意识形态的关系。(pp. 4–5)

一般而言，当你在传播研究中看到“批判”一词时，就表明了它关注权力与意识形态的问题，它的本质就是马克思主义——不过马克思主义常与女性主义及其他社会、经济和文化要素相结合。因此，到话语分析那一章，我们还要回归意识形态与权力研究。

❖ 意识形态批判：应用与练习

1. 你被指派为马克思主义期刊《艺术/同志》的媒介评论员，运用马克思主义理论中的重要观点撰写一篇1000字左右的关于电影《饥饿游戏》的马克思主义分

析，或者指导教师所推荐的其他电影。请使用前文提出过的应用图表。思考：在《饥饿游戏》及你所观看的其他的电影中，四种政治文化中的哪一种出现的频率最高？并请做出解释。

2. 运用马克思主义观念，为《艺术/同志》撰写一篇1000字左右的关于电视剧《囚徒》中“将军”一集的分析。你可以在网上找到该电视剧的免费版。运用应用图表，试做分析。就该剧而言，精神分析或符号分析是否是一条更好的路径？
3. 就社交媒体在美国文化和社会中所扮演的角色写一篇分析文章。思考社交媒体怎样影响：(1)家长与孩子之间的关系；(2)政治；(3)性别关系。

140 ❖ 结论

当我们审视媒介和流行文化时，不可避免要做的一件事就是探寻特定媒介产品中的意识形态内容。对于某个文本，站在不同意识形态立场的人，看到的东西也往往各不相同。这正是定性的媒介研究如此复杂的原因。艺术作品庞杂而丰富，也容易被各种分析和解释的模式所干扰。俄罗斯评论家尤里·洛特曼（Yuri Lotman）在他的《艺术文本的结构》一书中这样说道：

> （艺术语言）能以极小的篇幅集中惊人的信息量（请比较契诃夫的短篇小说与心理学教科书），艺术语言也因此显示出了另一特征：它根据每个人的理解，相应地为不同读者传递了不同信息。它向读者提供了一种语言，在重复阅读时，信息中每一个连续的部分都可能彼此相仿。它如同一种具备读者反馈渠道的生物体，并因此提供指导。（p. 23）

洛特曼还认为，艺术文本中的一切都富有意义，这也使得解读它们变得更加不易。虽然就美学观点而言，媒介传播的作品也许不是最好的艺术作品，但是如果马克思主义和其他意识形态批判是正确的，那么它们的意义和影响就无比重要。

❖ 延伸阅读

Artz, L.,&Macek, S.(2006). *Marxism and communication studies: The point is to change it.* Berne, Switzerland: Peter Lang.

Barthes, R.(1972). *Mythologies* (A. Layers, Trans.). New York, NY: Hill&Wang.

Berger, A. A.(1990). Agitpop: Political culture and communication theory. New Brunswick, NJ: Transaction Books.

Berger, A. A.(2011). *Ads, fads, and consumer culture: Advertising's impact on American character and culture* (4th ed.). Lanham, MD: Rowman&Littlefield.

Berger, J.(1972). *Ways of seeing.* London,UIC: British Broadcasting System and Penguin Books.

Butler, J.(1999). *Gender trouble: Feminism and the subversion of identity.* New York, NY: Routledge.

Dorfman, A.(1983). *The empire's old clothes: What the Lone Ranger, Babar, and other innocent heroes do to our minds.* New York, NY: Pantheon.

Durham, M.G.,&Kellner, D.(2001). *Media and cultural studies*: Key works. Malden, 141
MA: Blackwell.

Fuchs, C.(2014). *Social media: A critical introduction.* Thousand Oaks, CA: Sage.

Fuchs, C.(2015). *Culture and economy in the age of social media.* New York, NY: Routledge.

Gramsci, A.(1971). *Selections加m the prison notebooks* (Q. Hoare&G. N. Smith, Eds.&Trans.). New York, NY: International Publishers.

Hammer, R.,&Kellner, D.(Eds.).(2009). *Media/cultural studies: Critical approaches.* New York, NY: Peter Lang.

Haug, W. F.(1986). *Critique of commodity aesthetics: Appearance, sexuality, and advertising in capitalist society.* Minneapolis: University of Minnesota Press.

Jameson, F.(1991). *Postmodernism, or, The cultural logic of late capitalism.* Durham, NC: Duke University Press.

Kellner, D.(2003). *Media spectacle.* London, UK: Routledge.

Kendall, D.（2011）. *Framing class: Media representations of wealth and poverty in America*（2nd ed.）. Lanham, MD: Rowman&Littlefield.

Lefebvre, H.（1984）. *Everyday Life in the MOden World*.Newk Brunswick, NJ: Transaction Books.

Lotman, J. M.（1977）. *The structure of the artistic text*. Ann Arbor: Michigan Slavic Contributions.

McGuigan, J.（2010）. *Cultural analysis*. Thousand Oaks, CA: Sage.

Tomlinson, J.（1991）. *Cultural imperialism: Acritical introduction*. Baltimore, MD: Johns Hopkins University Press.

Wayne, M.（2003）. *Marxism and media studies: Key concepts and contemporary trends*. London, LTK: Pluto Press.

精神分析这种解释方法大获成功。它的成功之处在于：普通人有一些看似平常的心理行为，原来没有人想对它们做心理学分析，但现在它们就像神经疾病的症候一样，开始赢得关注。这些行为是有意义的，虽然行为主体可能没有察觉这种意义，但精神分析法能够将之挖掘出来。

这一类行为现象包括：暂时忘却熟悉的词汇或名字；忘记执行规定任务；日常的口误或笔误；误读；遗失或错置物品；某些错误；看上去是意外的自我伤害；看起来习惯性的、玩笑性的无意图行为，比如“轻率地”哼起曲调，等等。所有这一切，都超越了生理学上的解释（如果试着这样做的话）。它只能由其他方式来决定并揭示：主体可能有着压抑的意愿，以某种方式表达出来；或者有两种意愿，其中一种是永久或暂时的潜意识，而两种意愿产生了碰撞。

最终，我们关注到了这一类现象的存在，它们比其他任何事物都更能使我们确信无意识心理行为的存在。即使对那些觉得“无意识”是奇谈怪论或无稽之谈的人来说，这种心理行为都是存在的。

——西格蒙德·弗洛伊德，《性格与文化》（1910/1963b, pp. 235–236）

6

精神分析批判

143

第6章　核心问题

- 弗洛伊德所言的无意识指的是什么？为什么说心理的构造类似冰山？
- 性发展的四阶段是什么？
- 何谓俄狄浦斯情结？它怎样影响了诸如《金刚》和詹姆斯·邦德之类的文本？
- 本我、自我和超我分别是什么？
- 本我、自我和超我的分类法如何应用于对媒介与社会的理解？
- 什么是最主要的心理防御机制？
- 精神分析学家马丁·格罗特加对恐怖片和推理片有什么观点？
- 弗洛伊德关于男性与女性象征物有什么观点？
- 埃里克·埃里克森(Erik Erikson)的理论如何应用于对智能手机的使用？
- 荣格和荣格分析法所言的原型、集体潜意识和“英雄神话”分别是什么？
- 阿尼玛(anima)和阿尼姆斯(animus)分别指什么？
- 荣格所谓的“心智中的阴影”指的是什么？

144 在《时代》杂志“世纪杰出思想”专辑（1999年3月29日）的封面上，描绘了这样一幅场景：阿尔伯特·爱因斯坦躺在沙发上（八成是在诉说自己的母亲），而西格蒙德·弗洛伊德坐在一旁倾听。在这篇文章中，对弗洛伊德的震撼影响做了如下描述：

> 不论好坏，西格蒙德·弗洛伊德比其他任何心理领域的探索者都在更大程度上塑造了20世纪的思想。他的那些凶猛执着的批评者们，看上去更像是对弗洛伊德历久弥新的影响力加以讽刺性的致敬。（p. 66）

弗洛伊德的观念颇具争议，他的重要性随着历史的推进被不断降低。但是每当你回首观看，都会看到弗洛伊德及其追随者们的理论，无论在生活里还是在作品（精神分析学说）中，一次次帮助人们解决着困扰已久的问题（精神疗法），一次次在业界解释着人类的行为。

弗洛伊德生于1856年，卒于1939年。他于1881年获得医学学位。1900年，时年43岁的他出版了代表性著作《梦的解析》。他的思想伴随我们100多年，既充满争议，又影响深远。

西格蒙德·弗洛伊德，现代精神分析理论之父

精神分析学说的观点来自弗洛伊德和其他思想家，例如卡尔·荣格，它可应用于一切文本——从严肃文学文本到大众媒介文本，无所不包。本章主要讨论弗洛伊德的思想，但也会涉及荣格。荣格的思想对精神分析批判而言同样大有用处。无论是弗洛伊德还是荣格，都提供了有关人类大脑功能的理论资源，可以帮助我们解释一系列现象，上至创造性过程，下至故事中人物的动机，等等。

145 ❖ 弗洛伊德的贡献

无意识

精神分析学说认为，人类的心理可分为三个部分：意识、前意识以及无意识。虽然弗洛伊德也许并未充分挖掘无意识，但他指明了无意识的重要性，并在自己的作品中将它提到了一个空前的高度。他在《精神分析的难点之一》（1910/1963b）一文中对无意识进行了经典的描述：

> 你相信，一切在你头脑中发生的稍微具有重要性的东西，你都了然于心。你相信你的意识全盘汇报了相关信息。如果你没有听到任何来自头脑的声音，你就坚信它们并不存在。实际上，你把"头脑"当成了"意识"（你所察觉的东西）。……
>
> 来吧，就这个问题你必须学一点新知识。你头脑中的东西，不等于你意识到的东西。那些在你头脑中的，与你所听到的，完全是两回事。

在当时，甚至是现在，让人们意识到"无意识"的状态也包含着诸多内容，都不是一件容易的事。

按照弗洛伊德的假设，心理的三部分就像一座冰山。冰山的顶部是"意识"，即我们可以完全看到的部分；水面线以下五至六英尺的部分，则是我们能够隐约察觉的"前意识"；而这部分之下的、我们看不到的部分，便是"无意识"。大部分的冰山都由这三部分组成，这一认识对于人类心理而言至关重要。 146

意识

前意识

无意识

哈佛商学院市场营销教授杰拉尔·萨尔特曼（Gerald Zaltman）在他的《消费者心理：对市场心理本质的洞见》一书中也指出了这一点，他认为我们的意识可以分成5%和95%两部分，认知中仅仅5%可以在"高位"意识中被发觉，而95%都存在于被他喻为意识之下的“心灵阴影”的无意识之中。他还认为，无意识记忆在我们意识经验的塑造中发挥着重要的作用。作为市场营销学者，萨尔特曼关注的是我们心理中的无意识层面，它们在我们的购买决策中扮演着重要的角色，而我们却从未觉察。

根据弗洛伊德的理论，我们所有的经验都贮存在无意识中，其对我们的意识和行为有着不可忽视的影响。精神分析批判认为，正是这一部分使得我们产生与艺术品的共鸣。很有可能，艺术品以隐匿或神秘的方式，从艺术家们的无意识中向观众的无意识传递出了某种讯息。

俄狄浦斯情结

如果说，“无意识”的观念让人们觉得晦涩难懂，那么，弗洛伊德的“俄狄浦斯情结”更是让人瞠目结舌。这个理论同样颇具争议，有的学者认为它的确存在，而有的学者认为它仅仅是弗洛伊德的空想。弗洛伊德认为，每个人在孩童时期（3岁左右）都会经历一场与俄狄浦斯情结的斗争。也就是说，我们都渴望来自父亲或母亲（异性的那一方）全心全意的爱和关注。弗洛伊德将这种现象称之为俄狄浦斯情结，是因为它与俄狄浦斯杀父娶母的希腊神话故事有着某种程度的相似。

弗洛伊德提出，大部分人都在无意识层面上解决了与俄狄浦斯情结的斗争，故而没有造成任何后果。但是也有一部分人并未解决这种情结，俄狄浦斯情结也由此在他们的生活中留下了深刻的烙印。弗洛伊德认为，这种隐藏的俄狄浦斯情结抗争，解释了人们为何会被索福克勒斯的《俄狄浦斯王》深深打动。同样，它也可以解释看上去关系并不十分明显的其他作品，比如莎士比亚的《哈姆雷特》。

147 1897年10月15日，弗洛伊德给他的朋友弗莱斯（Wilhelm Fliess）[1]写了一封闻名遐迩的书信：

> 希腊神话捕获人人皆有之内心冲动。人皆明之，因心有所感。读者曾萌生俄狄浦斯之幻想，及化为现实，则惊悚而退却，实因心有约束，行有尺度，免将婴幼之自我与当今之自我混为一谈也。进而思之，《哈姆雷特》岂非亦源于此。非言莎翁有意为之，或可曰，莎翁内心藏一英雄若此，受实事触发，乃成此剧。（转引自Grotjahn,1957, pp. 84-85）

① 原文为Wilhelm Fleiss，应为Wilhelm Fliess。——译者注

虽然这个理论颇受争议，但用于分析艺术作品还是非常有用的。有很多批评家都用“俄狄浦斯情结”来分析各种故事，包括电影《金刚》和007系列电影。

我来举一个例子吧，马克·鲁宾斯坦在他的《令人惊奇的金刚》一文中这样写道：

> 《金刚》的故事为何如此动人？这个答案越来越明
> 确，至少对那些在1933年看过这部电影的人而言，它不仅
> 仅重述了人类社会和宗教的基本神话，更重述了我们每一 148
> 个人的儿时情怀与成长历程。（转引自伯格，1991，p.189）

“我爱我的爸爸”

他将金刚比作一个象征“父者”的形象，将它和有着正常体型的人类（象征“孩童”形象）之间的斗争比作对一个女人（象征“母亲”形象）的争夺。我们也可以联想到《星球大战》中卢克·天行者和他的父亲黑武士达斯·维达的关系。著名的“007”詹姆斯·邦德是许多书籍和电影中的英雄形象之一，致力于与一心统治地球的反派进行斗争。反派们往往强大而老成，他们一次次地抓捕邦德，而邦德最后总能击败敌人并抱得美人归。这些关系中的俄狄浦斯情结，可以说呼之欲出。

人类性论

弗洛伊德使用“力比多”一词来指代“意识中的性本能力量”。他认为每个人的性发展都会经历四个阶段：口腔期、肛门期、性器期以及生殖期。《精神分析百科全书》（爱德堡，1968）一书对此是这样描述的：

> 于婴儿而言，嘴部是一个性唤起的区域，一开始的吮吸，后来的进食，都代表着口腔欲求的满足。一个事实就是，婴儿即使不会摄入卡路里，也喜欢吮吸橡胶奶嘴。当婴儿开始长牙后，啃咬的需求就展现了一种施虐的欲望。发展的第二个阶段通常被称为肛门施虐期，以婴儿对排泄或忍便的兴趣为特征。第三个阶段被称作性器期，在此期间，男孩对自己的阴茎、女孩对自己的阴蒂会产生兴趣。男孩对自己的阴茎的兴趣正是引发俄狄浦斯情结的原因，随后会因阉割恐惧而消解。而女孩则会因其阴蒂之于阴茎的劣

势而产生一种阳具倾羡。

弗洛伊德指出，这三个阶段并非明确隔绝的，而第四个阶段生殖期则仅仅会在青春期出现。(pp. 210-211)

依据弗洛伊德的观点，我们的性生活在婴儿期就已经非常频繁了，但这种“性生活”是不聚焦的、没有指向性的，这种现象仅仅发生在发育时期。

149 本我、自我和超我

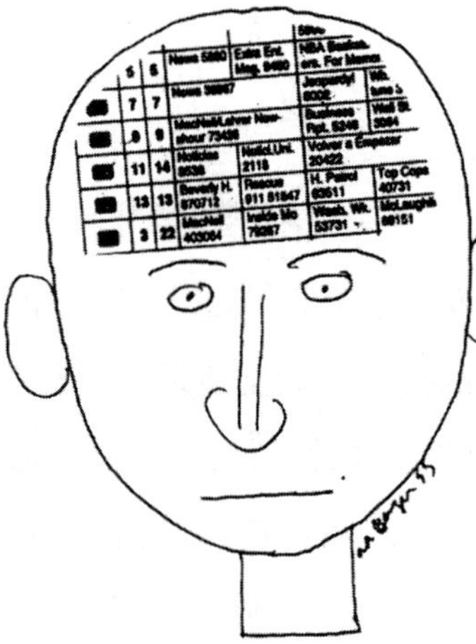

本我：我要买！　自我：再看看。
超我：等等吧。

随着弗洛伊德的思想逐步完善，他建立了关于心理的第二个理论，该理论以其“结构性”假设所知名。他认为我们的心智由三部分组成，分别是本我、自我和超我。弗洛伊德认为无意识冲突存在于每个人人格的本我和超我之间。他将本我描述为“混沌的、沸腾的、兴奋的大气漩涡”，他认为本我以冲动和喜悦的欲望为特征。当我们讨论到本我时，我们就必须关注诸如性欲、欲望或激情等一类的事宜。约束本我就实现了超我，而这源于父母的影响、道德和约束。根据布伦纳的《精神分析学基础》（Brenner, 1974），超我具有如下特征：

1.基于公正对于行动或希望的认同与不认同；

2.批判性自我观察；

3.自我惩罚；

4.对做错事的弥补与悔改的需要；

5.对于善良与适当的想法与行为的作为奖励的自夸与自爱；

通常，我们会说“良心”（conscience），实际上，我们对超我功能的理解很大程度上是无意识的（unconscious）。(pp. 111-112)

本我会说：“我现在就要，我全部都要”，而超我则会说：“不要这么做，否则会后悔”。本我必要且充满能量，但是如果不约束本我，我们将一事无成。超我提供约束，但如果约束过度，我们则会被满满的罪恶感淹没。大体说来，这两种力量都在我们的无意识层面运转。

自我则负责对本我和超我进行调节。正如弗洛伊德所言，自我是“代表理性与判 150
断力”的心理中介点。自我承担着重要功能，一方面帮助我们与环境相连，另一方面帮助我们保护自身。如果自我可以在本我和超我中维持一种协调的平衡，那么一切都将顺利，我们也能够避免精神疾病的侵袭；然而如果本我或超我占据了支配权，各种问题也将接踵而至。

我们可以运用这三种心理要素来进行批判活动，去寻找文本中基本具备“本我”、“自我”和“超我”特征的人物。例如，在电影《星际迷航》中就可以找到具备这三种特征的人物。

本我	自我	超我
伦纳德·麦考伊（McCoy）	蒙哥马利·斯波克（Spock）	詹姆斯·T.寇克（Kirk）
情绪化的	理性的	控制的

我并不是说电视剧或电影的制作者们会刻意创造代表这三个要素的角色。要记住的是，我们能够意识到的只代表了心灵的一小部分，对于艺术创作者们而言也是如此。有趣的是寇克（Kirk）在德语中意为“教堂”，这再次支持了我的观点，他是超我的化身。

大致来说，我们也可以运用自我、本我和超我的类型学来解读其他文本。

主题	本我	自我	超我
书籍	罗曼史，吸血鬼小说	教科书	《圣经》《古兰经》
杂志	《花花公子》	《国家地理》	宗教出版物
电影	《暮光之城》	《城市广场》	《玩火的女孩》
电视节目	舞蹈秀、浪漫喜剧	自然节目	宗教节目
城市	拉斯维加斯	波士顿地区（哈佛）	罗马
英雄（虚构）	唐璜	福尔摩斯、史波克	蜘蛛侠、蝙蝠侠、超人

城市之所以重要，是因为它们给予了人们在电影或其他文本中所期望看到的场景 151
的灵感。人们并不能意识到大众媒介文本中他们所心仪的人物的本我、自我和超我的

存在，但是在所有的媒介中它们都有力地存在着。诸多类型都可以按照弗洛伊德的结构性假设来分析，因此，新闻节目是自我文本，法制节目和宗教节目是超我文本，肥皂剧、色情作品、电影以及诸多音乐录影带可谓本我文本。

一个关于精神分析批判的小短剧

大审判官：	精神分析多半是胡说！你觉得呢？
阿瑟：	言下之意是你不相信潜抑（repression）、凝缩（condensation）、移置（displacement）、退化（regression）以及意象化（symbolization）？不相信本我、自我和超我？不相信俄狄浦斯情结？不相信无意识？
大审判官：	我最喜欢“超我”。毕竟，我可是“负罪感”的专家！别介意，这不是针对谁，但我们必须控制好本我，为超我多留一些位置。
阿瑟：	难道你没有遇到过无意识的异教徒吗？我是说，有的人自认为是信徒，却没意识到，自己内心潜藏着异教徒意识。
大审判官：	我当然遇到过，他们可是大麻烦。“有时雪茄只是雪茄而已”，不能想歪了，但有的信徒真的越想越歪！这些无意识的异教徒……真是让我火大（burn me up）！
阿瑟：	这就奇怪了，明明是你烧死了他们（burn them up）！

防御机制

弗洛伊德认为，自我常常会使用一系列的防御机制以帮助人们抵挡焦虑并保持心
152 理平衡。下面是一些重要的防御机制：

矛盾心理（Ambivalence）：针对同样的人或事物，同时产生的一组对立情绪，诸如爱与恨；

逃避（Avoidance）：为避免我们无意识中的侵略性或性冲动被诱发，而拒绝面对那些让我们苦恼不堪或心神不宁的事物；

否定（Denial）：不愿承认某些令我们苦恼不堪或滋生焦虑的事物的真相，故将其封锁在意识之下或是沉浸于一种愿望实现的幻想之中；

固着执念（Fixation）：对某事或某人的一种强迫性依恋或全神贯注，常常源自创伤性经历；

认同（Identification）：一种渴望在行为或思想方面与某人或某些事物相似的强大愿望；

投射(Projection):通过归因他人而否认一些消极的或敌对的情绪;

合理化(Rationalization):为无意识和非理性力量的行为提供一种看似合理的理由或借口,合理化一词源自欧尼斯特·琼斯的精神分析学说(Ernest Jones,1908);

反向(Reaction formation):压制矛盾情绪中的一元(会将其置于无意识中),并最大化和突出强调另一元;

退化(Regression):面对使自身焦虑或压力重重的情境时,回归到一个发展的早期阶段;

潜抑(Repression):无意识地将本能欲望压抑到潜意识中,通常被视作最基本的防御机制;

压抑(Suppression):有意识地将一些事物踢出脑海。这是继潜抑之后次重要的一种防御机制,由于其自愿性,被压抑的事物可以较轻易地在意识中恢复。它并不同于潜抑。

这些都可以帮助批评家深入了解防御机制,以便在对文本进行精神分析解释时确认特征。当我们认识到它们后,我们就能够更好地理解人物角色的动机,并加深对文本之所以如此重要的理解。

153

马丁·格罗特加与恐怖片研究

在《象征符的声音》(1971)中，精神分析学家马丁·格罗特加(Martin Grotjahn)就恐怖电视节目进行了一次别开生面的解读，提出了防御机制怎样在无意识层面使我们被这一类型节目所吸引。他写道：

> 只有当我们考虑到孩童时期对于“恐惧”既爱又怕的机制，恐怖片这么受欢迎这一现象才能获得解释。当一个过去长期被压抑的童年恐惧似乎要成真时，人就体验到了恐惧。孩子们害怕鬼魂或者死人回来。他害怕种种想法会成真；或者魔法的确存在。在我们眼前的电视荧幕上，幻想可能不再被限制在无意识领域而是可能成为真实事件。我们都心怀危险的坏愿望，可能突然从压抑中被释放出来；我们能在荧幕上看到它们成为现实。电视荧幕上的符号投射着我们被压抑的想法，让我们有机会了解无意识中的冲突。电视可能会发展出艺术表达的新手段，而且可能会开启一个交流的全新领域。(p.9)

格罗特加说，令人惋惜的是电视总是聚焦于娱乐大众，而与之形成对照的是剧院或电影院，它们往往给意识和无意识的激烈斗争提供了场所。

154 在他关于恐怖电视节目的分析中，我们可以看到关于恐惧之所以吸引这么多人以及恐惧与诸如潜抑和投射之类的防御机制相关联的理解。在对儿时恐惧的回应中，存在着一个退化的元素。在无意识的层面，我们总是尝试着战胜我们儿时的恐惧，并可能会在回归简单生活时期获得欢愉，因为那个时期我们享受着无条件的爱并为我们的父母所赞赏，这一时期我们不必为走向独立、获得认同感、成熟度和责任感所烦忧。

象征符

象征符指的是可以被用来指代其他事物的任何事物。在《象征符的声音》(1971)中，格罗特加指出象征符是一种“源自我们无意识之中的讯息，沟通着真、善、美”(p. xi)。他还认为：

> 一本探讨象征符的书会因此涉及生活及其掌控。它同样也是一本关于死亡的书，为此我们必须精通它，才能从成熟晋级为智慧。要想洞察一个人的无意识，只能依赖

> 象征符才能进行。洞察是一种内视，因此与艺术和直觉密切相关，与敏锐和共鸣紧密相连。(p. xii)

因此，象征符在我们理解生活或者艺术中有着不可或缺的作用。格罗特加还说，正是弗洛伊德找到了理解象征符的方法，帮助我们理解其在我们的潜意识、艺术和媒介中之地位。在格罗特加看来，电视节目就像是我们在同一时间做的一场共同的梦——当我们同时观看一个节目时，就是这么回事儿。

在弗洛伊德的思想中，或许没有哪个部分比他关于意象化的探讨更显得牵强附会、荒谬绝伦的了。在精神分析思想中，象征符扮演着重要的角色。欣西和坎贝尔在《精神病学词典》(Hinsie & Campbell, 1970)中这样写道：

> (所谓象征是指)用替代品、符号或信号代表一个指令或观念的的行为或方法。在精神病学中，象征主义因其可以充当自我的防御机制而具有特殊的重要性，就如潜意识的(或者禁忌的)侵略性或性冲动可以用符号表达式来表达，以此避过审查制度。(p. 734)

象征符使我们能够掩饰或者伪装具备侵略性的无意识或性欲，以避免超我意识 155
到我们的所作所为而产生罪恶感。

弗洛伊德(1953)阐释道，在我们的梦境中，本我运用象征符以逃避超我并获得渴望的满足：

> 梦境之中，男性生殖器常变幻为无穷之象征。无论于男于女，阴茎者，均引人瞩目且富有趣味。其入梦中，或化为形似之物，长而直立，如棍，如伞，如柱，如树；或化为侵入之具，伤害人身。有锐器，如刀，如匕，如矛，如剑；亦有火器，如长枪，如短枪，如左轮手枪。(pp. 161-162)

弗洛伊德还列举了其他担任阳具象征物的条目，例如水流之源，再如能举起自身的事物，以此象征男性的勃起。

弗洛伊德说，所有这些象征符都与渴望满足的欲望相关联，与男性对女性的性欲相关联。如果男性以尖锐物或类阳具功能物为象征，那么女性则以容纳性物体来表征：

> 女性生殖器者，多具化为空间围合性之物，或容纳性之物，如凹，如洞，如穴，如罐，如瓶，如盒。广其类也，如柜，如箱，如袋，乃至如船。更有象征符，特重子宫，胜于其余，如壁橱，如炉灶，如房间。房间者，犹屋宇也，而门扉者，肖其开阖。(Freud,1953, pp.163-164)

在这个列表之上，弗洛伊德还添加了另外一些东西，诸如木头和灌木（阴毛的象征符），以及珠宝盒。

弗洛伊德的象征理论确实在许多方面与符号学理论相近。他站在了一个符号学的视角上讨论长和细的阳具象征物，诸如树枝、蛇以及雪茄等。当然，弗洛伊德也认识到，他的理论可能会被推向极端。据说，他曾说过“有时雪茄只是雪茄而已”。他的批评者们曾经入室操戈，用这句话证明，弗洛伊德公开承认雪茄并不一定总是阳具象征。但是我们必须意识到，如果“有时雪茄只是雪茄而已”，那就意味着，有时雪茄并不仅仅是雪茄！

156

来源：©H.Lundgaard

❖ 智能手机与心灵：对埃里克·埃里克森理论的应用

手机，明确地说，智能手机，甚至可以被视作便携式电脑，现如今在我们的日常生活中扮演着愈发重要的角色。随着我们的成长，它所起的作用也在变化。我借用精神分析学家埃里克·埃里克森（Erik Erikson）关于存在于二元对立形式中的“成长危机”模式，并将这些危机同我们的手机使用相联系进行分析。根据埃里克森的理论，人类在生命的不同阶段都面临着某些成长危机。而我认为，智能手机在这一系列危机中都有所体现。要知道，甚至不满9岁的孩子现在也在使用手机甚至是智能手机。

埃里克森在《儿童与社会》（1963）一书中有一章名为“心理成长的八个时期”，我省去了前两大阶段发生时所处的婴儿期，将其他六个时期改写如下：

阶段	危机	手机功能
童年期	主动性/罪恶感	家庭整合、玩耍
学龄期	勤奋感/自卑感	社会化、家庭作业、技能
青春期	认同感/角色混乱	同侪群体黏合、课业、浪漫
成年早期	亲密感/孤立感	爱、事业、启动
壮年期	繁衍/停滞	事业、共同体
成熟期	自我整合/失望感	联系、共同体

埃里克森对此做了分析。他说，人们面对这一系列对立，必须直面它们、处理它们。他谈到青春期面临的危机是认同感/角色混乱，跟一组统计数据相映成趣：大部分 157
青少年一天给一个朋友会至少发送100多条短信。埃里克森说，在这个阶段，青年人往往被无法选定职业的无力感以及“对团体中英雄人物的暂时的过度认同所带来的显著而完全的自我身份的丧失”所困扰（p. 261）。他对于“青少年恋爱”进行了深入分析：

> 在相当大程度上，青春期的爱是一种尝试，一方面把困惑难明的本我形象投射到另一个人身上，另一方面观察它的反射，从而逐步澄清，完成对自我的认同。这就解释了为什么年轻人的爱多是通过对话进行的。（p. 261）

就埃里克森的观点而言，我们必须处理好生活中各阶段的成长危机。年轻人发送的数以万计的短信，其重要意义超乎我们的想象，因为这种行为意义重大，其中包括对自我的界定。

❖ 神经心理分析：弗洛伊德与神经科学

在开特·麦克高万（Kat McGowan）《西格蒙德·弗洛伊德的二次降临》（见《发现》杂志2014年8月刊）一文中，我们发现，很多神经科学家都惊讶地发觉，弗洛伊德的洞见是如此行之有效。麦克高万认为虽然相当一部分弗洛伊德的理论都不尽正确或存在瑕疵，但是其大部分的主旨都确有其事，尤其是弗洛伊德关于无意识思想的理论。不幸的是，脑部科学家对无意识心理过程的忽略接近一个世纪。大约在20世纪80年代，研究者们才开始认真研究起无意识。麦克高万这样写道：

> 在一项现已堪称传奇的研究中，认知科学家本杰明·李贝特（Benjamin Libet）要求人们随兴之所至去压一个按钮，并监测他们头脑中的脑电波活动。他看到在测试者说他们下意识地按压按钮之前，大脑的活动管理区域约有四分之一变得活跃，大脑的一些无意识区域在下意识的注意力集中之前就已准备完毕。
>
> 从那以后，数以千计的研究已经证明，人们处理信息的过程往往是无意识的，尤其
158 是处理他人行为等社会性数据时。我们在不知不觉中进行了很多决策。弗吉尼亚大学的社会心理学家提摩斯·威尔逊认为，甚至可以说，弗洛伊德小看了无意识思考的威力和复杂程度。当代实验研究所处理的无意识思考，其本质与弗洛伊德多年前的假设可谓截然不同。（“弗洛伊德思想长存”）

卡尔·荣格

他认为，当代的神经科学家都将无意识看作一种处理数据的机制而非一个受冲动指挥的领域，但他们都确信在强调无意识的重要性这一方面，弗洛伊德是正确的。

这篇2014年的文章指出，虽然弗洛伊德思想的某些细节有待商榷，但大部分重要理论都是行之有效的。如果弗洛伊德关于无意识以及其他内在冲突理论

也是可行的话，就如同神经科学家们声称的那样，我们就有理由相信，弗洛伊德对于理解人类的贡献依旧很有价值。弗洛伊德的观点导致了一个新领域的诞生——位于精神分析和神经系统科学交叉点的神经心理分析。

❖ 荣格理论

就本书的目的而言，卡尔·荣格（Carl Jung, 1875–1961）可谓继弗洛伊德之后最重要的精神分析理论家，这是因为他专门对媒介和流行文化中的文本进行了批判。荣格从 *159*
一开始就与弗洛伊德关系紧密，被认为是弗洛伊德的门徒。1907年他们于维也纳初识，但1913年荣格离开了弗洛伊德并自立分析心理学门户。荣格阐发了一系列概念和理论，从各种方面于人有益，而他的理论在分析社会和解读文本中同样发挥着巨大的作用。我将对他最广为人知的理论进行一番简洁阐述。

原型

根据荣格的观点，无论是在梦中，还是在神话、宗教以及艺术品中，都存在着一些普遍的主题。他将这些普遍的主题称为原型，认为它们独立存在于人们的无意识层面。荣格认为，原型与过去的经历以及他所言的存在于每个人当中的集体无意识相连。这些原型是无意识的，仅在与这些原型相联系的艺术品、梦境中的图景或者日常生活中的情感经历中才能被我们察觉。荣格这样说道：

> 我们所言的本能，恰当地说它们是一种生理本能，并且由感官所感知。但是与此同时，它们还表现在幻想上并且往往仅由象征性的形象显露其存在。这种机制就是我所谓的原型。它们没有已知的来源，它们在任何时间或任何地点自我复制——甚至通过直接后裔或异体受精传输而穿过必须移除的异体。（p. 58）

荣格指出，“英雄人物就是自古以来的一种原型”，同样，人们在安定与富足中生活的“天堂神话”或“黄金时代神话”也是一种原型。当然，在大众媒介文本中，英雄也总是扮演着重要的角色。这些原型是否在人们当中“深入骨髓”？对于这一点大家众说纷纭。

集体无意识

荣格认为，这些原型可以在他所言的集体无意识中找到。为了解释所谓集体无意识，荣格举了一个关于本能的类比：

> 160 我们不要以为每一个新出生的动物都能以个体获得来创建自己的本能，我们也绝不能假设人类个体以及每一个新出生的个体发明了他们的人类特有方式。就如本能，人的思考的集体思维模式是天生的并且是固有的。当时机成熟，它们的功能或多或少都会与其他人相同。(p. 64)

荣格认为，神话的类本能起源解释了它们之所以具有普世性的原因。这同样解释了为什么自古以来在世界各个角落都可以找到类似的主题和图腾。关于荣格的原型观点，我要补充一点，即集体无意识以及神话的普遍性是极富争议的，许多心理学家和社会科学家也对此存疑，因为并没有方法可以证明荣格的集体无意识确有其事。

英雄神话

在荣格看来，英雄是原型中最重要的类别，也是集体无意识的集中展现。因此，它是荣格理论中的关键概念。一位荣格主义者，约瑟夫·汉德森（Joseph L. Henderson），这样说道：

> 英雄神话是世界上最常见也是最广为人知的神话。我们可以在希腊或者罗马的传统神话中，在中世纪，在遥远的东方，在现代原始部落看到它们的身影，它同样也会出现在我们的梦境中……
>
> 这些英雄神话在细节上千差万别，但是越紧密关注并审视它们，就越会发现，它们在结构上非常相似。也就是说，它们存在一个普遍模式，即使它们是由彼此没有直接文化联系的群体或个体所创造的。人们一再反复的故事往往如下：英雄那神迹般但又卑微的出生，他早期迸发的超人力量，他迅速崛起的卓越实力，他与黑暗势力的史诗般搏斗，他堕入骄傲之罪（狂妄），以及他落入背叛或以英勇牺牲告终。（转引自荣格，1968，p.101）

汉德森的描述主要针对的是悲剧英雄。大部分英雄，尤其是如今大众媒介中的英雄，普遍不会堕入骄傲之罪。相反，他们挺了过来，继续与新的恶棍斗争，而这也呈现出了一种难以置信的规律性。根据汉德森的理论，英雄神话至关重要——它帮助人们 *161*
建立了最初的自我意识，而这也帮助人们面对他人并解决成长中遇到的诸多问题。更重要的是，英雄帮助人们处理了人生中所面临的最重大的问题——于父母或其他监护人而言的独立与个性化。这也解释了为什么历史长河中不乏英雄的身影以及他们如此重要的原因。

阿尼玛和阿尼姆斯

在荣格的思想中，阿尼玛（anima）表示男性身上的女性特质，阿尼姆斯（animus）代表女性身上的男性特质。根据荣格的观点，这种双重性在双性征人（拥有两套性器官的人）、女巫、女祭司、药人和萨满教徒身上都有所表征。荣格学派理论家冯弗兰茨（Marie-Louise von Franz）探讨了阿尼玛和阿尼姆斯对人格、艺术以及相关现象的影响：

> 阿尼玛最常见的表现出现在性幻想之中。男性可能因此被驱动去观看电影或脱衣秀，或借由色情内容的白日梦来满足性幻想。这是阿尼玛最原始最天然的层面，只有当一个男性的感受无法得到充分满足时，即他对于生活的感受停滞在婴儿期时，才会变得无比冲动。（p. 191）

冯弗兰茨指出，阿尼玛同样存在着积极的一面，它能够为我们在寻找合适的结婚伴侣、探索我们的内在价值以及更深入地了解我们的心理中提供帮助。而阿尼姆斯对女性具备着类似的功能。女性的阿尼姆斯特质本质上是在其父亲的影响下形成的，有着积极和消极两方面的影响。一方面，它会带来冷漠、苛刻以及吹毛求疵的特质；另一方面，它可以帮助女性在生活中建立一条事业的路径，找到内心的力量并学会怎样以积极的方式和男性相处。

心灵的阴影

荣格认为，“阴影”（shadow）指的是人心理中的阴暗面，即我们经常藏于意识之后的另一面。但是我们如果要摆脱神经疾病的困扰，就必须面对阴影，意识到它的存在。 *162*

汉德森是这样解释荣格的阴影理论的：

> 荣格博士指出，个人无意识的阴影投射包括人格中的隐藏、抑制以及厌恶（或邪恶）。但是这种阴暗不仅仅是无意识的自我的简单逆向，正如自我包含了厌恶与消极，阴影则具备了良好的素质常态本能以及创造性冲动。的确，尽管自我与阴影彼此分隔，却如思考与感触彼此相关大致同样，无法逃离的彼此相互联系。（引自荣格,1968, p.110）

根据荣格理论，在我们的心灵中，阴影与自我一直在为解脱进行着搏斗。英雄们提供了一种方式，通过这个方式，自我能够象征性地“将成熟的男性从回归到被其母亲所主导的极乐的婴儿状态的渴望中解救出来”（p.111）。

荣格的书籍封面

来源：Jacket Cover copyright©1968

弗洛伊德理论中并没有阴影理论，但还是可以看到，阴影和荣格所言的自我之间的斗争，大体上类似于弗洛伊德学派所描述的心灵活动。阴影和自我对支配权的争夺与弗洛伊德理论中本我与超我的斗争（自我在其中进行着调停）类似。虽然荣格的阴影理论看起来比弗洛伊德的本我理论略显负面，但是不论是阴影理论还是本我理论都是创造性实践的宝贵资源。

关于荣格的理论贡献，我认为埃利斯·卡什莫尔和克里斯·罗耶克的《文化理论学者辞典》（Ellis Cashmore & Chris Rojek, 1999）的描述最为贴切：

> 对于荣格来说，正如对于弗洛伊德来说，分析过程的基础来自于梦的解析。荣格发表的大部分文章都是关于这一主题的。荣格还思考并定义了个性

> 化(individualization)过程，以及个体自知路径(the path to individual self-knowledge)。根据荣格的理论，每个人都有这种天生的欲望，来完成自我认识，而阻止亲密的人或社会压力对此产生外在影响正是个体功能失调性行为的根本原因。荣格还认为，一个人的个性包括人格面具(persona)和阴影。人格面具成为个人与世界间的中介，而阴影代表着不愿意表达的那部分人格。个体同样兼具男性与女性的方面，可称之为阿尼玛和阿尼姆斯。对于男性而言，男性气质的层面(阿尼姆斯)存在于自觉意识中， 163
> 阿尼玛存在于无意识中；对于女性而言则刚好相反。在研究生涯的后期，荣格极度沉迷于宗教、神话、仪式并获知甚多，因此，与弗洛伊德断交后，他的关注点越来越聚焦于社会性阐释而非个人心理阐释。……他后期大部分作品都有着神秘的一面，正是这一面使得荣格心理学近年来在另类社群中再次流行开来。实际上，荣格心理学为"新时代"心理学和精神流派奠定了根基。(p. 262)

荣格在漫长的研究生涯中笔耕不辍。也许只有他的《人类与象征符》最容易被理解，在本章中出现最多的理论也多源于此书。

❖ 精神分析批判：应用与练习 164

1. 你被任命为《心灵》杂志的媒介评论员，写一篇关于《饥饿游戏》(导师推荐的其他电影或电视节目亦可)的精神分析文章。在分析中请使用应用图表。(使用方法详见第三章)
2. 为《心灵》杂志撰写一篇1000字左右的精神分析文章，内容是《囚徒》中的"A、B与C"剧集。在文章的第一页附上应用图表。
3. 寻找一则以性为主题的商品广告。围绕广告的象征符、语言以及其他方面，为《心灵》杂志撰写一篇1000~1500字的精神分析文章。在文章的第一页附上应用图表以及所选广告。
4. 查阅学术期刊，深入学习恐怖片理论以及恐怖片、恐怖电视节目等文本的精神分析研究。媒体中最近流行的恐怖文本是怎样描述美国文化的？为什么《吸血鬼猎人巴菲》以及《暮光之城》如此卖座？为什么吸血鬼如此引人入胜？女性和男性关于吸血鬼故事的认同有哪些差异？

5. 搜索心理学家和精神分析学家关于手机使用的文章和书籍。运用埃里克森的理论解读8岁儿童与电视节目/电影的关系，看看他的理论是否具有指导性。
6. 深入学习神经心理分析理论。该领域是否有系统完整的研究？这一领域对我们了解人类心理有何指导意义？

❖ 结论

可谓如愿以偿，精神分析理论已经有了长足的发展。史蒂文·米歇尔（Stephen A. Mitchell）和玛格丽特·布莱克（Margaret J. Black）在其合著的《弗洛伊德及其追随者：现代精神分析思想的历史》一书中如是说：

> 165 弗洛伊德对精神分析的理解方式和使用方式，并无多少仍原封未动。在当代精神分析思想中，他的主要理论支柱，如本能驱动论、作为核心的俄狄浦斯情结、性和侵略动机至上，等等，都一再遭受挑战并且发生根本变形。弗洛伊德的基础技术原理，如分析的中立性、患者愿望的系统性挫败、幼儿神经症的退化，也同样被当代临床医生所重构、修改乃至转化。（p. xvii）

尽管精神分析理论已经历了许多再概念化和转变，但是弗洛伊德的观点与发现依旧存留在研究视野的中心。

精神分析批判建立了一系列关于人类心理的假设，诸如我们并不总是能觉察到自己的意识中究竟存在什么，我们究竟是被什么样的超越意识的力量和动机所支配。弗洛伊德的目标是伟大的，他希望可以解救那些被无意识的本我力量所支配而总是充满攻击性的人们。弗洛伊德在其最著名的论述中总结道："本我在哪，自我就在哪。"而荣格，弗洛伊德昔日的伙伴，同样做出了诸多巨大的贡献，他的理论对于社会学家、历史学家乃至人类学家而言都趣味无穷，甚至还包括那些"精英"文学和大众媒介的评论家们。

❖ 延伸阅读

Bettelheim, B.（1977）. *The uses of enchantment: The meaning and importance of fairy tales*. New York, NY: Vintage.

Brenner, C. (1974). *An elementary textbook of psychoanalysis*. Garden City, NY: Doubleday.

The century' s greatest minds. (1999, March 29). *Time*, 153 (12). Retrieved from http: / /content.time.com/time/ magazine /0,9263,7601990329,00.html

Erikson, E. H. (1963). *Childhood and society*. New York, NY: W. W. Norton.

Freud, S. (1963). *Character and culture: Vol. 9. The collected works* (P Rie氏Ed.). New York, NY: Collier. (Original work published 1910)

Freud, S. (1965). *The interpretation of dreams*. New York, NY: Avon. (Original work published 1900)

Fromm, E. (1951). *The forgotten language: An introduction to the understanding of dreams, fairy tales, and myths*. New York, NY: Grove.

Grotjahn, M. (1971). *The voice of the symbol*. New York, NY: Delta.

Jung, C. G. (with von Franz, M–L., Henderson, J. L., Jacobi, J.,&Jaffe, A.). (1968). *Man and his symbols*. Garden City, NY: Doubleday.

Jung, C. G. (2009). *The red book*. New York, NY: W W. Norton.

Mitchell, S. A.,&Black, M. J. (1996). *Freud and beyond: A history of modern* 166
psychoanalytic thought. New York, NY: Basic Books.

Northoff, G. (2011). *Neuropsychoanalysis in practice: Brain, self, objects*. New York NY: Oxford University Press.

Rutherford, P. (2007). *World made sexy: Freud to Madonna*. Tbronto; Canada: University of Toronto Press.

Schwartz, C. (2015). *In the mind fields: A personal exploration of neuropsychoanalysis*. New York, NY: Pantheon.

Zaltman, G. (2003). *How customers think: Essential insights into the mind of the market*. Cambridge, MA: Harvard University Business School Press.

与所有其他质化研究方法一样，话语分析所关注的也是社会生活的意义层面……但是它试图对意义的不稳定状态，提供一个更加深刻的审视。传统的质化研究方法经常先预设一个社会世界，然后再力图帮助其中的参与者理解它的意义。然而，话语分析努力探究的则是这些遍布全球的、由全社会生产出来的观念及主题，首先是如何被创造出来的，其次它们又是如何长时间地被稳固和保持在恰当的位置的。其他质化方法论将社会现实当作固有的存在去理解和阐释，而话语分析却在尽力探寻它是如何被生产的。这便是话语分析最重要的贡献：它检验了语言如何建构而不是如何反映或揭示了现象。换言之，话语分析将话语视作社会世界的组成要素——而非通往它的路径，并假设脱离了话语，世界将无法被认知。

——纳尔逊·菲利普斯和辛西娅·哈迪《话语分析：社会建构的调查方法》（2002, p. 6）

7

话语分析

169

第7章　核心问题

- 话语分析是什么?
- 话语分析的两个类别分别是什么?
- 话语分析的三大主题分别是什么?
- 梵迪克(Teun A.Van Dijk)所言的三维度是什么?
- 什么是风格?话语分析是怎样处理风格的?
- 批判性话语分析(CDA)是如何定义意识形态的?
- 多模态批判性话语分析是什么?它与批判性话语分析的区别在哪里?

这一章所探讨的是话语分析。大家都知道,"分析"是着眼于某些事物的组成并研究它们之间的关系,那么话语呢?给话语下定义不是一件容易的事。字典对话语的定义一般是:话语是关于某特定主题的谈话和文本。第11版《韦氏词典》是这样定义话语的:

1. 古意：进行有序思考或实施程序的能力：**合理性**

170 2. 思想的语言交换；尤其是**对话**；

3. a.正式、有序、拓展性的（通常情况下）关于某一个主体的思考的表达；b.连续性讲演或写作；c.长于一个句子的语言单位（比如一个对话或一个故事）

这本词典也对话语分析下了定义：“名词（1952）：针对话语中语言关系和结构的研究。”

黛博拉·卡梅伦和伊万·帕诺维奇在《对书面话语的研究》（Deborah Cameron & Ivan Panović, 2014）一书中提出了话语的三大基本主题：

1. 话语是“超越句式”的语言；
2. 话语是“使用中的语言”；
3. 话语是一种以语言为中心的社会实践的形式；（p. 3）

矮胖子（《鹅妈妈童谣》中的人物Humpty Dumpty）说：“我使用词语就意味着，我来选择它所要表达的意义。”

卡梅伦和帕诺维奇将话语分析描述为这样一种存在：与倾向于关注句式组成或句式水平的传统语言学相比，它是“超越句式”的，话语分析的研究主题多关注于文本（口语、书面语，也包括视觉图像）及其与其他文本的关系，书面语言所处的语境，以及这些文本在社会中所扮演的角色。

❖ 定义话语分析 171

《韦氏词典》的定义有助于我们将关注点聚焦于谈话（有诸多不同的表现方式）与文本，并告诉我们大概在20世纪50年代，话语分析就已出现。但是话语分析本身要复杂得多。2015年3月17日，我在谷歌上搜索了“话语分析”一词，出乎意料地发现居然有639万个网站有所提及，亚马逊网站上有4.3万多本书与之相关。即使很多人还没有听说过什么是话语分析，但这依旧可谓是一个极高的关注量。

尼尔森·菲利普斯和辛西娅·哈迪的《话语分析：社会建构的调查方法》（Nelson Phillips & Cynthia Hardy, 2002）一书帮助我们更多地了解了话语分析：

> 我们需要区分话语分析和其他解释社会现象意义的质化研究方法。……我们同样将其地位描述成一种方法论而非仅仅是一种方法，也就是说，它既是一种解释我们如何认识社会环境的认识论，也是一套研究它的方法。这样，我们就可以将话语分析与其他方法诸如民族志、常人方法学、会话分析以及叙事分析区分开来。……社会现实通过话语生产出来并变得真实，如果失去了提供意义的话语，社会互动不可能被完全理解。（p.3）

在这段话里我们可以学到三点。第一，话语分析是一种质化方法论；第二，话语分析可以帮助我们了解社会互动和社会现实的产生过程，即通过我们的话语，更具体地 172

说就是通过交谈、文本和图像；第三，话语分析实际上比它的主要组成部分——会话分析（主要是谈话）和叙事分析（主要是书面文本），更加综合和广泛。

❖ 梵迪克与话语分析

梵迪克

作为该领域的卓越学者，梵迪克就话语分析提出了另一种洞见。在他主编的《作为结构和方法的话语》一书的第一卷《话语研究：一种多学科的介绍》中，有一章名为“话语研究”，叙述了他对于话语分析的理解，并探讨了该领域的三个主要维度：

> a.语言运用，b.信念（认知）的传播，c.社会情境中的交流互动。
>
> 有了这三个维度的提出，我们就不会惊讶于话语研究实际包含了若干学科，诸如语言学（对于语言和语言运用的特定研究）、心理学（对于信念及其如何传播的研究），以及社会科学（对于社会情境中的交流互动的分析）。
>
> 通常是话语研究的任务为话语的这三个主要维度提供了综合的说明：语言运用是怎样影响信念与交流互动的，或者反之，交流互动是如何影响了人们的说话方式的，或者信念是如何控制语言运用以及交流互动的？此外，除了提供系统性描述之外，话语研究还可以形成诸多理论去解释语言运用、信念以及交流互动之间的关系。（1997, p. 2）

173 梵迪克还认为，虽然话语分析主要聚焦的是对话与口语传播，但它同样研究书面语言和书面文本。从梵迪克对话语分析的讨论中，我们可以看到，话语分析与一切人类传播现象都相关，并主要关注语言运用，以及用谈话或各种书面文本交流的人们之间的互动。

下面罗列了梵迪克著作中的章节目录，这样，研究者对话语分析的兴趣边界就一目了然了。

- 话语语义论
- 话语与语法
- 话语风格
- 修辞方法
- 叙事
- 论证
- 话语的流派与表达
- 话语符号学

此书的第二卷《作为社会互动的话语》，其部分章节讨论了如下的主题：

- 话语中的性别
- 话语的组织结构
- 话语与文化
- 话语、种族、文化与种族歧视
- 话语与政治
- 话语分析应用

虽然话语分析主要探讨的是口头话语（对话和谈话）和各种形式的书面话语（包括视觉文本和计算机文本），但在这些章节列表中，我们可以看到话语分析覆盖的领域是如此之广。

❖ 口头话语与书面话语

牛津大学语言与传播学教授黛博拉·卡梅伦撰写了两本书籍，一本是《对口头话语的研究》（2001），另一本是与伊万·帕诺维奇合著的《对书面话语的研究》（2014）。她在序言中提出，话语分析对诸如文化研究、法学、文学、哲学、媒介研究、社会学以及社会心理学领域的研究者们来说，都有着极大的用处。她还提到，她和她的同事之所以研究书面话语的内容，是因为在大部分话语分析中，即使人们意识到了书面话语的重要性，还是会更多地投入于口头话语的分析。

174 两位作者同时还认为，各学科领域的研究者们都会研究人们运用语言的方式，但是他们大部分人这么做的原因，是为了获取更多关于人们的态度、信念和行为的信息。他们通过大量的问卷调查、访谈以及对人们观看的电视、阅读的书籍，甚至对他们与使用社交媒体的研究者之间的互动进行内容分析，以获取这类信息。另一方面，话语分析聚焦的不仅仅是书面材料的内容，也是作者行文的风格、表达的语言以及传达思想时采取的策略。这种关注的核心，不是“什么”，而是“怎样”。

❖ 风格与书面话语

作者们运用的每一个词汇都代表了他们的选择，并且每一个词汇都被用作传递一种刻意为之的效果。可以说写作是印象管理的一种形式，作为一个写作者，我深知筛选一个合适词语的难度，正如法语中所谓的“正确的字眼”（le mot juste）。很多时候，当我写作时，我常常会思考到底使用哪一个词语才能尽可能清晰地表达我的观点，以及它们是否以我想要的方式表达了出来。每一个词汇的选择都会生成不同的意义。对于形容词、副词和动词而言，这种情形尤甚。比方说，对同一个人物来说，用“吝啬的”“在意金钱的”“节约的”或“爱便宜货的”这类词汇分别描述，就会出现天壤之别。在写作者对人物的形容中，描述方式扮演着重要的角色，这些描述在我们对他人

175 （包括我们自己）的话语、学者的文章、小说中的人物描写、漫画中的英雄和反派形象以及所有包括口语、书写和图片在内的其他传播形式的反应中，也有着重要意义。

“我疯狂地爱上了……词汇！”

我对语言选择的论述说明了一个更大的关于言说和书写（包括图像及绘画表征形式）风格的主题，是一个于话语分析而言更重要的主题。法国作家雷蒙·格诺（Raymond Queneau）声名卓著的《风格练习》一书用了60多种风格来描述一个在巴黎乘坐公交车的长脖子年轻人，其中一些范例如下：

圣经风格	多用古语，例如“汝”
官僚风格	正式客观的
方言风格	使用法语、德语、意大利语等其他语种的短语
闲扯风格	话题的突然切入
学者风格	专业术语、高度抽象
诗学风格	抒情及隐喻
小学风格	短句与少量连接词
悖论风格	矛盾重重
精神病风格	狂想与疯狂的论证
饶舌风格	强节奏押韵诗
电报体风格	省略词语、直奔主题

我来介绍格诺书中的两个范例吧。

官僚/官方风格

温馨提示：今有如下事实，虽目击者受到惊吓，但特采用不偏不倚之视角陈述如下，供君参考。今日午时约十二点整，我现身于某公交车站，这班公交车即将前往蔻色勒斯大街……

呓语风格

有一种感觉，周围所有事物都朦朦胧胧，附带光晕，一切都模糊不清，四处幽灵丛
生，在这其中始终站立着一个异常清晰的人影，他是一个年轻人，一个有着长脖子的 176
年轻人……

我们能够从格诺这里认识到，在我们的各类口头和书面交流中可以运用多样的风格，我们所采取的风格在某种程度上有赖于我们传送信息的对象是谁：大学校长、法官、朋友，抑或爱人。对于这些不同的接受对象，我们都会采取不同的手段。

在“话语分析”（见梵迪克《作为结构和过程的话语》卷一）一章的总结中，芭芭拉·桑迪格和玛格丽特·塞尔汀（Barbara Sandig & Margaret Selting）这样写道：

将语言变异用作写作与口语互动中的一种资源，风格就能得到社会化的阐释和意

> 义。尤其是存在于约定俗成的、共同生成的结构中的语言变异，在讲话者、文本类型、传播任务、活动类型、语境、设置，等等之间的关系中得到解释。(1992, p. 153)

我们所采用的风格，由我们指向的受众、书写文本的种类、我们所处的环境以及各种各样与他人的交互活动中的社会因素所形塑。

❖ 话语分析与政治意识形态

意识形态可被定义为某些群体或政党成员的系统化信念。如果我们仔细查看就可以发现，文化文本中的意识形态传达着各种价值观、偏见和信仰体系。正如德汉和凯尔纳在《媒介与文化研究：关键文本》的第五章所写的：意识形态看起来天经地义，并且源自日常感觉。如果什么事物被人们认为是天经地义的，那么人们就会认为它是不可撼动的，只有当他们将政治安排视作社会的和文化的，他们才会意识到自己可以去改变这个世界。

大体说来，当社会学家们研究意识形态时，他们通常会将注意力聚焦于文本的意识形态内容上。另外，话语分析是与意识形态的话语内容及表达方式相连的。梵迪克在他的文章《意识形态的语言学研究》中探讨了这一问题：

> 社会科学以及语言学常常研究意识形态问题。然而，在他的贡献中，我将简略地提
> 177 出一个意识形态的语言学路径的案例。对于这样一个路径，最显而易见的论点就是，意识形态经常被语言或话语所表达和生产。共产主义、自由主义、女性主义、种族主义或反种族主义都是超出想象的强大意识形态，它们所包含的思想在它们的引领者与追随者的日常表达中，不断地被阐述与再阐述。……正是意识形态再生产的这种根深蒂固的散漫本质，使得语言学研究路径在广泛的、多领域的意识形态研究中，是不可或缺的（梵迪克，1998）。虽然意识形态不仅仅在语言运用中得以表达和再生产，同样也产生于其他社会实践（诸如那些歧视和排斥），但是我们还是可以大胆地声称，没有语言，意识形态也不复存在。(2001, p. 26)

梵·迪克还认为，虽然话语分析学者已做过有关语言与意识形态方面的工作，但

是这个领域还是应该得到更多的关注。20世纪70年代，一些不满于当时主流话语分析描述形式的人，创建了一种新式的话语分析——批判性话语分析。

❖ 批判性话语分析

实践者们将这种新形式的话语分析称为批判性话语分析（Critical Discourse Analysis, CDA），他们关注的是社会中权力集团在支配他人时所使用的语言，以及从属群体的反抗策略。然而不幸的是，梵迪克认为，批判性话语分析研究者的大部分工作都极不成熟，更糟糕的是，这些研究者们并没有发展出一套理论，去解释意识形态语言是如何发挥功效，以及意识形态集团是如何维系权力的。我们必须意识到，梵迪克是在2001年撰写的这篇评论，自那以后，我们有理由认为批判性话语分析已经更加完善，分析话语的理论已经建立起来。

一个关于话语分析的小短剧

大审判官：	我不喜欢人们分析我说的话，我希望人们倾听我说的并且相信我，不要去分析它，不要想太多。另外，如果一个人的话不合我意，来点“曲解”也无妨啊！
阿瑟：	但是为了理解话语，你必须要分析它。否则，你只是听到了一个个不知所云的词语。 178
大审判官：	千百年来，人们都在听着不知其意的话啊！我对于信仰的定义就是，即使不理解也相信它所说的。这也是我为何如此喜欢拉丁语的原因。
阿瑟：	看起来你似乎相信的是发声的权力，而非词语。
大审判官：	词语是什么？是空气，是整齐的排列，我对此一无所知。
阿瑟：	我有一个建议，远离批判性话语分析者。 他们不会理解你的。
大审判官：	远离任何一个批判的人，这是一个保持平静心情的好方法，我只想被喜爱！

❖ 批判性话语分析与广告

广告这个产业吸引了诸多领域学者的关注，包括传播学、修辞学、政治学、营销学、符号学、精神分析，以及批判性话语分析。每逢美国的大选年度，无论共和党还是民主党，无论个人还是意识形态集团，都会将大量资金投至政治宣传广告，以支持各种各样的意识形态观念。平面广告常常会结合语言和图像（包括各种传达信息的字体），179 电视广告则会有对话、演员、音效以及音乐，这些内容使得分析变得异常艰难。

一个社会语言学家和一个批判性话语分析者所做的分析之间存在着巨大的差异。社会语言学家聚焦于新闻报道或社论这类文本的风格和结构模式；批判性话语分析涵盖这一切内容，但还会思考故事如何建构，读者如何被放置在他们所消费的文本当中，以及语言运用是怎样引导读者解读文本中的特定意涵的。［想要了解更多这方面内容，可参考卡梅伦和帕诺维奇对于柯林恩·考特（Colleen Cotter）作品的讨论（2014）。］

在卡梅伦和帕诺维奇的《书面话语写作》中，有一章专门讨论了批判性话语分析，它的开头是这样说的：

> 批判性话语分析（CDA）是一种强调话语的社会、意识形态及政治维度的研究路径。它的实践者采取与批判性社会理论家（如福柯）同样的方式，将话语视为一种积极形塑我们对于现实的理解的事物，而非一种既有的现实。（p.66）

写完这篇文章之后不久，他们转向了对广告的讨论。他们认为广告的有趣之处不仅仅在于它们如何宣传产品，还在于它们如何讲述消费者。接下来，他们还讨论了广告和消费资本主义的目标不仅仅是卖出产品，更重要的是生产消费者。消费行为已逐渐变成一种表达自我的形式，而我们所购买的品牌，则反映了我们对自我的认知。

在对广告进行批判性话语分析时，卡梅伦和帕诺维奇认为，我们应该这么做：

> 如果我们将批判性话语分析运用于广告文本，我们可能会问的一个问题就是，文本中的语言是如何构建、处理广告主所鉴别出的不同类别或形式的消费者的。一个相关的“批判性”问题是，这些文本的建构在多大程度上依赖和再生了占主导地位的意识形态，结果是消费者在认同所出售的商品时，也“买入”了某种权力和不平等关系。（p.76）

卡梅伦和帕诺维奇为我们提供了关于广告的运作方式和如何分析广告的两种洞见。可以说，他们提醒我们去关注语言所具有的权力以及权力所使用的语言。

❖ 多模态话语分析 180

话语分析的学科大本营是语言学。如我之前所说的，话语分析代表了语言学家的一种尝试。他们的研究超越句式，并不止于对话而是涵盖书面文本，并且随着图像的日趋重要，视觉影像也被纳入他们的研究。据估计，脸书70%以上的内容都是视觉图像（包括照片、漫画与视频）。我在脸书上同样有一个网页，名为“阿瑟·阿萨·伯格和他的文学生涯”，几乎每一次在这个页面上发布信息时，我既会写一些我的学术活动文字，也会习惯性同步上传一张图片，也许是我的作品封面，也许是我的一幅画作，有时则是我拍的照片，等等。

多模态话语分析指一种同步处理文本中的书面材料和视觉图像的话语分析方法。多模态话语分析者处理图像所使用的的基本方法，是我在本书第三章中探讨过的符号学方法。该领域关于怎样分析一个书面材料中的不同元素进行过深入的探讨。文本的各组成部分应该分开来单独分析吗？话语分析学家应该整合不同的路径吗，比如用符号学分析图像、用语言学分析文字？我认为，通常来说，一个文本中的书面语言和视觉图像是存在某种联系的，这样我在处理一切事物时才能够跨越学科界限。

❖ 多模态批判性话语分析

多模态批判性话语分析，不同于多模态话语分析，主要是以批判视角处理复杂文本（诸如脸书中的、广告中的以及各种视听媒介中的文本），即寻找隐藏在这些文本之后的意识形态内容。批判性话语分析认为，普通话语分析是描述性的，并不讨论话语的意识形态方面，接触这类话语的人们常常不会察觉到文本中的意识形态，即使这种意识形态常常形塑着他们的思维。如大卫·梅钦和安德里亚·梅尔在《怎样进行批判性话语分析》（David Machin & Andrea Mayr, 2012）中所言：

> 比如说，一个语言学家有能力提供关于一则广告的全面而有启发性的语言使用分 181
> 析，但是这则广告中的大部分意义都是由视觉图像来传递的。同样的情况也会出现在一个新闻文本中，这个新闻文本的出现可能伴随着一张照片，或者是教科书上一道既有文字又有图像的练习题。(p. 6)

这是因为在包括脸书、缤趣（Pinterest）以及其他社交媒体网站的现代传播中都包含图片，因此多模态路径可谓必需。在这里，文本所使用的字体，广告模特的面部表情，电视节目和商业广告中的演员、灯光和色彩的运用，等等，都在文本的意义生成中起到了作用。在本书第五章中，我曾引用洛特曼的理论来说明，文本中的一切都能生成意义。话语分析的观点与此并无差异。

梅钦和梅尔（2012）还通过解释多模态话语分析对权力问题的关注，补充了它的批判性成分：

> 权力问题可谓是批判性话语分析工作的核心。基本上，权力来源于获得社会资源的特权通道，诸如教育、知识以及财富，它们可以提供权威、地位以及影响力，对于那些获得此权限的人而言，他们得以支配、强制以及控制从属群体。批判性话语分析的目标是揭露出现在文本中的明确或隐含的社会权力关系。……自从语言可以（再）生产社会生活以来，文本创造了怎样的世界？它使得什么样的不平等和利益得以延续、生成或合法化？在这里语言已不仅仅是一种传播或者劝服的工具，而是一种社会构建和支配的手段。（p. 24）

无论其形式如何、复杂性如何，话语都为人们提供了一种世界到底是什么样的以及怎样了解世界的意识。而梅钦和梅尔提出，问题在于，话语常常被各类精英阶层用作统治和支配的工具。

❖ 针对一则广告的多模态批判性话语分析

伴随着对话语分析、批判性话语分析以及多模态批判性话语分析的讨论，让我们来以一则首次出现于2014年的广告为例进行多模态批判性话语分析，它同时结合了符
182 号学、意识形态分析和修辞学理论。

我们可以看到，图片中有一位苗条的模特，手握长条手包，正在一处类似于购物中心的水泥地面上行走。文本看起来充满神秘感，仿佛与时尚无关。柯尔品牌正是以干练的职场风格所知名，这也许可以帮助我们解释这则广告的意义。

凯尼斯·柯尔广告

为了便于分析，我为该文本里的广告词做了编号。

1.警惕赤裸的野心

“警惕”一词在此被视作警示，是一种反面的赞辞。这句话看起来似乎有些奇怪，我们可以理解为因为太有野心而受到警告，但是为什么是“赤裸的野心”？这其实是对一部2009年的色情电影或使用了这个短语的其他作品的一种暗示，我们可以通过谷歌搜索到它们。按照字面意思，它在建议人们应该远离过于有野心的人。野心是可以被接受的，但过度“赤裸”就会出现问题。时尚广告中的“赤裸”一词或许会让看到广告的人在脑海里形成一种幻想，仿佛看到广告中有赤身裸体的模特。

2.无人在意冷漠 183

在这里我们有了一个如何下定义的典范案例，因为“无人在意”本身就是冷漠的意思。冷漠指的是不在意某些事情，但是广告中模特正在太阳下急速行走，投射在地面的影子指向了广告的文本内容。通常说来，冷漠意味着不受情绪和情感的约束。

冷漠同样也被解释为美国选民的特征，除了总统大选期间外，只有小部分的美国选民参与投票，当然大选时投票的人数也不算可观。

3.很多人在质疑答案

这句话和上述措辞有着同样的技巧，但又稍有不同。“质疑”和“答案”之间存在着一场较量，但在这句话中，“很多人”参与到了这场较量之中。如果“答案”关涉政治与社会，那么这句话就有着意识形态暗示。在这里我们看到的是一个反向利用的例子，“很多人质疑”和“答案”相互对立，如果许多人都在“质疑”“答案”，那就是说他们对意识形态存疑，因此我们可以推测这个社会并不十分稳定。

4.反叛如今吸引人

在这里出现了另一组对立：反叛与吸引。“反叛”一词一般让人联想起丑陋和厌恶，但它同样也是模棱两可，可以与政治革命相联系的，这样它就变得很具有吸引力了。正是这个词语的模糊性赋予了这句话以力量。在这里，反叛可以通过多种方式得到解释。在统治阶级眼里，大众也许就是反叛的代表，大众采取了一个相对于统治阶级而言的反叛的策略。

5.运动正在兴起

表面上看，广告中的人是一个身着凯尼斯·柯尔服饰的年轻女性，她正在行走或正准备迈出步伐。但是考虑到这个品牌的气质，广告中的动作画面暗示一种政治性——一场运动，甚至是某种形式的革命，将会支持蔻尔品牌的进步信念。

184 6.一步一个脚印

这句话同样有着双关意义。表面意义上看，这指的是模特在水泥广场上迈出的步伐，但同样可以指代一项政治议程，这项决议需要在政治和社会运动中逐渐形成，一步一个脚印远胜过革命推进，这是一种对渐进主义的呼吁。

7.你看到的决定你所理解的

这句话同样包含两重意义。字面上来说，理解世界是我们观看世界所产生的一种结果，但是在时尚广告中，也指代模特“看”上去的形象，包括她的着装、太阳镜以及手包。她玲珑有致，秀发随风飘扬。当然，我们的外在，是我们所购买的服饰和对塑造自我身份的品牌进行选择所产生的结果。我在一篇讨论品牌的文章中曾说过，现如今我们对自身的建构，在相当大的程度上取决于我们所选择的品牌（伯格，2011）。

8. 凯尼斯·柯尔[①]（Kenneth Cole）

柯尔的品牌签名告诉我们，他对这个广告的叙述与他对政治和社会的观点是一致的，他坚信这个含义足够准确。签名实际上并非手写，而是以大字号印刷的。凯尼斯中的“e”不同于柯尔中的“e”，这暗示了柯尔关于如何签名的犹豫不决。

9. 凯尼斯·柯尔　　脸书　　推特

这一行文字（图中并未出现）表明柯尔足够时尚，已经在社交媒体中建立了基地，尤其是在脸书和推特这两大最主要的社交媒体网站中。

该广告的图像部分更值得探讨。空白占据了广告的大部分空间，这使它显得异常简约：文字位于双页的左半部分，模特图像位于右半部分。广告的空白部分则是“高端”产品的标识。字里行间的宽阔空间也暗示着“高端”。模特的身影将我们的视线引向了全部由大写字母组成的文字部分，书写的是大写的“警惕赤裸的野心”和“你看到的决定你所理解的”。而模特佩戴墨镜，面无表情。 185

我们还要意识到，杂志广告在性别建构中也扮演着至关重要的角色。从这则广告中我们可以看到，纤瘦、美丽、警戒（佩戴太阳镜以保持与他人的距离）以及华服——例如凯尼斯·柯尔制作的服饰，是非常重要的。

与许多女性杂志中的时尚广告不同的是，这则广告并没有聚焦于对女性身体的色情剥削，没有袒胸露乳之流，但它还是让模特弯曲膝盖并身着露腿短裙。同许多时尚广告中的女性一样，她独自一人，是翻阅杂志的读者们瞥见这个或其他类似广告时注意力的核心。

这则广告的文字撰写者灵巧地运用了不置可否和看似自相矛盾的技巧，来与读者进行交流。在文字层面，这是一个略带几分迷惑性质的广告：它的结论是，我们理解世

---

① 此处指该品牌的创始人凯尼斯·柯尔。——译者注

界的方式取决于我们如何看待它（或它看起来的样子），不过这些文字同样可被视作一种对加入运动的社会意识的呼吁——这意味着，我们看待世界并不仅仅依赖于我们的穿着，而是我们对社会公正的需求。

❖ 话语分析：应用与练习

1. 以凯尼斯·柯尔品牌的广告探讨为范本，对一个拥有有趣图片或文本的平面广告进行批判性话语分析。
2. 在YouTube上寻找一个流行音乐影像作品，对它进行批判性多模态分析。讨论歌曲中所使用的语言和舞蹈的特征。在分析中你遇到了什么问题？
3. 写一段三至四句话的叙事，然后将它们改写成六种不同的风格。在这个练习中你学到了什么？

186 ## ❖ 结论

话语分析聚焦于语言、语言的使用以及语言在人类交互活动中所扮演的角色，它为我们提供了一个跨学科研究路径，综合了其他类别的涉及语言、语言运用以及凸显语言重要性的文本的研究。当然，我们常常面对的是翁贝托·艾柯所言的"异常解码"——人们观看广告时，往往不会按照制作者所期望的方式解读文本的信息。这是因为制作者和广告人的符码系统与受众的符码系统之间存在差异。不过，语言以及语言如何具备形塑我们行为（就广告而言，就是购买广而告之的产品）的权力和能力以及信念（就政治而言，就是被某些集团或政党所劝服）的权力和能力，在将我们的注意力转向这些问题的过程中，话语分析教会了我们怎样更细致谨慎地看待语言（有时是图像）在演讲、对话以及书面文本中所扮演的角色。

❖ 延伸阅读

Cameron, D.（2001）. *Working with spoken discourse*. London, UK: Sage.

Cameron, D.,&Panovic, I. (2014). *Working with written discourse*. London, UK: SAGE.

Machin, D.,&Mayr, A. (2012). *How to do critical discourse analysis*. London, UK: SAGE.

Oukhvanova-Shmgova, I. F. (Ed.). (2001). *Perspectives and methods of political discourse and text research: Vol*. 2. Minsk: Belarusian State University Minsk Media Group.

Phillips, N.,&Hardy, C. (2002). *Discourse analysis: Investigating processes of social construction*. Thousand Oaks, CA: SAGE.

van Dijk, T. (Ed.). (1997). *Discourse as structure and process*. London, UK: SAGE.

van Dijk, T. (Ed.). (1997). *Discourse as social interaction*. London, UK: SAGE.

第三部分

质化研究方法

一名研究者往往要与许多页转录音带的故事相伴，要把这一系列的谈话加以裁剪，使它合于一个报告或书面的内容，并试图理解其意义以及创造戏剧性的张力。形式、次序、呈现的风格、如何安插访谈中所得到的生活片段，都涉及决策的过程。对于作品的预期性反应，不可避免地会影响到哪些内容将被覆盖，哪些会被排除。最后，分析者创造一个宏大叙事（metastory），说明发生了什么事。借由诉说访谈故事的意涵，将被说出来的内容加以编辑并赋予新的形态，以及将它转变成一个混合性的故事——价值、政治立场、理论信仰再次产生了作用。虽然某种程度上来说，这是种出卖……但这却是必须且是有建设性的。无论原本说故事的人如何厉害，从对话中产生的生命故事确实不是如同一本书、一篇文章或一篇论文那样，这些内容已经是写好的。个人生命经验的口述故事的走走停停方式，会以不同的方式重新拼贴及组合。

——凯瑟琳·科勒·里斯曼（Catherine Kohler Riessman）《叙说分析》（1993, pp. 13–14）

8

访　谈

189

第8章　核心问题

- 《囚徒》中，主人公与“二号”对谈时，想从谈话中得到什么？
- 四类研究性访谈分别指的是什么？
- 进行焦点小组访谈时会遇到哪些问题？
- 访谈时需要考虑哪些情况？
- 调查记者一般会问哪些代表性问题？
- 代表性的谈话结构是什么样的？
- 进行访谈编码包括哪些步骤？
- 研究者处理访谈材料时会遇到哪些问题？

❖ “囚徒”对“二号”的访谈

《囚徒》是一部英国存在主义间谍科幻剧，于1967年9月至1968年2月期间播出。该剧播出后引发了一阵狂潮，一些评论家称其为史上最重要的电视剧之一。在它每

190 集开始，都要重复第一集的开场。在这个故事中，主人公帕特里克·麦高汉（Patrick McGoohan）辞去间谍的工作，他驱车前往公寓，准备收拾行囊。他突然昏迷了，醒来时已身处一个谜一般的村子里。他在村里的行政中心遇到了一个有二号标记的人。于是便有了以下的对话，我们可以把它看作一个囚徒做的访谈。

囚徒：我在哪？（询问地点）

二号：在村子里。（回答）

囚徒：你想要什么？（询问信息）

二号：信息。（回答）

囚徒：你是哪边的人？（询问从属）

二号：不告诉你。我们想要信息、信息、信息……（回答）

囚徒：你休想。（拒绝回答）

二号：我们会不择手段的。（回答以示决心）

囚徒：你是谁？（询问身份）

二号：新的二号。（回答）

囚徒：谁是一号？（询问信息）

二号：你是……六号。（回答）

囚徒：我不是数字！我是个自由人。（强调身份）

二号：（歇斯底里地大笑）哈、哈、哈、哈……（轻蔑的答复）

《囚徒》

注意这个访谈里囚徒是如何扮演一个研究者的。他通过提问以知晓自己的遭遇，同时还根据二号的回答一个接一个地问。二号在整部剧里由不同的演员来扮演。囚徒想知道自己身处何地、二号想从他身上得到什么、二号究竟是谁，二号是哪边的人，以及一号是谁。二号想获得信息，为此将“不择手段”。二号执着于一个问题：为什么囚徒辞职？不过对于二号来说，囚
191 徒并不是个好的报告人（informant）——他拒不

透露自己辞职的原因。经过了17集，二者的矛盾冲突才得以化解。剧中不同的二号实际上是在一号控制下掌管这个村子的。

❖ 访谈是什么

众多理由表明，访谈是最基本、最常用的研究工具之一。访谈让研究者获得单凭观察得不到的信息。或许访谈最简单的定义是：一个研究者（想获得某话题信息的人）与报告人（假定有事关此话题信息的人）之间的谈话。

对很多人来说，访谈/面试是找工作的一部分，绝大多数人在找工作时或多或少都有被单人或多人面试的经历。这类访谈与研究者目的相同——获得信息。访谈这个术语与法语词 entrevue有关，指的是“看见或遇见某些人”。这里指出了访谈中的一个要素——通常是一种面对面的关系。但并不总是如此，某些访谈也可以用电话或其他电 192
子方式进行，如互联网。

在面对面访谈时，请注意你和报告人之间的一些非语言沟通。面部表情在访谈中起重要作用，你要找到与报告人建立友谊的方式——如见面时微笑，也要避免表现出否定或其他评价的非语言反应。你得学会如何通过保持眼神交流来表达尊重，也要学会如何控制整个访谈。在《非语言传播：科学与应用》（2013）一书中，松本大卫（David Matsumoto）和黄希城（Hyi Sung Hwang）探讨了面部表情在面对面交往中的重要性。

> 有充分的理由说明，面部表情称得上是最显著的非语言传播方式。在所有非语言行为传播方式中，面部表情是也最难懂的。它是我们身体中最复杂的信号系统……
>
> 面部展现出来最重要的信号之一是情绪。解读交谈之人的情绪是一项惊人的本领，它可以帮助工作中需要面对面交流的人们，这种解读情绪的能力让人洞悉他人的情绪状态、意图、个性、可靠性和可信度。情绪可以告诉你恶意、潜台词和彻头彻尾的欺骗。（p.15）

因此，你在做访谈时需要注意人们的情绪状态，通过洞悉面部表情来查明人们是否诚实，以及在访谈背后是否有“隐情”有待考察。

四类研究性访谈

学术研究中有四类访谈方式。

非正式访谈。几乎很少控制访谈，整个过程自然发生，不需要组织，没有焦点问题，一般用于研究者与报告人的初次认识。非正式访谈这种谈话，本质上是一种研究者通过会话来获得报告人信任的方式，因为访谈者希望从访谈对象处得到重要信息。

193 **非结构式访谈**。在这类访谈中，研究者的目标和关注点都是获得信息，但他们极少限制报告人作出的回答。

半结构式访谈。访谈者一般有一系列问题，但尽可能让它像非结构式访谈那样轻松随意。一般认为焦点小组访谈属于半结构式访谈，这种方式被广泛应用到市场调查研究中。

焦点小组访谈

焦点小组访谈是一组人进行的自由讨论，一般包含6至12人。它由一个协调人来组织，目的是获得有关某主题的信息。广告公司或其他组织常使用焦点小组访谈，借此得到人们对于产品或服务的感受，或者了解大选中人们对政治家和宣传的看法。

哈佛商学院教授杰拉尔德·萨尔特曼在《消费者如何思考：市场思维的本质洞见》（2003）一书中探讨了焦点小组访谈的缺点。

> 焦点小组访谈经济实惠且容易实施。像所有研究方法一样，它在众多研究工具中自有一席之地。比如，它可以提供关于现有产品设计吸引力和易用性的反馈。但是在开发和评估新产品概念、检测广告效果、评价产品形象时，它却没有传统方法有效，它也很难得到消费者深层的想法和感受。实际上，焦点小组访谈都没有通过严格的方法检验：这种方法是充分建基于生物学、社会科学和人文科学之上的吗？（p.122）

萨尔特曼指出，如果焦点小组要针对5至10个话题访谈8个人，算下来每个话题
194 对个人的访谈时间就只有几分钟了。这一方法还存在其他问题，如某人主导访谈（绝大多数时间是某些人说话），一些成员刻意讨好，一些成员担心隐私，等等。萨尔特曼认为一对一访谈是获取信息的最佳方式，它能避免访谈信息浮于表面，获得一些深层意涵，这些信息有时是访谈对象自己都没意识到的。

结构式访谈。研究者使用访谈大纲——一系列问题提纲来引导访谈者。例如，大纲会说明在一个问题得到相应回答之后，应该跟进什么样的问题。自己填写的问卷也属于结构性访谈。（访谈也是调查研究的重要组成部分，参见第13章。）

❖ 为什么使用访谈

如前所述，获取信息的方法多种多样：第一种是观察人们做的事；第二种是问他们在做什么；第三种是分析他们生产的内容和作品，这可以由内容分析来完成（见第12章）。除非有机会长时间对人们进行观察，否则我们难以知晓其过去的活动——他们的历史。但通过提问，我们可以发掘这一类的信息。

我们还可以通过谈话和提问，知晓人们的观点、想法、意见、态度和动机。下表是观察与访谈的一些基本差异。

观察	访谈
现在	过去与现在
行动	态度
语境	动机
看到	听到与探索到

很多情况下我们两种途径同时使用，但这并不总是可行的。观察让我们感受语境，帮助我们解释人们做的事。但我们不能以此理解人们内心所想到底是什么，不能得到 195
他们做事的原因和动机，也不能了解他们遇到的困难和焦虑。访谈的一个好处在于，我们一般都可以记录和转录，然后拥有用以分析的书面记录。有时还可以对访谈进行录影，虽然这比一般情况要困难得多。

这部分主要关注非结构式访谈。如前所述，因为提供的信息不可取代，访谈在研究中广为应用。你可以观察他人，但你不知道被观察人的所想所知（例如，你正在一个健身房、游戏厅或酒吧里进行参与式观察）。有些情况下，访谈就像是一次心理分析咨询（注意，我在这个部分说的访谈指的是非结构式访谈）。访谈者在从报告人那里探听信息，这些他们或许知道，但或许并不留意，也不以为然。

❖ 怎样做访谈

做访谈是一门艺术，研究者通过时间砥砺才能变成优秀的访谈者。下面我会提供一系列在访谈时要牢记的重要事项。在访谈一开始，尽可能记住以下关于报告人的信息。

- 姓名
- 生日和出生地
- 社会性别
- 种族
- 宗教信仰
- 族群归属
- 职业
- 兄弟姐妹的信息、家庭生活、父母职业

196 **保证匿名**。向你的报告人或应答者解释，他们所说的一切将会匿名处理，除了你不会有人知道这些信息的来源。一般来说，报告人和应答者（respondents）是有区别的。前者你是熟悉的，你有机会多次访谈；后者你将只访谈一次。

保证准确记录。你可以录下访谈来保证信息完整。如果可能，你可以在访谈时做笔记。如果不行，尽可能在访谈结束后写下你记得的内容。保证你记下了这些信息：

- 访谈日期
- 访谈地点
- 访谈对象的名字

如果你没有专业录音设备，如录音笔，可用其他方式录下访谈，比如数码相机或智能手机。任何时候都要保证你的设备充满电，最好带上备用电池。记忆卡和闪存盘可以保证你有足够空间存储文件。最后，确保你会使用这些设备，提前阅读说明书并练习使用。

避免导向性问题。不要问那些会让应答者给出特定答案的问题。例如，想象你在访谈一位同学，内容是有关她正在学习的课程，而这个同学说老师不公平。你可以用不同方式来作出回应：

导向性问题："因为你的老师更喜欢男生吗？"

或请求定义："你说的不公平指的是什么？"

这可以联系到下一点。

要求报告人定义术语。如果报告人用你不熟悉的术语，或者你认为需要对此加以留心，请他们定义这些术语是什么意思。让他们自己进行定义；不要问他们你的理解是否准确。

固定关注点。在报告人开始说话之后，确保你的提问不偏题；聚焦于获取他们谈话 197
内容的更多细节。在很多谈话中，人们很容易在众多话题中游移，你需要避免这一点，时时关注自己的谈话目的。

保证问题清晰。如果你问了模棱两可的问题，你就会得到模糊且不太有用的回答。你的应答者或许尽可能清楚地回答问题，但是如果你的问题很"模糊"，或者他们不理解你问什么，他们将难以满足你的信息需求。

要求细节和例子。在跟报告人谈话时，记住获得所探讨主题的更多细节的各种方法。以下是对报告人陈述发生之事的有用回应：

1."然后发生了什么？"
2."涉及了谁？"
3."它是什么时候发生的？"
4."为什么会发生？"
5."在哪里发生的？"
6."结果如何？"
7."你对此的感受如何？"

你还可以问报告人要一些事例——那些能够得到更多信息和细节的事例，只要它与研究主题相关，且不会让你偏离正轨。

❖ 调查记者会问的问题

你可以学习调查记者和研究专家所提的问题。想象一个调查记者被安排报道一场庭审的场景，被告人被指控制造了一桩庞氏骗局（Ponzi Scheme）[①]。以下是这个记者会问的问题：

谁：这桩案子涉及了谁？被指控运营庞氏骗局的是谁？受害者是谁？法官是谁？嫌疑人的辩护律师是谁？发现这件事的是谁？

198 **什么**：庞氏骗局是什么？这件案子的真相是什么？审判机关当前在做什么？嫌疑人的辩护律师会说什么？

何时：被告是在何时开始运营这个庞氏骗局的？这个骗局是何时被发现的？

何地：被告在哪里？受害者在哪里？

为什么：如果被告的指控成立，这个人为什么会参与这些非法活动？

如何：这桩庞氏骗局是如何发展至今的？它又是如何被最终发现的？

这些类型的问题也是研究者会探究的。这需要研究者进行描述、解释、陈述和理解。

有时候，你可以用诸如“你可以告诉我事情是在哪些地方发生的吗？”此类问题得到更多细节，而不仅仅问“在哪里”。“在哪里”暗示只有一个地方，而“哪些地方”要求更多信息。

访谈之前准备好一些问题。即便你在非结构式访谈中不使用问题大纲，你也应该考虑好相关话题，尽量使谈话聚焦在某个点上，避免离题。有些研究者建议准备一个研究计划来保证一致性和准确性，它一般包括下列内容：

- 访谈标题
- 访谈者的访谈指引
- 一系列核心问题
- 答完核心问题之后的跟进问题
- 与访谈相关的评论和笔记

① 庞氏骗局：骗人向虚设的企业投资，以后来投资者的钱作为快速盈利付给最初投资者以诱使更多人上当。——译者注

保持中立。这一点是必须的，在你所提的问题、你的语气、面部表情和身体语言当中，都不要显示出自己对报告人回答的态度。无论你是正面或负面的立场，都会对报告人造成影响，这将会改变你得到的信息。 199

使用“嗯嗯”和其他寒暄交际语（Phatic Communication）。有时候“嗯嗯”或“我知道啦”足以使访谈进行下去。一般认为这种寒暄交际语可以提示报告人继续说话（寒暄指的是用来表达社交性或情感性的谈话，它的目的不在于传播信息）。这种回答形式的意思是：“我知道你说的内容啦……请继续”。

对其他事项做笔记。在访谈时记下引起你注意的事情。例如，你可以记下报告人紧张还是放松，访谈时有没有被打断，有没有其他噪音或音乐干扰，等等。

做一个善于倾听的人。不要打断你的报告人，也不要补充他们说的话。在听他们说话时保持精神集中，试着想一些能得到更多信息的问题。观看查理·罗斯（Charlie Rose）①的电视节目，注意他是如何抓住嘉宾谈话的要点，从而问出更多细节的。

❖ 谈话和访谈的结构

谈话（最极端的非正式访谈）与访谈（有特定目标的谈话）在构造上相同，表现为下面这种结构：

问和答 **问和答** 问和答 **问和答** 问和答 **问和答** 问和答

换言之，典型的谈话包括问题和回答，以及谈话者轮流说话。（例子里我们用加粗和不加粗来表现轮流说话）谈话很少只通过陈述来进行。一般各种问题间的转换使谈 200

① 查理·罗斯（1942–）是美国公共广播网（PBS）和哥伦比亚广播公司（CBS）的著名记者、访谈节目主持人。——译者注

话得以进行。在平常谈话中回答一般比提问要长一些。

我们可以把地方检察官的审讯过程比喻成访谈。不过访谈中不太会提有攻击性的问题，而审讯过程为了落实某些人的罪名会这么做。除此之外这两者的目的是一样的——获得细节信息，得到“事实，全部事实，唯有事实”（the truth, the whole truth, and nothing but the truth）[①]。

一个关于访谈的小短剧

大审判官：	做个大审判官真难！我近年来的表现大不如前。
阿瑟：	你指的“表现”是什么？
大审判官：	我曾经很擅长审讯人。我挥舞着一条恐怖的皮鞭，往异教分子的喉咙里灌热水，因此远近闻名。
阿瑟：	这些是什么时候的事？
大审判官：	大概一千年前吧，在此后持续了几百年。
阿瑟：	为什么会出现宗教法庭？
大审判官：	有太多需要对付的异教分子。最糟糕的情况是有些人觉得自己是虔诚的信徒，但实际上是不自觉的异教分子。
阿瑟	听起来很弗洛伊德主义呢！还好现在不用刑讯逼供让人说话了。
大审判官：	呵呵！你听说过青少年和青春期吗？或者新生作文考试吗？

201 在一些关于庭审的电影和电视报道中，例如辛普森案件和克林顿的弹劾听证会，我们可以看到的一点是，证人自己有时会撒谎或自相矛盾，不同的证人对一件事情也可能说法不一。经典电影《罗生门》就是一例。不过事实仍然是，庭审中报告人和应答者的一字一句可能都至关重要。

辛普森审讯如此吸引眼球是因为它变成了一个叙事（narrative）——一个有戏剧性的故事，它像亚里士多德（Aristotle）所说的那样，一个包含了起承转合的故事。观众一直会问审讯的进展：谁在说真相？谁在撒谎？陪审员相信谁？最后将会如何裁决？

有些研究者致力于探讨人们如何完成对话。例如，拉波夫和瓦列斯基（W. Labov & J. Waletzky，转引自Riessman，1993）指出，关于某些重要事情的“对话”或“个人化叙事”，包括一些特定内容，可用下表表示。

---

① 这句话常出现在美国的庭审当中，证人会把手按在《圣经》上宣誓，保证所说句句属实。——译者注

符号	特定内容	功能
A	摘要	总结叙述内容
O	情况介绍	时间、地点、处境，其他相关内容
CA	复杂行动	事件序列
E	价值评价	行动的重要性与意义
R	解决方案	事情的结果
C	尾声	把讨论拉回到现在

来源：作者根据凯瑟琳·科勒·里斯曼的《叙说分析》(Catherine Kohler Riessman, 1993)整理。

拉波夫与瓦列斯基指出，研究者在与报告人讨论时，可以从其中的谈话片段中找到一种或多种功能。访谈者需要注意报告人做出的价值立场、批评和评价。基本所有的访谈片段都包含特定功能，并对应到上面的一个标签里。它表示出特定陈述的功能，可以帮助研究者理解报告人所说的内容。

❖ 转录访谈录音 202

你需要转录(transcribe)访谈录音。录音带可以用转录设备来处理，这些设备差不多要花几百美元。现在绝大多数的录音笔都可以调节播放速率和倒放，你还可以上传到电脑或云端，这样保存更安全。还可以用单词识别软件来做转录。(也可以用带有语音识别功能的笔记本电脑做访谈，直接用软件记录和转录，不过这有一定的风险，因为语音识别可能会读错一些词。)有些软件声明准确率为95%，这个精确度足以让访谈者省掉耗时巨大的转录过程。

一般转录一个小时音频需要7至8个小时，使用软件会让你节约大量时间——如果它的确起了作用。不过就算用了这些软件，你还需要检查错漏，所以说不管怎么转录，这个过程都是难免要花时间的。如果你担心漏掉重要内容，可以一边用语音识别软件直接转录，一边用录音机录下整个访谈。

❖ 理解访谈录音

当转录和检查都准备就绪后，下一步需要做的是尽量理解其中的内容。你需要找到对你有用的信息。你了解到了什么样的“事实”？你得到了哪些有关参与者、行为、想法和信念的信息？（这些信息可靠吗？）

你还需要分类整理这些内容。前面我已经建议过一种方式，就是按照拉波夫与瓦列斯基总结的功能来划分，看看特定片段属于摘要、情况介绍、复杂行动、价值评价或是解决方案中的哪一个。还有另一种方法，例如我们可以看看报告人自己是怎样归类事物的。他们是怎么定义老和少、好与坏的？其中提到了哪类群体？报告人如何归类各种人，用年龄、群体归属、性别、职业还是社会地位？

203 我有时在课上会让学生谈谈他们的高中生活（实际上就是一个小组访谈）。一般来说，我会听到他们高中期间各种各样的人群标签，如预科生、小流氓、溜冰者、冲浪人、嗑药的白人朋克、运动健将、啦啦队员、呆子、怪才、猥琐怪人，等等。即，当问到高中生活时，年轻人经常回答的方式是把同学归到各种兴趣群体里。这让我们更清楚地理解了他们是如何理解高中经历的。

寻找访谈中的报告人的分类也是为了理解他们的想法和世界观。我们认为这些分类是由文化所决定的，揭示报告人的思考方式可以将我们指引向他们的文化、亚文化和群体。厘清分类系统的过程将由编码来完成。

❖ 编码

当你有了访谈转录内容时，你需要找到理解这些材料的方式。如前所述，这可以由寻找其中的模式、分类、主题和类型来完成。研究者用编码来识别访谈内容中的相同主题和话题，这些相同主题可以帮助研究者辨明对于报告人来说至关重要的内容。

很多时候我们需要基于待编码材料的特点来进行，很难说有什么绝对的编码规则。下面是约翰·克雷斯韦尔《研究设计：质化与量化方法》（John W. Creswell, 1994）一书里关于编码过程的通用指南。

1. 把素材视作整体来阅读，总领全文。
2. 挑选一段转录稿仔细检验，寻找其中包含的主题。
3. 重复多次，列出这些录音稿中涵盖的主题。
4. 给每个主题加上缩写，仔细检查所有的录音稿，在每一个例子下面标上相应的缩写。如果主题列表未能涵盖所有素材，尝试列出新的主题。

5. 把主题变成类别。保证这些类别能包含所有录音稿，不要有重复。 204

6. 为这些类别定下最终缩写并按字母排序，于是你就有了这些录音稿的编码字母表。

7. 把每个类别下的素材集中起来加以分析，看看是否有所发现。

8. 考虑一下是否还能修改编码，精简分类以让它们涵盖更多内容。

克雷斯韦尔的研究源自波格丹与比克伦（R.C Bogdan & S. K. Biklen, 1992, pp. 167–172），这两位学者建议用抽象的编码分类来做主题，他们提出了下列编码方式供研究者参考。

环境和上下文编码

研究对象所持有的视角观点

研究对象的思考方式

过程编码

行动编码

策略编码

关系与社会结构编码

预设的编码方案

研究者可以借助软件来对转录稿进行编码和查验错误。

我在很多年前做过一个关于幽默的研究，当时我主要想发现幽默大师在创造幽默时所运用的技巧。我检验了许多素材，包括笑话集、民间故事集、连环画、有关幽默的书籍、幽默表演、幽默小故事和喜剧小说。在这个研究中，我总结出它们使用的45个技巧，我相信它们是构成所有幽默的基本元素，幽默大师们通过排列组合能够将它们运用在创作中。整理出这个列表之后，我开始一一检验，看看它们是否属于逻辑上的幽默、身份认同上的幽默（humor of identity）、语言上的幽默、视觉或行动上的幽默这四个互斥类别中的一个（见表8.1）。

我认为任何幽默都囊括了其中的一个或多个技巧。我花了很长时间思考和推敲， 205

才发现45种技巧“背后的”归类。这说明要发现各种归类并不是件容易的事。

表8.1　基于分类的幽默技巧

语言	逻辑	身份认同	行动
典故 Allusion	悖论 Absurdity	前后对比 Before/after	追逐 Chase
浮夸 Bombast	偶例谬误 Accident	滑稽戏 Burlesque	打闹 Slapstick
下定义 Definition	类比 Analogy	漫画化 Caricature	速度 Speed
夸张 Exaggeration	目录 Catalogue	古怪 Eccentricity	
诙谐 Facetiousness	巧合 Coincidence	尴尬 Embarrassment	
幼稚 Infantilism	比较 Comparison	曝光 Exposure	
辱骂 Insults	失望 Disappointment	怪异身体（猎奇） Grotesque	
反讽 Irony	无知 Ignorance	模仿 Imitation	
误读 Misunderstanding	错误 Mistakes	冒充 Impersonation	
毫不修饰 Overliteralness	重复 Repetition	拟仿 Mimicry	
双关语 Puns/wordplay	颠倒 Reversal	恶搞（戏仿） Parody	
巧辩 Repartee	僵化 Rigidity	规模 Scale	
嘲弄 Ridicule	主题与变奏 Theme and Variation	刻板印象 Stereotype	
嘲笑 Sarcasm	露出真面目 Unmasking		
讽刺 Satire	变异 Variation		

❖ 伴随访谈内容而来的问题

有关访谈的一个争议是，在获取数据、信息和事实与关注报告人言说和组织信息的方式二者之间，哪个更重要？即，研究者该关注人们所做之事，还是他们对所做之事的言说？哪一个信息更重要，更能产出有意思的信息：究竟是报告人所说的话还是他们如何言说？

实际上，二者是有关联的，或者说它们是共生的（如一枚银币的两面）。因为分析表述即分析了其中的观点与思考。萨义德在《东方学》（E. W. Said, 1978）一书中的这段话对于理解这一点很有帮助： *206*

> 真正的问题却在于，究竟能否对某个东西进行正确的表述，或者是否任何以及所有的表述，因其是表述，都首先受表述者所使用的语言，其次受表述者所属的文化、机构和政治气氛的制约。如果是后一种情况（我相信如此），那么，我们必须准备接受下面这一事实：一种表述本质上（eo ipso）乃牵连、编织、嵌陷于大量其他事物之中的，唯独不与“真理”相联——而真理本身也不过是一种表述。[①]

萨义德指出，我们需要考虑文化对人们言说与呈现信息（即“表述”）的形塑，我们需要时时有保留地接受人们当作真相所告知的内容。究竟应答者提供的是真相还是他们自以为是的真相？

仅凭人们愿意告诉你关于某群体或实体的信息，并不能保证你将得到“事实，全部事实，唯有事实”。下面我将提到一些研究者在与报告人和应答者打交道时会遇到的问题（在其他研究方法中同样如此，例如焦点小组访谈、问卷法和调查法）。

1. 人们并不总说真话。人们想留下好印象——他们想让自己显得高尚美好——于是有时会撒谎或歪曲事实，即便他们有时保证自己句句属实。

2. 人们并不总记得清楚。就算他们想告诉你真相，有时记忆也会让人无可奈何。记不清做过的事时，可能就会编造真相、说假话。

3. 人们并不总能提供有用信息。或许由于被采访，他们会以为自己的信息很重要，实际上他们引起你关注的内容并不多。

---

① 中译文引自萨义德.东方学［M］.王宇根，译.北京：生活·读书·新知三联书店，1999：349. ——译者注

4. 人们有时会说自以为你想知道的内容。有时报告人会根据自己的感知调整说辞，
207 以最大化地迎合访谈者。他们这么做可能出于对你的喜爱，想给你更多有用的材料，也可能是感到厌烦想快速结束访谈，又或者说想给你留下好印象。

5. 人们使用语言的方式各不相同，这是沟通与释义中的一个问题。其中很可能出现词不达意，或者更严重的是访谈者会错意。因此，访谈者需要善于倾听并适时反馈，确保自己理解了对访谈对象的意思。

如有可能，向不同报告人询问同一件事情，看看他们说法是否一致。有时候你还可以检查人们是否言行一致。想从报告人和应答者那里得到真实、可信和完整的内容，你需要记住应答者的观点不是对行为的可靠解释。一些原因我已经说过，还有一些原因是，我们在他人面前自我呈现的方式和我们对自己的错觉。人们倾向于为自己的行为找一套说辞，所以你得有保留地接受任何人的观点都是准确无误、毫无偏见的这种说法。

我们可以用“图形和背景”的比喻来理解访谈所得资料。对报告人的访谈可以将其看作图形，背后有着无所不包的背景。它们与访谈对象提供的信息相关，包括从访谈本身到文化或亚文化中的某些事件，乃至文化或亚文化中的某个部分。这种背景会影响其中的图形，而语境会使一个事件大不相同。

❖ 访谈：应用与练习

1. 一位火星人乘坐宇宙飞船来到地球。你是一个知名电视新闻节目的记者，需要准备一份采访火星人的访谈提纲以及跟进问题。解释你问每个问题的理由和准备问题列表时遇到的困难。你可以跟班上的同学预演采访过程，这样可以更好地感受访谈过程中可能遇到的困难。

208 2. 你得到访问美国总统的机会，但只允许问10个问题。你会问哪些问题？如何取舍？对比班上同学准备的问题列表，哪些问题是大家都会问的，有没有让人意外的提问，以及一些未被问及的重要问题？

3. 录下一段电视采访，分析其中问到的、未被问到的，以及本章谈到的其他相关问题。观察其中的面部表情、身体语言、访谈语气，以及主持人和访谈对象的关系。

❖ 结论

访谈是研究者获取信息最基本的工具之一。但这并非易事，它包含了一系列的工作（对它进行记录、转录和编码），获得的资料也常受质疑。因此，概括访谈时需谨慎处理。但这些访谈也是独一无二的，研究者借此通往人们的内心，得到重要的材料。正如很多高风险活动一样，它们也拥有高回报。

❖ 延伸阅读

Atkinson, R. G.（1998）. *The life story interview.* Thousand Oaks, CA: SAGE.

Fetterman, D. M.（2010）. *Ethnography: Step-by-step* （3rd ed.）. Thousand Oaks, CA: SAGE.

Flick, U.（2009）. *Introducing research methodology: A beginner' s guide to doing a research project*. Thousand Oaks, CA: SAGE.

Gilham, B.（2005）. *Research interviewing: The range of techniques*. London, UK: Open University Press.

Kvale, S.（2009）. *Interviews: An introduction to qualitative research interviewing* （2nd ed.）. Thousand Oaks, CA: SAGE.

Kvale, S.,&Brinkman, S.（2009）. *Interviews: Learning the craft of qualitative research interviewing*（2nd ed.）. Thousand Oaks, CA: SAGE.

Layer, J.,&Hutcheson, S.（1972）. *Communication in face to face interaction: Selected readings*. Baltimore, MD: Penguin.

Matsumoto, D., Frank, M.G.,&Hwang,H.S.（Eds.）.（2013）.*Nonverbal communication:* 209
Science and applications. Thousand Oaks, CA: SAGE.

Psathas, G.（1994）. *Conversation analysis: The Study of talk-in-interaction*. Thousand Oaks, CA: SAGE.

Rubin, H. J.,&Rubin, I. S.（2012）. *Qualitative interviewing: The art of hearing data* （3rd ed）.Thousand Oaks, CA: SAGE.

Rubin, R. B., Palmgreen, P,&Sypher, H.E.（2009）. *Communication research methods: A sourcebook*. New York, NY: Routledge.

Seidman, I.(2006). *Interviewing as qualitative research: A guide for researchers in education and the social sciences*(3rd ed.). New York, NY: Teachers College Press.

Stewart, C. L,&Cash, W. B.(2013). *Interviewing: Principles and practices*(14thed.). New York, NY: McGraw-Hill.

Wengraf, T.(2001). *Qualitative research interviewing: Semistructured, biographical,and narrative methods*. London, UK: SAGE.

Zaltman, G.(2003). *How customers think: Essential insights into the mind of the market*. Cambridge, MA: Harvard University Business School Press.

上下两个层次的共存要求史学家用辩证法作出说明。没有乡村，如何懂得城市？没有物物交换，又哪来货币？没有五花八门的奢侈，怎有形形色色的贫困？没有穷人的黑面包，怎有富人的白面包？如此等等。

还有最后一个选择需要论证，就是把日常生活不折不扣地纳入历史的范围。这样做有什么用处？是否必要？日常生活无非是些琐事，在时空范围内微不足道。你愈是缩小观察范围，就愈有机会置身物质生活的环境之中：大的观察范围通常与重大史实相适应，例如远程贸易、民族经济或城市经济网络。当你缩短观察的时间跨度，你看到的就只是个别时间或者种种杂事：历史事件是一次性的，或自以为是独一无二的：杂事则反复发生，经多次反复而取得一般性，甚至变成结构。它侵入社会的每个层次，在世代相传的生存方式和行为方式上刻下印记……我们发掘琐闻轶事和游记，便能显露社会的面貌。社会各层次的衣、食、住方式绝不是无关紧要的。这些镜头同时显示不同社会的差别和对立，而这些差别和对立并非无关宏旨。整理、重现这些场景是饶有兴味的事情，我不认为它浅薄无聊。

——费尔南·布罗代尔（Fernand Braudel），《15至18世纪的物质文明、经济和资本主义：日常生活的结构》[①]（ 1981, p.29）

---

① 中译文引自布罗代尔.15至18世纪的物质文明、经济和资本主义（第一卷）[M].顾良，施康强，译.北京：生活·读书·新知三联书店，2002：26–27.——译者注

9

历史分析 211

第9章　核心问题

- 历史是什么？本书引用了伯克霍福、斯特恩斯等人对历史的论述，其中有哪些重要见解？
- 历史是客观的还是主观的，抑或二者兼有？
- 历史研究有哪些类型？
- 关于使用一手和二手资料书写历史有哪些要点？
- 后现代主义与历史研究如何联系起来？
- 做历史研究会考虑和提出什么样的问题？
- 历史是什么，史学家应该做什么？谁来书写，书写什么？谁有权做研究，并且撰写史学著述？

❖ 历史是什么？

这个问题并不好回答。下面让我论述一些关于这个术语的通常理解。首先，说到历史，我们会想到它是对过去的研究，这个角度来看，历史是有关往事的。这意味着我们 212

需要依靠文献和其他材料。如果我们探讨不久前的往事，我们可以通过访谈一些人来获得一手资料。如果是遥远的过去，我们就不得不受限于史学家一般使用的文献以理解过去，例如书籍、文章、某些记录、艺术品、某些物品，以及可以获得信息的任何东西。

这就带来了一个问题。在浩如烟海的文件中，史学家必须筛选有关联性和重要性的资料。他们是怎么做的呢？答案是，史学家利用一些概念或理论来指导这种选择。如伯克霍福在《通向历史分析的行为取向》（Robert F. Berkhofer, 1969）一书中所说：

> 当分析历史时，史学家并不重现或再建过去；他们根据现存证据和概念框架来解释历史。我们无从得知所有过去的事实，因为并非所有证据都依然存在。还有，就算所有事实都可以从现有证据中推导出来，史学家也不一定会这么做。他们的兴趣受限于人的过去，但不会关心这些全部，因为他们要进一步在这些数据中选择，挑出可以根据某些解读或理论来加以组织的部分。于是一个历史的合辑是对假定的过去事实进行的高度选择性解释。一般意义上理论对于所有阶段的历史编撰纂都至关重要。（p.23）

换言之，所有历史学家都用一些理论或概念框架来帮助和指引他们选择材料来书写历史。

于是伯克霍福（1969）解释道，因为人们的观点、关于人的理论以及社会都一直在变化，对任何既定对象的历史解释也会变化。

> 历史在各个史学家的时代必须且的确时常被重写，其原因现在显而易见。生产历史的任何一步假定了某种关于人和社会的理论框架，当特定史学家自己所处的社会中关于人和社会的概念发生改变后，这些就会相应地做出变化。（p.24）

例如，若伯克霍福现在书写历史，他很可能会在“他们受限于男性的过去（man' s past）”这句话中增加“和女性”这样的说法，于是就变成“他/她们受限于自己对男性与
213 女性过去的兴趣”。这源自于女性主义思想对当代史学家和其他学者的影响。还有其他影响与史学家受到的训练和自身背景有关。

皮特·斯特恩斯（Peter N. Stearns，1998）讨论了史学家所做之事和他们所发展出的技能，他认为史学家应当具备下列能力：

评估证据的能力。历史研究赖以构建经验的方式是评估证据，他们评估的是那部分用来具现最准确的过去图景的证据……学会合并不同类型的证据使人能够提出连贯的论证，这些证据包括如公文、私人记录、数字资料、图像材料等。

评估对立解释的能力。学习历史意味着拥有一种能力，对各不相同、有时甚至彼此冲突的解释加以整理。理解社会运作是历史研究的一个核心目的。我们理解社会运作本就是不精确的，它同样也适用于理解当下发生的事。学会识别和评估彼此冲突的解释是一项必备的公民技能，而历史作为一个常受质疑的人类经验试验场给我们提供了相应训练。

评估既往变迁的相关经验。熟悉如何评估过去变迁对于理解如今社会的改变至关重要，它是在我们经常说的"变幻无常的世界"里必备的一项技能。因为，有些改变实质上比其他改变重要得多，分析变迁就表示你有能力判断变化的程度及其重要性。用过去的案例来比较特定变化有助于学历史的学生开发这种能力。学习历史能带来识别连续性的能力，这种连续性甚至时常是与最为激烈的变化相伴的，凭借这种能力可以判断出可能导致变化的原因。（"一个历史学生需要发展哪些能力？"）

一个关于历史分析的小短剧

大审判官：	要完蛋了！我已经有一千年没有折磨任何人，也没有把谁放在拷问台上过了。我特别喜欢焚烧女巫！
阿瑟：	你想念过去了，是吧？
大审判官：	是啊。我们在宗教法庭那段时期做过很棒的调查。我们发现了很多不自知的异教分子。调查是多么重要啊。 214
阿瑟：	对你和你的同伴们来说，有句话值得考虑："今天是异教分子，明天可不一定还是！"
大审判官：	你是在讽刺我吗？陀思妥耶夫斯基可从来都不这么对待我。在《卡拉马佐夫兄弟》那本书里，我可是"举足轻重"的。
阿瑟：	那我向你道歉，虽然我打心底里不想这么做。不过，请记住，要不是牛顿发现了万有引力，你连"轻重"的规律都不懂呢！

❖ 史学：元学科还是专业学科？

史学家可以研究任何东西吗？历史学是像修辞学那样的涵盖一切的元学科吗？它研究的时间推移中的过去与变化可应用到所有学科吗？还是说，特定的专业应该有特定的历史？如果后者成立，那么，哲学史就应该由哲学家来写，科学史应该让科学家来写，政治理论史则是政治理论家的事。

把握这种困境的不同方式是从训练史学家的角度提出下列问题：我们是教想成为史学家的学生特定的方法论，并让他们专精自己想学的领域呢，还是我们找到一些专家，然后教给他们历史学方法？这是个问题，因为我们对历史的理解是一直变化的，历史学领域现在比曾经的定义“关于过去政治的研究”（the study of past politics）要更宽广。该定义的推论是把政治定义为“当代史”。

元学科（Metadiscipline）	专业化学科
在历史中得到训练	在一个专业学科中得到训练
讨论任何领域	只讨论自己领域的问题
可能缺少知识	可能缺少工具

215 你可以从这个表中看到两种观点都有问题。我们发现，很多时候一些领域内具备专业知识的人学习历史并将其运用到特定领域中可以说是融合了这两种方向的。

❖ 历史是客观的、主观的，抑或二者兼有？

数据侠

很多人认为历史是客观的，它只基于事实。这种观点暗指的是，史学家告诉我们过去发生的事，以及事情是怎样随着时间流逝变化的。简单来说，就是提供一个基于事实的年表。

毫无疑问，史学家的著作确实以他们所认为的事实为基础。毕竟史学家不是在写小说。但是，即便所有史学家都只根据事实性材料撰写历史，也显然不能囊括所有相关的事实。他们不得不从自己占有的材料中进行选择，选出那些自己认为是最重要、最惊人的事实，即历史事件。

于是，历史必然基于选择，必然涉及阐释。所以，即使在写同一个主题，史学家们也会有所差异。在前面引用过的文章里，伯克霍福（1969）提到，同一位史学家的写作也会发生变化，一旦发展出新概念和新理论，史学家的阐释也会改变。本章开头引用了
法国史学家费尔南·布罗代尔的著作，他建议史学家考虑日常生活，或曰普通男女在历 216
史中的重要性，更新了史学阐释（下文会再次提到他的理论）。

在任何时期，不同类型的史学家经常在如何书写某个主题上各执一词，关于其中孰轻孰重，这些人在理论、方法论和信念上大不相同。马克思主义史学家关注如经济体系、阶级体系、帝国主义、统治阶级控制媒介、异化和其他源自马克思及同类思想家的主题。那些心理分析倾向的史学家则撰写重要人物的心理动态史，关注主要研究对象的家庭、性格和其他相似主题。以美国前总统尼克松为例，他是若干心理动态史的研究对象，这些研究试图从心理构成和心理问题来解释他的职业生涯。

历史学家过去最常关注的是重要的军事和政治人物，而较少留意“普通人”和日常生活，也不太关心文化情境、艺术品，以及其他看似微不足道的内容。近年来，随着费尔南·布罗代尔领衔的年鉴学派影响力日益广泛，很多历史学家开始思考诸如农民种植的特定作物的增长、面包的消费，以及类似话题。这些似乎平常琐碎的主题提供了关于过去的重要信息，它们在解释大规模移民的原因上，比皇室生活中的事件和议会决定更有解释力。

❖ 历史研究的类型

费弗（G. Phifer）著有《历史的路径》一文（收入在C. W. Dow主编的《研究生演讲和戏剧学习入门》一书之中），他提出了历史研究的七种类型，我稍作修改如下：

1. 传记研究，它关注重要人物的生活和心理。
2. 运动史和思想史研究，它追溯政治、社会和经济思想与运动的发展。
3. 区域史研究，它关注特定城市、国家、民族和地区的历史。
4. 制度史研究，它关注特定组织机构的历史。 217
5. 历史个案研究，它关注某一事件的种种社会因素。
6. 主题性历史研究，它关注各种复杂进程中共有的某一特定因素。
7. 文献编纂，它翻译或汇总历史文献。

史学家也有很多种类型。思想史学家一般对各种思想如何影响历史感兴趣，他们关注重要思想家、作家、艺术家和政治人物的观念和理论，以及这些人的信念是如何影响普通人的。传记史学家关注大人物的生活，例如很多史学家都写过美国联邦调查局局长埃德加·胡佛（Edgar Hoover）这个高深莫测、内心复杂的人。另外，量化史学家利用统计和其他数字数据来树立论点。

试用医疗来打个比方。我们发现，很多类型的医疗专家（尤其是老资格专家）对一个症状的理解和治疗都会产生分歧。即便是相同类型的专家（例如都是神经学家，或都是泌尿科医师）也经常会对如何处理一个医学问题见解相异。这就是为什么很多人求医时要“再找个医生看看”（get a second opinion）。在史学研究里，如果你不接受某个特定解释，你可以“再找个史学家看看”。我还想补充一句，各个领域的研究者对很多事有不同观点，就像我某处提到过的，就算对同一个统计数据，经济学家也会有不同解释。

❖ 历史书写的问题

我们发现，还有另一个复杂的因素影响历史研究的方法，它与历史学家的书写方式有关。一般来说，他们拿到自己搜集的材料，然后编排成一个叙事（即讲一个故事）。这些材料包括一手数据，如报纸文章、日记和刊物里的记录、政府机构的数据等，也包括二手数据，如重要人物的陈述、学术书刊里的材料、自传和传记、哲学家与艺术家等人的观点。

218

一手资料	二手资料
报纸文章	其他史学家的文章
日记档案	学者专著和文章
官方数据	哲学家和其他思想家的观点
言语谈话	社论
访谈	评论
自传	传记
关于某人的录影	流行文化和大众媒介

现在，史学家使用的所有材料都可能遭到质疑。如数据/资料，研究者搜集的方式可能会出错。在回答问卷时，人们会有偏见或撒谎。报纸里也满是疏漏，学术书刊也同样会犯错。写自传的人会倾向于呈现生涯中的积极一面，而忽略负面部分。不管从哪方面看，搜集和解释历史资料都存在一些问题。

史学家在讲故事和叙事时也存在一些问题，这是因为叙事本身存在局限性。在事实准确之外，史学家想让自己的书有趣、连贯、文风时髦。他们还想给自己的作品增加一些戏剧化和悬念成分。于是，为了让材料变成叙事，就可能带来简化、夸张或者偏离事实的情况。我认为，史学家们在叙事时，往往不认为历史书写的要求在某种程度上形塑了他们的认知。如果他们是正统的史学家，会尽力让自己公正客观，不故意歪曲。当然，也有某些史学家十分意识形态化，他们曲解故事，甚至杜撰历史，使其符合自己的意识形态观念。

史学家们也不会察觉自己常是简化论者，常把复杂的事情过度简化。一种常见的研究倾向是，在解释行为和过程时，过于严格地依赖某些概念和因变量。简化主义的倾向就是，基于研究者的认知前提和学科方向，在分析中使用某一些要素，而不用其他要素。

❖ 意义的问题 219

史学家们需要发现一些模式来让人类行为变得有意义。就某类主题任意组合事实说明不了什么问题，简单的年表也一样。问题在于是史学家们给自己探讨的材料强加了一个模式（因为他们的理论事关如何解释历史资料和其他材料）呢，还是他们从材料中解析出了一个模式——或者更明确地说，是他们在材料中发现了一个模式呢？史学家们是把自己构想出的理论强加到过去事件上以此解释所发生之事的独创性思考者吗？还是说他们是才华横溢的分析者，发现过去事件里的模式，并借此解释这些事件？

这个问题类似于对结构主义批评家的争论，这些人解释文学作品、电影、电视节目、影像和其他文本。关于他们所做之事一般存在两种观点：一种是这都是“骗局”（hocus-pocus），结构主义批评把自己创造的结构强加给文本。另一种认为有“绝对真理”（God’s truth），结构主义批评机敏地洞察到隐藏在这些内容中的隐藏结构。下面的表格说明了二者的差异，它同样适用于对史学的理解。

绝对真理	骗局（变戏法）
发现文本中的内容	给文本强加某种结构
从历史中发现模式	给历史强加某种模式
理论帮助发现模式	理论创造模式

史学帮助我们发现过往事件的意义，为此史学家们需要找到模式来组织材料。在读史学作品时，我们需要考虑史学家们写到的这些模式是发现的还是强加的。换言之，事实并非不言自明。事实必须置于某种视角下才能获得阐释。构建视角的过程需要借助某些理论，以此解释社会是如何运行的。

❖ 历史分期

将过去划分成不同时期是史学家用以理解事情的另一种方法。因此，历史系会开
220 设古代史、中世纪史、现代史和当代史等课程。除了这些非常宽泛的分期，史学家经常
使用更短的时间段，如世纪、年代来分期。例如，在美国史中，史学家以不同年代区分
美国文化、政治思想和社会实践，例如“欢乐的90年代”（Gay Nineties）或“喧嚣的20
年代”（Roaring Twenties）。

年代	典型特征
1920s	强盗式资本家的年代（Era of the robber barons）
1930s	大萧条年代（The Depression years）
1940s	二战与战后年代（World War II and postwar period）
1950s	艾森豪威尔的稳定期（Eisenhower stability）
1960s	后越南时期：花童与嬉皮士年代（Post-Vietnam: Flower children and hippies）
1970s	安静的十年（The Quiet Decade）
1980s	里根时代，即以自我为中心的时代（Reagan years, Me Decade）
1990s	X一代（Generation Xers）
2000s	Z一代：互联网一代（Generation Z: Internet generation）
2010s	一切与我无关的一代（Aught generation）？

一些史学家认为，每一个年代都与其他年代不同，每一个年代都可以用主流思想、社会实践、经济状况、艺术风格和流行时尚等来描绘。

这些观点往往会普及到社会中去。报纸经常会采用类似话语来描述社会趋势，如"重返50年代"或者"1960年代当代美国文化的冲击"。当然，史学家常常在如何总结年代特性上存在分歧，不过我已经提供了一些每个年代的基本描绘。我们没必要认为这些年代都始于那年代的1月1日，终于12月31日，它们常常是有一定重合的。

我们很自然地用关于过去的知识来理解现在，因为我们相信过去对现在有影响。这是史学教给我们的一点。不过，过去如何影响现在，与过去会对未来产生何种影响，是两码事。从某种程度上说，未来社会思想的发展会形塑史学家的意识，所以我们也可以认为，当我们学着解释和理解过去时，未来也会影响过去。

❖ 鲍德里亚与詹姆逊的后现代主义 221

弗雷德里克·詹姆逊，一位重要的后现代主义理论家

后现代主义（Postmodernism）也建立在时代的观念之上。后现代主义这个词语暗指它在现代主义"之后"，"不同于"现代主义。这是专业术语探讨的话题，不过我们在此谈一些后现代主义与媒介大有助益。对后现代主义的定义和理解有很多，不过大多数后现代理论家都认为，它与大众媒介的兴起，以及法国学者让·鲍德里亚（Jean Baudrillard）所说的"模拟"（simulations）和"超真实"（hyperreality）有关。对鲍德里亚来说，媒介与仿造的形象取代了制造业，成为社会的基本组织方式。

斯蒂芬·百思特和道格拉斯·凯尔纳在《后现代理论：批判性的质疑》（Steven Best & Douglas Kellner, *Postmodern Theory: Critical Interrogations*, 1991）里如是说：

> 对于鲍德里亚来说，迪斯尼世界里的"美国"形象，比其自身社会实体更加真实，

因为美国正变得越来越像迪士尼世界。……对于鲍德里亚来说，超真实是一种社会境况，其中形象取代了真实，例如理想家庭存在于女性杂志或生活杂志里，而理想的性存在于性爱指南之中。(p.119)

弗雷德里克·詹姆逊是另一个重要的后现代主义理论家。他在《后现代主义，或晚期资本主义的文化逻辑》（Fredric Jameson，1991）中探讨了后现代主义对媒介和文化的影响。他是这样探讨后现代文化特征的：

这是一整套伪劣和媚俗的“退化”（degrade）景象，展现在电视剧与《读者文

222 摘》文化中，展现在广告与汽车旅馆中，展现在晚间秀和好莱坞B级电影中，展现在所谓的“准文学”（paraliterature）中，包括那些在机场售卖的平装本图书，如哥特小说、浪漫小说、流行传记、谋杀推理小说，乃至科幻或玄幻小说。(pp.2–3)

詹姆逊认为后现代主义仅是用新名义服务于资本主义的一种新形式，它与消费者文化的发展有直接关系。

❖ 后现代主义与历史学

后现代主义思想与我们对历史书写的兴趣是相关的。对一些后现代主义者来说，史学将要终结，因为我们不再认为，历史需要“元学科”。吉奥尼·瓦蒂默（Gianni Vattimo）的一篇文章名为《历史学（故事）的终结》（“The End of (Hi)story”），收入英格博格·赫斯特赖（Ingeborg Hoesterey）的《巴别塔里的时代精神：后现代主义的争论》一书中。他在讨论后现代主义理论时，这样解释道：

如果这个概念果真有某种内涵，它一定会被描述为与历史学的终结有关。被完结之物不仅仅是一种特定的历史学观点（或者一系列观点），它也是历史本身。如果使我们可以思考历史的元学科/元叙述[①][metarécits (metadisciplines)]作为统一进程

① récit意为叙述，但后面标示的metadisciplines意为元学科，故此处同时译为元叙述和元学科。——译者注

> 被驳倒，那么像利奥塔尔假想的那样，历史学自身也就不可能存在了。想象一下，不管我们对过去常相信的那个元叙述是怎么想的，历史作为一个事件进程持续推进，这相当于假定那个设想历史是客观事件进程的元叙述仍未瓦解。换言之，将历史进程等同于统一和连续的事件进程，它就不单是一个元叙述，还是对历史现实的真实描述。这正是元叙述曾经所声称的，同时也是后现代主义意识不再笃信的。此外，这不仅仅是像利奥塔尔这样的后现代主义理论家的一个夸张观点，近来的历史编撰理论也明确提出我们重构过去的方案所具有的“修辞”(rhetorical)特征，如怀特(H. White)的元历史研究(the“metahistorical” research)。(p.134)

瓦蒂默所说明的是，后现代主义合乎逻辑地指出，历史学是关于秩序和连续性的学科——这种历史书写所根据的元叙述——是如何不再成立的。生活在继续，但关于历史的观念告诉我们，不要再相信发生过的事是纯客观的。现在我们需要以不同的方 223
式来看待史学断言。

❖ 历史路径与比较路径

我想提出一个稍微简化的观点，来厘清历史研究和比较研究在方法上的差异。现实中，两者并不一定是对立的。历史学的目的在于探讨过去及其历时的变化，而比较分析是要讨论不同空间下的变化，例如探讨美国宪法与其他国家(如日本)宪法的不同，或者比较美国革命与法国革命的不同。研究迪士尼乐园时，历史路径会探讨其历年来的演变，而比较路径则分别讨论美国和法国的迪士尼乐园、美国和日本的迪士尼乐园，或同时讨论三者。

下表是我提供的两种路径对比。

历史路径	比较路径
长期变迁	空间差异
之前与之后	这里与那里
有关迪士尼乐园的早期文章与之后的文章	有关美国、法国和日本的迪士尼乐园的文章

像索绪尔说的一样，由于我们对概念的理解不同，我们可以在时间和空间维度中择其一开展研究。不过，在做研究时，史学家们同时探讨两个维度也未尝不可，能够以此探寻在不同空间下的历时性变化。前面提及过的伟大史学家费尔南·布罗代尔就同时开展历史研究和比较研究，这使得他的作品更为充实。

❖ 历史是一门艺术，而非一种科学

很多学者把历史看作一门艺术而非一种科学。起初，历史是由很多业余爱好者书
224 写的，换言之，人们并不在大学里获得史学家的训练，而只是有时候涉足于讨论事件结果，或者只是对撰写这些事件感兴趣。现在，历史学要专业化得多，多数史学家都在大学里开展研究、教授历史课程，有时参与历史编撰，使其成为一门史学家的艺术。有些史学家现在利用量化方法，把科学方法融汇到自己的研究中，从而把历史看作一门社会科学，而不是一门艺术或人文科学。因此，关于如何开展史学研究、如何书写历史，史学家们之间存在相当多的分歧。

❖ 进行历史研究

所以，这对你来说意味着什么？如果你把下列问题牢记于心，就会在开展研究时有所指导。

你可以缩小自己的关注点吗？你是否缩小了研究主题，以便于自己能在可支配的时间和所要求的篇幅内探讨它？具体而言，15页的篇幅，你可能没法讲透“电视新闻史”这样宏大的话题，但你可以讨论某个像《60分钟》一样的新闻节目的历史，而它并不会显得肤浅。

你可以找到一手和二手资料吗？你或许会对一些非常引人关注的话题感兴趣，但你不一定能获得有关的信息，即便有互联网。所以你不得不仔细地选择研究主题，确保自己能拿到一手资料（录音、数据、访谈和统计数据）和二手资料（学术或其他文献）。

你的原始资料可靠吗？所有史学家都会面临这个问题。我们知道，在获取一手数据时，接受访谈的人可能会基于不同原因而撒谎。同样，写关于自己文章的人也会渲染发

生的事，或者给记者或其他访谈者提供有偏见的、以偏概全的说法。你要时时考虑自己资料的可靠性。一个应对方法是寻找旁证，看看相同主题的其他资料是否说法一致。

你引用的权威内容可靠吗？我前面提到过，史学家们之间常有分歧。所以如果你引用了一些史学家的观点，你能保证他们是正确的吗？如果你从一手资料里引用了书面材料，即那些牵涉到某一个事件的内容，你能确保人们是在说真话吗？同时收集一手 225
资料和二手资料是个好办法，即，找到可以给你细节性一手信息的人（但记住要保持怀疑），同时找一些史学家所写的可以提供观点和背景的二手内容。还有，如果你可以找到一些记述特定事件的一手资料，看看是否彼此一致。例如，关于水门事件，已有各种各样的书籍和文章发表，包括曾跟尼克松一起在白宫里工作的人写的，尼克松自己写的，记者写的，也包括研究此事的史学家们写的。通过权衡一手和二手资料，你或许会找到其中比较一致的故事。

你在使用哪些历史概念或理论？你或许没有意识到你在使用概念或史学理论，但当你书写历史时，你不得不找一个组织原则来告诉你什么材料是好的，什么不是，你应该关注什么而不需要关注什么，你用的史学概念或理论是什么。

> 历史是对进程的记录。
>
> 历史是对阶级冲突的研究。
>
> 历史是无稽之谈！
>
> 历史是大人物们的故事。
>
> 历史是对日常生活的研究。

某一事物在其中意味着什么？想象一下你在研究1999年世界职业棒球大赛的电视转播方式，将其作为“媒介研究”的选题，你找到了这个大赛的资料，包括报纸、运动杂志、学术期刊、社会和心理学家写的书。你也搜集到了参加大赛的运动员、电视制作者、媒介批评家和其他直接或间接参与赛事的人们所提供的叙述。你也许还有该赛事的影像记录。

作为一名史学家，你的工作不仅是描述电视转播的世界职业棒球大赛，以及转播引起的争议，还应探讨这个大赛及其转播方式是如何反映美国社会和文化的。你不仅要描述和解释电视转播的形式，还要思索其经济、社会和文化意义，即，你认为这个事

226 件存在的意义。但是，确保使用准确的语言说清你是在提出假设还是在提出阐释或提出观点，而不是把你的推测当成"事实"来提出。好的史学家总会把事实与对事实的阐释分得很清楚。

它的影响是什么? 回到1999年世界职业棒球大赛的电视转播这个例子，在思索这一事件的意义之外，还应考虑它对于各个层面的影响，包括棒球运动、对职业运动的态度、棒球队老板、电视网、美国社会和文化，乃至其他国家的人。之所以要这么做，是因为史学家的一个任务正是评估历史事件对我们当前的生活和社会的影响。

❖ 历史分析：应用与练习

1. 找一些关于史学家阿诺德·汤因比（Arnold Toynbee）作品的书评，比较报纸杂志和学术刊物上的这些书评。关于汤因比作为史学家的地位，两类出版物有什么不同的观点？
2. 研究一下历史分析的新趋势。近些年来，史学家们提出了什么新的路径？为什么他们会提出这些路径？
3. 后现代主义是如何影响历史研究的？找到探讨这个主题的学术书籍和期刊，报告你学到的内容，并附上你找到资料的首页。
4. 对一家报纸连载四格漫画进行历时性的内容分析，看看它发生过什么样的变化。可以选择那些20世纪40年代开始连载的四格漫画，如《至尊神探》（*Dick Tracy*）、《莱尔·艾布纳》（*Li 'l Abner*）、《蝙蝠侠》（*Batman*），或者《超人》（*Superman*），也可以选择当代漫画英雄如《蜘蛛侠》（*Spider-man*）。看看这些漫画的改变反映了什么样的美国社会文化变迁？

❖ 结论

当研究者描述研究对象和解释研究发现时，都会涉及历史的维度。在某种意义上，
227 当我们撰写过去时，无论我们记述的是遥远的往事（国王与战争），或是新近的过去（我们做的实验），都离不开历史。我们可以从史学家那里学到很多重要的品质，例如力图准确、善于组织、符合逻辑，以及确保诚实。如雅克·巴尔赞和亨利·格拉夫在其

稍显久远却依然出色的作品《现代研究者》(Jacques Barzun & Henry F. Graff, 1957)中所说：

> 从源于古文物研究的历史学之中，当今世界得到了脚注、引用和参考文献等，它们变成了通用的工具，甚至可以说成为家喻户晓的词语。从哲学家和史学家对文本的历史研究中，写作者们学会了筛查证据、平衡证词、证实断言。……无论目的为何，一份报告总是历史性的，且必须是历史性的。在它报道事实时，也就解释了过去。(p.5)

史学家们为研究者提供了很多基本的寻找事实和记录事实的方法。我们从一流的史学家那里学到的另一个重要的方面是，在记录我们的发现时要注意自己的写法。我们创造出的新研究方法不会取代历史的视角，而是建立在其基础上。在写报告时，我们是在书写有关自己的活动和发现的短期微历史(short-term microhistories)，并使用这种素材来思考现在或未来(或者二者都有)。不管是给研究背景构建一种语境意识，还是在探讨其他相似的研究时，我们都离不开历史的维度。

❖ 延伸阅读

Appleby, J.(with Jacob, M.).(1994). *Telling the truth about history.* New York, NY:Norton.

Barzun, J.,&Graff, H. E.(1992) *The modern researcher*(5th ed.). New York, NY: Thomson Learning.

Benjamin, J. R.(1998). *A student's guide to history*(7th ed.). Boston, MA: Bedford.

Berkhofer, R. F., Jr.(1969). *A behavioral approach to historical analysis.* New York, NY:Free Press.

Breisach, E.(1995). *Historiography: Ancient, medieval and modern*(2nd ed.). Chicago, IL: University of Chicago Press.

Foucault, M.(1973). *Madness and civilization: A history of insanity in the age of reason*(R. Howard, Trans.). New York, NY: Vintage.

Gilderhus, M. T.(2009). *History and historians: A historiographical introduction*(7th 228 ed.). Upper Saddle River, NJ: Prentice-Hall.

Godfrey, D. G.(2005). *Methods of historical analysis in electronic media*. London, UK: Routledge.

Hoesterey, I.(1991). *Zeitgeist in Babel: The postmodernist controversy*. Bloomington: Indiana University Press.

Howell, M. C.,&Prevenier, W.(2001). *From reliable sources: An introduction to historical method*. Ithaca, NY: Cornell University Press.

Iggers, G. G.(1997). *Historiography in the twentieth century: From scientific objectivity to the postmodern challenge*. Middletown, CT: Wesleyan University Press.

Noble, D.(1965). *Historians against history*. Minneapolis: University of Minnesota Press.

Phifer, G.(1961). The historical approach. In C. W. Dow(Ed.), *An introduction to graduate study in speech and theatre*. East Lansing: Michigan State University Press.

Startt, D.(2003). *Historical methods in mass communication*. San Ramon, CA: Vision Press.

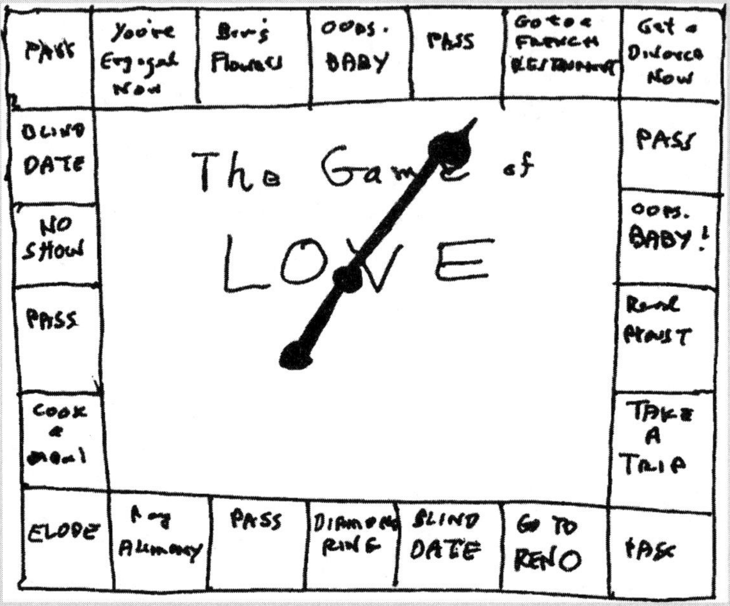

爱的游戏

文化研究的常人方法学的重点在于……强调研究者不应该尝试解释人们生活的世界的意义，而要试着走进他/她们的思想。我们认为意义的阐释是在日常生活场景互动中特有的一种活动：我们看别人所做的事，推断其基本的“意思”和“想法”，然后根据自己的理解作出反应。常人方法学的基本信条是，研究者不能与外行人(laypeople)抢着解释他们的意思；研究者不应该尝试提供事情“真正”意义的终极解释。相反，常人方法学研究者关注的是人们随日常生活而来的阐释方法和规则。顾名思义，常人方法学关注大众阐释的“常人的方法”(ethno-methods)。其研究对象包括可观察的、具体的、人体化的社会活动，这些活动由行动者在日常生活情境和实践中阐释，也包括能够在日常生活情境中实践的社会活动。

——佩尔蒂·阿拉苏塔里(Pertti Alasuutari)，《质化研究方法与文化研究》(1995, p.36))

10

常人方法学研究 231

第10章 核心问题

- 如何定义常人方法学(ethnomethodology[①])?
- 从德克·冯雷恩的讨论中,我们可以学到有关常人方法学的哪些内容?
- 加芬克尔对自己的学生做了什么样的实验?
- 如何将常人方法学应用于媒介与传播研究中?
- 隐喻是如何反映我们心智的?
- "爱情是一个游戏"的隐喻指的是什么?
- 关于大臣的笑话里破坏了什么编码?
- 45个幽默技巧中,哪些可以在关于大臣的笑话中找到?
- 如何在传播研究中使用常人方法学?

常人方法学研究是最有趣的,也是最麻烦的研究类型之一,原因之一是我们不太 232
容易对它进行定义。它没有很多夸大的叙述,也没有人确切说常人方法学是什么。另一个原因是有些学者认为它的发现很有趣但不够重大,因为它处理的是些琐碎的问题。

① 亦译为常人方法论、俗民方法学、常人名族志、人种方法论等。——译者注

❖ 常人方法学的定义

常人方法学这个术语由著名社会学家哈罗德·加芬克尔（Harold Garfinkel）提出。在“常人方法学术语起源”一文（根据一个该主题讨论会录音整理而成）中，他解释了自己是怎么想到这个名字的：

> “民族”（ethno）这个前缀，似乎暗指在一个社会中，成员对其常识性知识多有涉猎，以至于“习以为常”。例如，谈到“民族植物学”（ethnobotany），就涉及这个社会的成员是如何知晓和领会整个社会处理植物问题之道的。而对于来自其他社会的外来者，例如一个考古学者，只会意识到这是“植物问题”。这个社会成员则立足于民族植物学这一坚实根基，进行推断、采取行动，与自己的同胞做类似的事情。说白了，“常人方法学”这个概念或者说术语，就是在这个意义上产生的。（转引自特纳，1974，pp.16–17）

加芬克尔在这一段中提出了一系列关于常人方法学的观点。我参考了他的其他作品以及其他学者的内容，试总结如下：

- 常人方法学的关注点是人们社会的“常识性”知识。
- 常人方法学的兴趣是人们“进行推断的坚实根基”。
- 常人方法学关注人们如何与同类者采取相一致的行动。
- 常人方法学研究者对研究日常生活感兴趣，而其他社会学家们往往忽略它。
- 233 常人方法学研究者对人们如何理解事物格外关注，这说明，他/她们并不提供自己的阐释，而是找寻当事人理解事情的方式以及做这些事情的意义，特别是其谈话和行动。

所以，常人方法学感兴趣的是，人们在日常生活情境中是怎么思考与怎么行动的，而其他方法，如实验室或焦点小组访谈等，把研究者放在另一种情境中，研究对象能觉察自己正在被研究。“常识”变成调查的对象，而不仅仅是一个被其他关注点所忽略的“基本事实”。

这些常人方法学的兴趣对于广告学有一些启示，使广告主能知道人们如何理解生活的世界和他们如何对“平常的”诉求作出反应。广告者希望能“达到”部分目标人群并影响他们，这意味着广告者想知道人们的“推断的理由”。因此，常人方法学在制作商业广告和印刷广告品时能够提供很多启示。

常人方法学假定人们有一些共同的理解——它们不总是说出来。这使得学者们能验证人们是如何推理的，他们日常生活行为的背后是什么。找到这些相同的理解或判断人们如何推理并不容易。

1967年，加芬克尔出版了《常人方法学研究》论文集，其中提供了另外几个常人民族志的定义。例如：

> 接下来的研究希望将实践行动、实践状况和实践的社会推理看作经验研究的主题，通过关注日常生活中最司空见惯的事件，把对记录特别事件的关注当作有自身特点的现象来学习。（p.1）

在文章《日常生活行动的惯例基础研究》（1967）中，加芬克尔在稍有差异的术语下提出了相同观点。

> 尽管社会学家把日常生活场景的社会结构作为一个重要出发点来研究，作为凭本身条件的社会学调查的一项任务，他们很少看到任一种常识世界是怎样成为可能的……作为一个主题和服务于社会调查的方法论基础，尽管日常生活的常识世界适合作为一个社会学调查项目，其定义却被忽略了。我这篇文章的目标是通过报告一系列研 234
> 究来敦促对它的“再发现”，展示与将常识活动看作从自身条件生发出一个调查主题的社会学调查的本质关联。（p.36）

这些引语告诉我们，常人方法学的研究，包括以下最重要的任务：

- 定义日常生活的常识世界。
- 展示日常生活行动与社会学理论的关系。
- 重新发现人们常识世界的重要性。

研究者并不试着阐释日常生活行动的意义，相反，他/她们要找到人们理解自己和他人说话的规则和编码，以此来理解世界。

因此，常人方法学关注言语和谈话。在大卫·迪肯、迈克·皮克林、彼得·戈尔丁和格拉汉姆·默多克的《研究传播：媒介与传播分析方法的实践指南》（David Deacon, Michael Pickering, Peter Golding & Graham Murdock, 1999）中是这样描述的：

> 会话分析在20世纪60年代在哈维·扎克（Harvey Sack）及其同事的研究中被开辟出来，它与名为常人方法学的微观社会学分析十分相近……在这种相近性下，会话分析可以说最关心常规社会背景下有意义的行为。具体说，它关注说话是如何展开并使人们之间得以互动的。（P.305）

常人方法学最感兴趣的，就是在会话中发现的编码和观念系统。

一个有关常人方法学分析的小短剧

大审判官：	29–35–25–29–2
阿瑟：	（大笑）我从来没听过这个笑话。好好笑啊！
大审判官：	那29–35–18–19–1呢？
235 阿瑟：	（大笑）我喜欢那个关于犹太祭司和大臣妻子的笑话。
大审判官：	你不觉得把笑话归纳为公式很荒诞吗？
阿瑟：	一点也不，让我给你说个笑话吧。喜剧演员们每年都有一个会议。因为他们知道全世界的笑话，在说故事时他们把这些都压缩成数字。一个喜剧演员在聚会的大厅里站起来叫道："24–16–3–44！"没有人笑。站在大厅后排的一个喜剧演员俯身跟朋友说："他从来都不会讲笑话。"
大审判官：	我认输。

❖ 加芬克尔巧妙又戏谑的研究

在"日常生活行动的惯例基础研究"这一章中，加芬克尔（1967）说他喜欢找人们日常生活的熟悉场景来问"做什么事会扰乱这些场景"（p.37）。他让自己的学生做一些在日常生活中（与朋友谈话，在家里吃晚饭）会产生"混乱、恐慌和混淆"的行为；"做一些会产生社会结构性焦虑、羞愧、内疚和愤怒情感的行为；还有做一些无组织互动的行为”（pp. 37–38）。怎么做呢？原来做起来很简单。为什么他要做这些？因为他的小“实验”使得常人方法学研究者可以发现重要且有趣的人们相互关联的方式。

这些案例研究显示，日常生活这一重要的部分常被我们所忽视，而它们是理解人们如何生活、如何理解事物的丰富基础。如加芬克尔的学生们所展示的，我们的普遍认识和背景预判是如此地“天经地义”而牢固不破，以至于它不需要太多，当这些预判宣告失效的时候，就会导致各种类型的问题和困难。

让我来举一些例子。

澄清自己的论点。在一个实验里（广义上的实验），加芬克尔让学生们无论听到什么，都取其字面意义，要求对方澄清这一言辞。于是，当一个人说自己没精打采（had a flat tire）的时候，一个学生就问他，漏气的轮胎（a flat tire）指的是什么。对方立刻乱了方寸。另一个例子是，某学生的一个朋友问，你女朋友咋样？学生回答说，你问的是身体上咋样还是心理上咋样？那个朋友很不高兴，转向了另一个话题。 236

在家的时候，伪装成寄宿生。在这个实验里，加芬克尔让自己的49个学生花15—60分钟在家里扮演一个寄宿生。即，他们要非常谨慎和礼貌，避免变得个人化，要用正式用语，直到有人和他们讲话才能讲话。

其中80%的案例里，学生的家庭成员们“目瞪口呆”“惊讶不已”，并试着去解释学生们的奇怪行为。一些人认为学生们学习太用功了，或者是他们病了，又或者是他们与男朋友或女朋友分手了，诸如此类。一部分家庭成员对此很生气。

家庭成员作出这些反应的原因是，这些学生的正常行为是（一般人们在家庭场景下）——想吃的时候吃零食、找吃的、在餐桌上占比其他人更大的空间、打断其他人的谈话，而这些行为不再继续时，学生们的家庭成员就会感到困惑。

这个实验显示，我们对某些行为习以为常，当某人的行为与他的个性不符时，我们会被扰乱。一个家庭的成员表现得像寄宿生，这打破了平静也违背了所有人的预判，即便其他家庭成员并未识别出这种行为是什么样的。我们可以用图像和背景来描述这种情况：当图像突然改变，它在预判的背景之下便十分突出，就变得很有问题。

描述自己的家人，但采用寄宿生的视角。在这个实验中，加芬克尔要求学生们假想自己是寄宿生，花15—60分钟待在家中（但是并不让他们扮演寄宿生）。他们要描述自己所看到的，仿佛自己对其中的家庭成员一无所知。他们只能描述自己观察到的，越客观越好，不能对所涉及之人的动机或者人们的行为礼仪作任何假设。

让学生们惊讶的是，他们发觉了家庭成员是如何在个人层面对待其他人的。加芬
237 克尔写道（1967）：

> 行为和感情的表露，完全不考虑是否给别人留下好的印象。在餐桌上毫无礼仪可言，家人之间很少会礼貌相待。……很多（学生）尴尬地意识到习惯性动作是怎样形成的，比如如何拿餐具、如何打开门，或者如何相互问候。很多人报告说，自己的态度很难保持下去，因为在这种态度之下争吵、斗嘴、敌意是如此显眼，却令人奇怪。（pp.45–46）

实际上，很多学生认为他们对家庭成员的描述是不真实的，他们的家人之间相处其实非常融洽、非常开心。

常人方法学是什么？

德克·冯雷恩

哈罗德·加芬克尔（1917–2011）在20世纪50年代提出了常人方法学这一方法，当时他在哈佛大学著名社会学家塔尔克特·帕森斯（Talcott Parsons）门下攻读博士。那时帕森斯正在构建一套社会学的“宏大理论”，即可以解释所有社会现象的理论。在这个项目中，帕森斯希望社会学能与其他学科的研究方法和研究程序相结合。加芬克尔在哈佛学习时，经常去纽约与阿尔弗雷德·舒茨（Alfred Schutz）碰面，一起探讨如何从现象学角度理解社会生活。舒茨的现象学分析试图了解人们对世界的直接体验。他建议社会学家不要用抽象概念和模式过滤资料，而是通过开展研究直接理解研究对象在社会生活中的经验。舒茨想要发展出一种社会科学，以揭示人们体验世界时的结构（舒茨和卢克曼，1974）。

在加芬克尔的博士论文中，他比较分析了帕森斯和舒茨的社会科学视角，以此
238 发展出了自己的“社会学观点”，这就是很多年后为人熟知的常人方法学（加芬克尔，2006）。直到加芬克尔的经典著作《常人方法学研究》（1967）发表之后，常人方法学这个术语作为一种考察人们日常生活的社会学观点，才为人所熟知。这本书包含一系列文章，它们探讨了常人方法学与传统社会学的差异，展示了加芬克尔社会学视角的研究，其中一些很早就发表在学术刊物上，却未得到足够回应。（冯雷恩，2014）

自20世纪50年代至今，常人方法学已有所发展，但其大多数特征仍然维持下来，使其与其他“传统的”社会学仍旧有所区别。加芬克尔关于陪审团商议的研究就展示了常人方法学的视角变化。他与同事索尔·门洛沃茨（Saul Mendlovitz）录下陪审团决议场景作为分析资料。传统社会学家可能使用一个框架或理论来进行分析，但加芬克尔他们决定从资料出发，研究录影里参与者的行为组织方式。他们尤其感兴趣的是辩论的形式和参与者们采用的知识和理论，这样，这段录音就能被识别出是陪审协商，而不仅仅是小群体的一场谈话。在1954年美国社会学协会的年会上，两位学者使用“常人方法学”一词描述了使陪审团商议得以实现的行为组织方式（冯雷恩，2014）。

关注特定方法成为常人方法学的核心特征，参与者用这些方法在可识别层面上产生“熟悉场景”，例如陪审团商议、大学讲座、排队等待、新闻采访、交通堵塞、舞蹈课、博物馆参观、医疗咨询，等等。这些熟悉场景的特性不能用抽象的社科理论来理解，分析它们需要一种结合自身与该场景参与者角度的社会学观点。于是有 239
些常人方法学研究者为了开展研究，需要获得特定场合中参与者的知识和能力，这些研究不仅走上学术期刊版面，也走向了与所研究主题相关的专业社群。大卫·沙德诺（David Sudnow，1979）分析了钢琴表演的时间线，艾瑞克·列文斯通（Eric Livingston，1986）研究了数学家的工作，肯·利伯曼（Ken Liberman，2007）则分析了藏语方言研究者。在研究这些各不相同的实践组织方式时，很多其他常人方法学研究者获得了特定专业需要的技能、知识和能力。

有些常人方法学研究者采取其他的途径，但方法上依然延续加芬克尔等在20世纪50年代开启的陪审团商议研究。他们以录音和录像资料中的谈话和互动作为主要研究材料，这种分析方式始于哈维·扎克的会话研究。扎克在20世纪50—60年代曾与加芬克尔有紧密的合作，但不幸在1975年因车祸去世。在他短暂的工作生涯中，扎克揭示了谈话的“连续性”组织规律。他的分析显示，一个话语（utterance）要想表达清楚，不是通过话语本身实现的，而是通过创造一个连续性语境来实现的。连续性语境（sequential context）指的是行动之间的关系。研究者考察一个行动是如何在直接回应之前的行为中产生的，这个行动又是如何提供了下一个行动产生的基础。（Heritage，1984）

数十年来，扎克的分析已经发展成为一项独特的社会科学分析——“会话分析”（Sack,1992; Schegloff, 2007）。20世纪80年代以来，一部分有会话分析背景的学者转而把音视频资料作为分析互动的主要资料。他们的研究经常把出发点放在调查参与者在互动之前的谈话、与事物和时间环境间的互动（包括身体动作）这些方面。通过这种途径，把身体、视觉和物质的行动都当作一个场景中组织话语的要素。于是
240 这些研究者解构行动的短序列，以揭示参与者在互动中如何达成关于一个行动或一个对象意义的共识，哪怕它仅是一瞬间的。

如今，常人方法学、会话分析和基于视频的互动研究已在全世界大学里广泛应用，成为社会学学生训练的重要组成部分。常人方法学不仅对社会学很重要，而且对科技研究和实践也有重要影响，甚至包括Xerox、PARC、Microsoft和Yahoo! 等重要科技公司在开发新系统和设备也用到了它。常人方法学分析同样可用于媒介研究，以探讨意义是如何通过“文本”生产出来的，以及受众是如何在阅读、观看和聆听“文本”时理解它们的。受众正是在剧院与博物馆、看报与看电视、使用移动设备等情况下接触媒介再现的。

❖ 在媒介与传播研究中使用常人方法学

我们怎样在媒介与传播研究中使用常人方法学呢？我们需要注意，常人方法学给了我们一种方法，它研究我们说话和日常生活行动的编码和无意识观念系统。我们可以通过提出常人方法学会问的相同问题来分析媒介中的对话，包括电影、电视节目、歌词和其他文本中的对话。

媒介对话分析与常人方法学所研究的真实生活的会话分析有不同之处。大众媒介文本是由作者所创作的，因此，从某种意义上来说，当我们分析影视或媒介文本中的对话时，我们是在探讨作者所感知的世界。然而，因为作者是为大众创作文本，因此必须与他们共享类似的感知和信念。我们可以假定，媒介中的对话与日常生活情境中的对话在进行此类分析时并无较大不同。

241 我们可以寻找那些无意识的、未被说明的背景性知识，此外还有反映在演员和作者（很多时候是作者团队）表达的对话、行动和典型行为当中的知识。比如《摩登家

庭》这样的情景喜剧并不是一个人完成的，有很多作者要为故事和台本出点子，但是我们必须假定这些作者与看这个节目的人对世界有着相同的感知。

纯粹的常人方法学研究与它的改编形式有些不同，前者由社会学家（和其他研究者如语言学家和心理学家）所进行，关注日常生活的常规，后者则利用电影、电视节目、歌曲和其他媒介形式来进行。

纯理论研究	应用性研究
日常生活	大众媒介文本
普通人	演员、歌手
常规的互动	脚本上的互动
寻找编码	寻找编码

尽管有很多不同，但二者目标一样，均致力于发现日常生活行为背后的背景性预判和编码。大众媒介文本或许有脚本上的互动，但是这些互动反映了脚本作者所进行的编码，这与人们在日常生活互动中的编码是相似的。

❖ 隐喻与动机

我在第三章里讨论过符号学，现在回到这个话题，以此讨论隐喻如何反映无意识的信念和态度，以及它们在我们思考过程中扮演的角色。哈佛商学院教授杰拉尔德·萨尔特曼探讨了营销者是如何使用隐喻发现人们的动机的。萨尔特曼（2003）这样写道：

> 很多领域的研究者开发了各种策略来挖掘无意识，并利用它们的关系来为消费者创造价值。其中一个特别有趣的手段就是使用隐喻。研究者请消费者使用隐喻来谈论 242
> 某个产品或服务，这样，无意识的想法和感受折射到可见的层面，双方可以公开地一起来讨论。……隐喻能揭示超越于语言文字之上的认知过程，还可以展现语言文字无法表达或未说完整的重要想法。（p.76）

通过探查人们自发使用的隐喻或研究者要求他们使用的隐喻，我们可以提供有关人们所持价值观和信念的信息。需要补充的一点是，有时人们并未意识到这些价值观，也并不承认它们在自己生活中的作用。萨尔特曼（2003）解释道，这是因为"我们想法中的百分之九十都是无意识的——那些我们没意识到或不能言明的美好的（虽然是混乱的）记忆、情绪、想法及其他认知过程的混合"（p.9）。我们应当看到，隐喻可以暗示出某种引导我们思考和行为的逻辑。想要看到它们如何做到这一点，让我们一起研究一下浪漫爱情吧。

❖ 爱情是一个游戏

20世纪40—50年代，在摇滚和说唱之前，浪漫情歌很流行。它们低吟浅唱，讲述着浪漫爱情。（很多电台为这些年代长大的人们播放这些"红极一时的老歌"，所以这些歌仍在播放，只是通常不是年轻人在听。）我发现一首特别有意思的民谣叫《一切尽在游戏中》（It' s all in the game），它说爱情是一种奇妙的游戏。在我的课上，我经常问同学们，"爱情是一个游戏"包含对爱情的什么隐喻。他们提供了下列的观点，我们可以将其描述为这个隐喻中的逻辑规则或常识信念。

1.**有人输有人赢**。一般来说游戏有输有赢，所以我们可以料到在被称作完美游戏的爱情中也是如此。不过在爱情中，"赢"和"输"指的到底是什么意思呢？

2.**有时你赢，有时你或许会输**。换句话说，像多数游戏一样，我们从来不确定我们最终的输赢结果。这让游戏变得刺激。

243 3.**爱情不是严肃的**。游戏不会真的很严肃，所以如果爱情是一种游戏，它也一点都不严肃。我们玩游戏来娱乐自己，不过在我们长大并厌倦了这些游戏以后，我们就停止玩这个游戏了。或许是我们发现了其他的消遣方式，又或许是发现了其他陪自己玩这个游戏的人。

4. **要遵守游戏规则**。游戏是受到规则约束的，在爱情的游戏里你必须遵守规则。在这个过程你不能自定规则来让自己心满意足，或者说，你不应该这么做。

5.**你要小心有人作弊**。有些人在游戏里作弊，所以你要小心自己变成受害者。在爱情游戏里，作弊例如隐瞒自己的真实感受，或者在爱情游戏里脚踏两只船。

6.**一段时间后游戏会结束**。最终，有人赢得游戏，有人厌倦而退出。在美国（其他国家也一样）的高离婚率说明，很多人都没意识到他们对爱情的看法是什么，他们把它看作一个游戏。

于是我们可以看到，把爱情描述为一个游戏意味着接受有关爱情是什么的看法，也意味着理解如何“玩”这种游戏。特定的逻辑形成暗示和期待，均被包含在“爱情是一个游戏”这种观念中，而不是在其他爱情观里。隐喻（“爱情是一种游戏”）与明喻（“爱情像一种游戏”）对我们的思考方式有重要影响，它们不仅仅是诗人和作家在书面写作时使用的策略。识别出人们把爱情看作一个游戏，并追溯这种隐喻中的含义是常人方法学研究的一种应用形式。

❖ 作为编码破坏者的幽默大师

常人方法学还可以用于研究幽默。幽默是数千年来哲学家、心理学家、社会学家、语言学家、传播理论家和诸多学者、思想家们都倍感困惑的主题。我们可以应用常人民族志，把幽默大师看作是编码破坏者。如果我们对符码、框架和脚本感兴趣（所有被称为背景性认识的东西，它是我们从小到大在特定文化和亚文化中习得的），那么幽默就很有用。假如我说的没错，实际上幽默与破坏编码有关。

设想一些笑话，它们包含下列特征：

- 它们是简短的叙事。 244
- 它们用来取悦他人，使人哈哈大笑。
- 它们有某些笑点（punch lines）。

一个笑话可以被图解为：

A->B->C->D->E->F->G->H（笑点）
↓
我（听笑话的人）

笑点代表一个叙事里出乎意料的结果，它用来逗人发笑。如果这是个好笑话，会让人哈哈大笑。我们一般随意使用玩笑/笑话（joke）这个术语，比如也指谜语（riddles），它有问和答的形式，还包含妙语、双关和字谜。不过专业地说，一个笑话应是一个包含笑点的有趣故事。来看一个例子，我用字母来标记其每句话。

A. 一位大臣提早回家，发现自己的妻子赤身裸体躺在床上。房间有一股浓烈的雪茄味。

B. 他往窗外看，见到一位牧师正在抽着大雪茄从楼里走出去。

C. 愤怒点燃了神力，大臣举起房间里的冰箱，在牧师走过窗台下面时扔向了他，企图将他杀死。

D. 然后，由于良心不安，大臣从窗台跳了下去。

E. 几秒钟过后，牧师、大臣和一位拉比（犹太教士）出现在天堂里，出现在圣彼得（St. Peter）面前。

F. “你们怎么到这里来的？”圣彼得问牧师。“我不知道，”牧师回答道。“我刚拜访完一个生病的教众，一个冰箱落下来把我砸死了。”

245 G. “那你怎么到这里的？”圣彼得问那个大臣。“我把冰箱扔向牧师，”大臣回答，“我对自己做的事感到愧疚，然后从窗台跳下来自杀了。”

H. “那你怎么到这里的？”圣彼得问拉比。“我不知道，”拉比回答，*“我当时在自得其乐，在冰箱里抽着雪茄……”（笑点）*

I. 大笑（对笑点的回应）

我在这里用斜体标出了笑点。如果这个笑话由一个优秀的讲述者说出，它一般能引人哈哈大笑。我们要学习怎样成功地讲出笑话，以及怎样恰当地听懂笑话，这表明我们要对讲笑话时的线索作出回应。这个线索就是笑点。我们要对讲笑话者保持关注，这样才能在合适的时间笑出来，不让笑点和笑声间隔太久。

这则笑话违背了很多编码。首先，我们来探讨它的思维逻辑。牧师是独身/禁欲的（celibacy）……或者至少说他们应该禁欲。大臣直接认为是牧师做的这件事，因为他在抽雪茄。其次，大臣违背了“不能杀戮”（Thou shalt not kill）[1]的编码。再次，大臣把一个冰箱扔向牧师是一个不可能发生的行为。最后，那个拉比违背了常识，即一个人不可能在冰箱里抽雪茄。当然，我们知道为什么他会在冰箱里。他在“自得其乐”。

① 源自《圣经》里的十诫。——译者注

看看这则笑话里设定了什么样的行为编码，然后看看它们是怎样在笑点里被打破的。你还可以浏览一下幽默大师的专著，看看他们是怎么处理并违背我们关于常态的想法和常识的。幽默中先设定一个戏剧框架，表明“这不是真的”或“我不是真的指这个意思”，它帮助笑话得到表面接受，因为很多时候人们最喜欢讲的是那些侮辱女性、少数族群、种族、专业群体和其他人的笑话。如弗洛伊德所述，幽默与隐藏的攻击性倾向相关联，听笑话的一种愉悦来自于参与到无须愧疚的攻击当中。不过幽默也会有非常负面的心理影响，这就是媒介会对过分侮辱的幽默加以审查的原因。

角色	违背的编码
牧师	独身/禁欲（假定违反）
大臣	不能杀戮
大臣	人的体力有限
拉比	不能犯淫欲
拉比	人不能坐在冰箱里

246

❖ 幽默的技巧

我曾做过一个关于幽默的内容分析，从笑话、表演、漫画书和文学作品等幽默材料中总结出了45个幽默技巧，它们通过排列组合来制造幽默效果。在第八章里我列出了其所属类别，表10.1中根据字母顺序列出了这些技巧。它们可用于分析幽默的案例，判断 247
作品中笑点何来。

例如，可用它们来分析关于牧师、大臣和拉比的笑话。

错误（29）：大臣闻到雪茄味，觉得它来自牧师的雪茄。

反转（35）：大臣企图报复牧师。

曝光（18）：拉比说雪茄味是从自己那里来的。

诙谐（19）：拉比说自己无辜地坐在冰箱里。

悖论（1）：拉比在冰箱里吸烟。

表 10.1　幽默的技巧

1.悖论	16.尴尬	31.恶搞（戏仿）
2.偶例谬误	17.夸张	32.双关语
3.典故	18.曝光	33.巧辩
4.类比	19.诙谐	34.重复
5.前后对比	20.怪异身体（猎奇）	35.反转
6.浮夸	21.无知	36.嘲弄
7.滑稽戏	22.模仿	37.僵化
8.漫画化	23.冒充	38.嘲笑
9.目录	24.幼稚	39.讽刺
10.追逐场景	25.辱骂	40.规模
11.巧合	26.反讽	41.打闹
12.比较	27.修饰	42.速度
13.下定义	28.拟仿	43.刻板印象
14.失望	29.错误	44.主题与变奏
15.古怪	30.误读	45.露出真面目

由此可见，笑话可谓是一个复杂文本，包含各种产生幽默和笑点的技巧。我们可以用幽默技巧分类学来研究笑话和其他形式的幽默，看看其中用了哪些技巧，看看幽默是否建立在语言、逻辑、身份认同或视觉现象与行动的基础上。

❖ 常人方法学与传播过程

除了用来分析套路式交谈、叙事对话、歌词和玩笑，常人方法学还有其他用处。例如，跨文化传播研究力图寻找不同文化里的民族符码（national codes），以了解为何不同文化背景的人在交流时会出现障碍。

它可以用来考察某一文化中的亚文化传播实践，特别是边缘性亚文化，如吸毒者、卖淫者和犯罪者等。我们还可以用常人方法学研究某个社会运动中的传播实践，如女性主义、同性恋解放运动等。某些职业和某些组织的传播实践也很适合常人方法学研
248 究。例如，一个组织如何做出关于保存记录（record keeping）的决定？哪些符码告诉该组织的成员“记录这个”或“不记录那个”？简言之，常人方法学研究技巧可用于分析很多传播领域。

❖ 常人方法学研究：应用与练习

1. 假如你是一个寄宿生，运用加芬克尔的方法记述你与家人或朋友吃一餐饭的细节。尽可能仔细地描述其间发生的事，假设你不认识这些人，也不要对他们的动机有任何设想。
2. 找一个情景喜剧的脚本，如《摩登家庭》或《生活大爆炸》(*Big Bang Theory*)，从常人方法学的角度分析其中的对话。这些角色对自己和他人的生活有哪些基本假定？从对话中是否能看出什么行为符码？
3. 对某些包含有趣隐喻或转喻的歌词进行常人方法学分析。参考“爱情是一个游戏”的范本。
4. 使用幽默技巧的表格分析一个笑话或漫画文本。可以用下面文本来练习。

一个人打电话给“万事通”广播(Radio Erevan)，问道：“格尔申科同志中了5000卢布的彩票是真的吗？”

“是的”，广播回答，“但不是格尔申科而是卡达耶夫同志，是10000卢布而不是5000卢布，他不是中彩票而是赔在赌博上了。”

一个人打电话给“万事通”广播，问道：“真的有人可以用一杯水来避孕吗？”

“是的。”广播回答道。

“在做爱之前还是做爱之后？”那个人问。

“只喝水，不做爱，就行了。”广播回答。

杰克边吃腐烂了的奶酪边说：
我像参孙[1]，带来成千上万的杀戮；
我敢打赌，罗杰你也能做到， 249
连武器都不差分毫。

——本杰明·富兰克林(Benjamin Franklin)译者注

① 基督教传说中的大力士，参孙凭借着上帝所赐的极大力气，徒手击杀雄狮并只身与以色列的外敌非利士人搏斗。——译者注

为什么傻瓜搬了个梯子来参加派对？

因为他听说是在房子上喝酒。[①]

一个男人去迈阿密度假。四天后，他发现自己全身除了阴茎全被晒黑了。于是，某天早晨他去了一个人烟稀少的沙滩，脱掉衣服躺了下来。他把全身埋进沙子，只把阴茎露在外面。两位年迈的女士路经此处，其中一位看到了阴茎。她说："在我20岁的时候，我怕死这个东西了；在我40岁的时候，我爱死这个东西了；在我60岁的时候，这个东西再也不见踪影；而现在，这个东西成了沙滩上野生的了"。[②]

❖ 结论

符码形塑和展现了我们的日常生活行为（我们说了什么、做了什么和怎么想），因此，我们可以借用常人方法学的关注点和方法，来研究媒介文本。这些媒介化的表达虽看似不像日常生活里那样"纯粹"，但仍可以用来理解成千上万的人，理解他/她们如何看电影、看电视、听歌、看报，以及互相说笑话。因此，这些表现了日常生活的内容，为我们提供了开展常人方法学研究的丰沃土壤。

❖ 延伸阅读

Alasuutari, P.(1995). *Researching culture: Qualitative method and cultural studies.* Thousand Oaks, CA: SAGE.

Button, G. (Ed.).(1991). *Ethnomethodology and the human sciences.* Cambridge, UK: Cambridge University Press.

Francis, D.,&Nester. S.(2004). *An invitation to ethnomethodology: Language, society and interaction.* London, UK: SAGE.

---

① 原文是"He heard the drinks were on the house." "on the house"的意思应该是"免费"。——译者注

② 原文是"They' re growing wild on the beach." 此处"beach"可能一语双关，谐音"bitch"。——译者注

Garfinkel, H.(1967). *Studies in ethnomethodology.* Englewood Cliffs, NJ: Prentice Hall.

Have, P. ten(2004). *Understanding qualitative research and ethnomethodology.* Thousand Oaks, CA: SAGE.

Heritage, J.(1985). *Garfinkel and ethnomethodology.* Oxford, UK: Blackwell.

Kessier, S.,&McKenna, W.(1985). *Gender: An ethnorrcethodological approach.* 250
Cambridge, UK: Cambridge University Press.

Jacobsen, M. H.,&Kristiansen, S.(2015). *The social thought of Erving Goffman.* Thousand Oaks, CA: SAGE.

Lynch, M.(1993). *Scientific practice and ordinmy action: Ethnom anorrtethodology and social studies of science.* Cambridge, UK: Cambridge University Press.

Rawls, A.(Ed.).(2006). *Seeing sociologically: The routine grounds of social action.* Boulder, CO: Paradigm.

Lynch, M.,&Sharrock, W.(2011). *Ethnornethodology* (Vols.1–4). Thousand Oaks, CA: SAGE.

Turner, R.(Ed.).(1974). *Ethnomethodology: Selected readings.* Baltimore, MD: Penguin.

vom Lehn, D.(2014). *The creation and development of ethnomethodology.* Walnut Creek, CA: Left Coast Press.

Zaltman, G.(2003). *How customers think: Essential insights into the mind of the market.* Boston, MA: Harvard Business School Press.

有一系列十分重要的现象不能用询问或计算资料的方式记录下来，而只能在完全具体的状态中观察，我们不妨称之为实际生活中的不可测度方面。这包括很多内容，诸如：一个人整个工作日中的例行事务，他照顾身体、进食以及做饭的方式等细节；围着村中篝火谈话和交际的腔调，强烈的友情与敌意，以及人与人之间同情与厌恶之情的传递；微妙真实地在一个人的行为中透露其虚荣心与野性的方式，以及他人的情感反应等。所以这些事实都能够而且应该得到科学的整理和记录，但这样做时，不能像缺乏训练的观察者通常所做的那样，只对细节进行表面化的登记，而应该尽力探查其中体现的精神态度。

——布罗尼斯拉夫·马林诺夫斯基（Bronislaw Malinowski）

《西太平洋的航海者》[①]（1961, pp.18–19）

---

① 中译文引自马林诺夫斯基. 西太平洋上的航海者[M]. 梁永佳，李绍明，译.北京：华夏出版社，2002：14. ——译者注

11

参与式观察 253

第11章　核心问题

- 如何定义参与式观察?
- 参与式观察希望发现什么?
- 进行参与式观察需要考虑哪些因素?
- 在浪漫小说读者研究中，詹妮斯·拉德薇的发现是什么?
- 进行参与式观察时会面对哪些问题?
- 参与式观察的好处有哪些?
- 如何理解参与式观察的发现?
- 进行参与式观察会遇到什么样的伦理困境?

我们了解这个世界的方式多种多样，可以通过阅读关于人和事的书，通过听广播、看电视，通过与人交谈，也可以通过观察他人来进行。图书、广播和电视为我们提供了关于人和事件的信息，但这种信息毕竟是中介化的。换言之，它经由他人意识过滤，是 254
经由他人裁决什么可以呈现在镜头前、什么问题可以提出之后才形成的。

❖ 参与式观察的定义

很多研究提供了关于人的知识，但这些知识在某种程度上是“提纯”的，它们是在实验室或其他控制环境下获得的。参与式观察与之不同，它是一种在真实生活环境下对人进行研究的质化研究方法。它属于田野研究的一种，这种方法在真实环境下进行观察，它在没有任何控制和研究程式（如实验法）的情况下实施。参与式观察，顾名思义，研究者参与到被研究的群体、组织或实体当中，研究者需要平衡参与者和观察者这样的双重身份。研究者也必须避免“土著化”（going native），这种过度认同会让其失去客观性。

在参与式观察研究中，你需要做很多决定。首先，你需要决定是否告知所观察的群体你正在进行观察，这涉及伦理问题。如果你告诉他们，这些人的行为可能会受到影响。其次，你需要决定，自己仅仅做观察，还是也参加群体活动。如果你参与其中，请记住不要太“土著化”。

一个研究者在参与式观察里往往扮演以下两种角色：

（1）作为参与者的观察者。研究者加入被观察的群体中，成为其中的一分子。就以这种身份而言，研究者作为“内部人员”（insider）深谙其中的语境。同时，这个过程中其附加身份是观察者和记录者。

（2）作为观察者的参与者。观察者是中立的“外部人员”（outsider），他或她被特许加入进来，进行观察和记录。

255 这两种途径都是正当的，它们各有利弊。基本上，研究者需要在保持亲密和保持中立之间进行取舍。

日常生活观察与参与式观察是不一样的。在日常生活中，我们经常观察人和事，并试着理解它们。我们会注意人与人之间的谈话和他们之间的关系，或者人们如何使用身体语言。但是我们的思考是随意无常的，即，很快就把注意力转移到其他事情上了。科学的观察不一样，它是有关注点的，观察者有自己想要发现的东西，它们是客观和系统的。

在参与式观察中，我们希望发现一些东西，它们是对第8章里的“谁？”“什么？”“哪里？”这些问题的改编。请允许我用我青年时期的一首歌来做说明。它有这样一句歌词：“你怎么可以用你的方式来对我？”（How come you do me like you do, do, do?）请注意群体成员是如何被观察的。

人们在哪里，做什么事？

他们有什么共有观念和背景知识？

人们在做什么？

谁对谁做了什么？

谁发起了行为？谁作出回应？如何回应？

为什么他们做所做之事？

他们何时做所做之事？多久做一次？

他们怎么做所做之事？

他们做事做了多久？

一个观察者需要在参与式观察中考虑：你想要从这群人那里发现什么？你有什么想要回答的问题吗？你有什么想要解决的问题吗？为什么你会专门做这一参与式观察？为什么你会关注这个特定群体？

一个关于参与式观察的小短剧 256

大审判官：	我们在哪儿？
阿瑟：	我们在人们锻炼的健身房里。
大审判官：	这些机器让我想起了刑讯用具。
阿瑟：	是有点儿像。
大审判官：	这儿有各个年龄段的男女。他/她们不工作吗？他/她们怎么会有时间来这里？为什么他/她们会来这里？
阿瑟：	你问了很多有趣的问题。
大审判官：	女士们的穿着好奇怪！有很多人穿着有弹力的衣服，虽然盖满全身，但还是很暴露呐。我觉得我不该来这里，我会被诱惑的。不过我还是想试试这些刑讯工具。
阿瑟：	注意，这里的人们不太跟其他人说话。男士穿的上衣常会显示肌肉。健身房里充满了镜子，这样人们可以看到自己强壮的手臂和紧实的臀部。
大审判官：	我还是喜欢那种充满折磨和痛苦的气氛，它让我看到自己。不过这些人也在折磨自己，这是我们在宗教法庭里从未想象过的事。

❖ 进行参与式观察的注意事项

要对一个群体进行参与式观察，请注意以下重要事项。

1.其中的环境。你在哪里做参与式观察？这里的环境对被观察者们的行为有何影
257 响？这种环境会激发或抑制某类行为吗？例如，在一个酒吧里，你可能看到的是调情而不是做祷告。

2.参与者。你在观察什么人？其中涉及了多少人？他们之间的关系如何？他们在被研究群体中扮演什么角色？被研究群体的性质是什么？如果你有机会获取数据，记录每个参与者的人口统计数据：

年龄	社会经济阶层
性别	种族和族群
职业	教育情况

3.群体性质和目标。描述该群体，并解释其类型。是什么因素使得这些人组成一个群体？这个群体是组织严密的，还是其中的人来去随意？这个群体交流频繁还是只有特定场合才聚在一起？这个群体有很多规矩还是没有多少拘束？

4.群体成员的行为。这个群体的成员做什么？他们怎么做这些事？他们为什么会做这些事？谁是群体里的领头羊？群体成员之间怎样互动？他们之间会说什么话？群体里哪些人参与决策？谁对谁说了什么？产生了什么效果？总而言之，我们感兴趣的就是三点：人们之间的谈话、人们所做之事，以及谈话者之间的关系。

5.行为的频率和持续时间。记录一个行为是频繁发生，还是偶尔为之，观察被研究对象做这些事情的频率。这些行为是典型行为，还是独一无二的？它们一般发生在哪里？有什么触发或导致这些行为的因素吗？

6.记录你的所见所闻。尽可能在细节上记录你的所见所闻。如果能接触到报告人，可以的话要录下对他们的采访，这样你就能准确记录他们所说的话。你要保存下书面
258 记录，越详尽、完整越好。你要关心人们真正说的话和做的事，而不是自己对事物的印象。现在廉价的摄影机和带录像功能的手机日益普及，我们记录起来就更方便了。

佩尔蒂·阿拉苏塔里在《研究文化：质化方法与文化研究》（Pertti Alasuutari，

1995）中建议，我们在参与式观察研究中需要仔细做笔记。

> 参与式观察是一种经典的研究形式，田野笔记是研究中不可或缺的一部分。……研究者经常记录下所得到的信息，例如，直接引用人们说的话，或者帮助你回想事情的一些关键词。回到家后，瞧！参与式观察的晚上，某人根据笔记本中的备忘录写下了当晚的报告。简而言之，做田野日记指的是谨慎地记下一些事件和你的印象。你需要记住，这些内容可以在发表研究时直接引用。报告完一个事件和你的相关感想后，你可以单独写下当时想到的假设和理解。（pp.178–179）

要注意，参与式观察的目的在于获得关于某些人的信息，以此形成假设，从而有助于解释研究对象。

7.自拍和群体成员做的录影。让这些群体成员就与研究有关的主题拍照或录影，探讨他们的照片和影像所揭示的内容。这些影像将展示出他们觉得重要的东西，让你更清楚地理解这个群体。你也可以让人们以日志形式拍摄他们的活动。你还可以让他们与同侪一起“自拍”，长此以往，记录他们的行动。

有些参与式观察者做了计数表来记录观察对象某种行为的频率。例如，观察小孩们玩沙盒，你可能需要计数表来记下某个小孩什么时候跟其他小孩说话、他们多久谈一次话，以及他们多久玩一下其他人的玩具。你还可以在自己做了多次参与式观察后修改自己的计数表，因为你会发现有些意料之外的重要行为。如果你的 259
计数表有了明确的信息，你就可以用图表来展示你的发现。在这种情况下，就有了参与式观察中的量化部分，哪怕研究者的主要关注点并非定量的内容。

到目前为止，我探讨的内容都还比较抽象。下面我将减少一些抽象内容，论述一些在田野研究中会遇到的实际问题。要记住，参与式观察是田野调查的一种；参与式观察法是从研究部落和文化的人类学家那里得来的。

❖ 参与式观察的个案研究：浪漫小说的读者

詹尼斯·拉德薇（Janice Radway）1991年的作品《阅读浪漫小说：女性、父权与大众文学》是具有代表性的参与式观察个案研究。拉德薇的研究兴趣是浪漫小说读者喜
260 欢其中的什么内容，为什么会产生这样的爱好。一开始，她想知道浪漫小说读者如何理解所读作品，但是当她与读者群（居住于纽约史密斯敦的浪漫小说读者们）接触日深，她发现另一个问题更重要，即这些人如何使用浪漫小说，并将其整合为自己生活的一部分。她解释道：

> 随着研究的深入，这本书的焦点渐渐地发生了转移，从作为被解读文本的浪漫小说，转向对浪漫小说阅读行为的描绘，对于那些活生生的主体，即把妻子和母亲身份放在首位的女性们，这一行为在不断持续的社会生活中成为了一种复方调和剂。（p.7）

拉德薇认为，“读者们如何理解浪漫小说”让位于更重要的问题，即，史密斯敦的浪漫小说读者们如何在她们的日常生活中利用这些小说。拉德薇让女性读者填写问卷以便于深入理解，她还与读者群的领袖们生活了一段时间，录下了与她们一起开的读书会。

她总结了与活生生的浪漫小说读者相处的重要性。

> 深入理解了这个群体的行动本质，我们就会发现，对于一个分析者来说，如果只是从当前美国出版的浪漫小说中找一个样本，通过分析书中情节总结其大意，然后对“罗曼司”的文化意义进行概括评论，是远远不能令人满意的。（1991，p.49）

她的观点是，即便我们选取了具有代表性的浪漫小说的样本，分析了其中的情节与文本特质，我们也不能单凭这些文本就断言理解了其中反映的美国文化，也不能说由此就知道了这些小说的读者受到了何种影响。拉德薇的研究告诉我们，在进行参与式观察时，如果发觉一些比原初目标更重要的方面，我们就应该及时转移研究焦点。

❖ 参与式观察的一些问题

理论上来说，参与式观察很简单：你找到感兴趣的群体，与其建立联系（或者找到其他参与的方式），观察这个群体，尽可能以不干扰的方式加以记录，然后写下自己的发现。但实际上，参与式观察要复杂得多。

观察焦点的问题 261

当你进行参与式观察时，你需要有所侧重，你不可能观察被研究群体中所有人做的所有事。如果你是一个学生，在研究同班同学的行为（这时候是可以记笔记的），考虑到你可支配的时间，你需要找到一个焦点或主题来缩小范围。你更感兴趣的是同学与教授之间的关系，还是同学之间的关系？

有时候你会发现，一开始你围绕一个主题寻求信息，但是后来发现有更重要的问题，这就需要转移焦点了。

观察者影响行为的问题

我们把观察者（的在场）影响群体内部的事态进展称作反应性（reactivity）。你作为观察者而存在，这会使研究对象与其他人的关系与平时不同吗？如果你在研究一个规模虽小但凝聚力大的群体，你作为一个陌生人存在其中，或许会对平时的群体活动产生影响。在长时间后，这种反应性或许会减小，因为人们开始熟悉你，接受了你的存在。而在规模大或内部联系不甚紧密的群体中，这个问题影响不大。

无意识选择的问题

在选择关注点、记录或省略哪些内容时，你会面对保持客观性的问题。有时如果没有认识到这一点，参与式观察者会忽略某些重要的行为，因为他们会对其他实际微不足道的行为更有兴趣。在参与式观察时保持客观性、有能力判断孰轻孰重实属不易。

“读心术”的问题

“读心术”（mind reading）这个说法指的是这样一种情况，即观察者过分解读所记录的人们的行为，仿佛他能解读人们的内心，知道人们做事的原因。作为研究者，我

们经常在发掘各种意义，但我们需要谨慎的是，我们并不假定自己对某些人的理解即
262 是他们行为的真正意图。避免读心术的一个办法，是直接问研究对象为什么会这么说和这么做，以及他们究竟在做什么。当然，本书第八章“访谈法”里曾提过，人们并不总是清楚自己做事的原因，有时他们也不对访谈者说真话。

效度上的问题

你必须考虑自己观察的活动在多大程度上具有代表性，还有反应性是否会影响观察者某些方面的行为。参与式观察是有风险的，它或许能带来重要发现，但你的发现也可能会被质疑。

❖ 参与式观察研究的好处

让我来谈谈参与式观察带来的好处。首先，它帮助你理解所发生的事。如果你花时间与一个群体的人相处，你会看到研究一开始时并不显而易见的事情或证据。我们一直在寻找事物的意义，而有一种方式就是通过发现模式和关系来找到这些意义。对群体进行系统观察，可以帮助我们发现模式和关系。

其次，参与式观察帮助你作出判断，决定向报告人询问哪些问题。参与式观察者逐渐为观察对象群体内部成员所熟知，这样才能自由地提问。利用这些机会，向报告人询问问题，获得群体及其成员的一手资料，这种方式就有了意义。

最后，参与式观察相对来说是一种非打扰式地获取群体和行为有关信息的方式。在很大程度上，它成功与否取决于研究者的技巧和研究环境。很多情况下，研究者需要记住自己能记住的，然后再做笔记。但是最好的情况是，研究者在其中变得“理所当然”，群体成员的行为也一如往常。

263 ❖ 理解你的发现

你做完观察和记录之后，要尽量让研究言之有理。即，你需要去解释它。我前面提过了，事实并不是不言而喻的，需要把它们放在语境中并加以理解。

探讨有关行动

“行动”指的是观察对象群体中某些人的言行。

——谁发起了行动?

——谁回应了这些行动?

——他们是怎么回应的?

我们需要记住,参与式观察关注谁与谁对谁做了什么、说了什么。我们观察行为,但观察不到人们的想法。假定我们知道人们对所做之事的想法本就很危险。我们关注整个过程和群体事件,即一系列能揭示其价值的行动和行为。

探讨人们的想法

我们观察不了人们所想,但可以问出他们的想法。如果允许,还可以记录他们的回答。我前面提过,参与式观察最重要的一点,就在于帮助我们找到向报告人询问的问题。

使用概念解释你的发现

在翻阅参与式观察所获得资料的时候,我们所做的一件事,就是找到理解所观察行为的概念。我们运用概念来理解这个世界。假设我们观察到,某个人每天洗200次手,我们可以用一个概念来理解它:这个人有强迫症(obsessive-compulsive)。这种概念属于心理分析理论(或精神分析)中的一个领域。我们可以在下表中看到这种关系。 264

理论	心理分析理论
概念	强迫症行为
行为	每天洗200次手

一个没有听过“强迫症”的人将不能解释这个行为,除非是用相对模糊和无效的日常用语,比如怪胎、怪人、奇怪的人,等等。这些不能套用于其他行为。概念在抽象理论和特定行为之间发挥功能,我们使用自己知道的概念来理解和解释所观察的行为。自然,我们知道的概念越多,我们就越能够理解自己的所见所闻。所以,某种程度上来

说，对于理解参与式观察中观察到和访谈到的行为，你的概念知识发挥了重要作用。当然，我们的概念知识可用于所有研究中。

❖ 记录一个参与式观察研究

关于如何撰写参与式观察报告，建议如下。

1. 写一个引言，告诉你的读者有关你的研究地点、研究目标，以及有关研究方法和研究主题的参考文献。

2. 告诉你的读者，你从参与式观察中发现了什么有趣的信息，在延伸研究中得出了什么有趣的结论。

3. 当使用概念时，确保你做了定义，并进行了解释。

265 4. 讨论你所观察到的行为背后隐藏的和不为人知的隐功能。社会科学家对显功能与隐功能做了区分，前者是有意的，后者未经察觉但依旧重要。例如，大学生加入一个政治组织，或许是因为他对政治感兴趣（显功能），但也可能是对遇见潜在的性伙伴感兴趣（隐功能）。

5. 描述你在参与式观察和总结研究时遇到的困难。

6. 注意研究对象的差异，包括年龄、种族、性别、族群或社会经济阶层上的差异，讨论这些差异（如果的确存在）以及这些差异对所研究群体的影响。

在撰写研究报告时，可以使用表格或图表，让你的读者对重要关系一目了然。报告可以采取一种叙事的形式，来完成上述建议中的内容。

❖ 伦理困境

参与式观察者面临一个伦理困境：应该用伪装加入这个群体，建立与其中成员的联系，还是应该告诉群体成员，你正在做一项关于他们的研究？我个人认为，后一种方式更好，应当告诉研究对象，你在观察他们。如果你不告诉他们你在做研究，某种程度上来说就是在利用他们，欺骗了他们。另外，你会遇到很多困难，因为你不能录下访谈，也不能轻松地记笔记。从长远来看，我并不认为人们会因为被观察而显著改变自己的行为。观察者要有“潜伏”的技巧，你需要隐在幕后，保持缄默。

❖ 凡涉及人，便涉及研究伦理

当一项研究涉及人类时，研究者就有责任遵循伦理要求。下面是关于伦理规范的建议。

1. 你不能欺骗别人。这意味着进行参与式观察时，你应该告诉所观察群体你在做什么。 266
2. 你不能另有目的地把人们当作工具来利用，即便你的目的是好的。伦理学家常持有的观点是，你不能利用别人达到自己的目的，哪怕你认为自己会有重要发现。
3. 你不能做对你研究对象有负面影响的事。斯坦利·米尔格拉姆（Stanley Milgram）关于服从的著名实验最后造成许多研究参与者产生心理问题，因此，现在在大学里涉及人的研究都需要经伦理审查委员会批准才能进行。
4. 你要向研究对象坦诚自己的研究设计和结果。你需要避免让自己"想要"的结果（或许无意识地）改变研究过程和研究发现。

❖ 参与式观察：应用与练习

1. 做一个参与式观察者，观察某个饭店或餐厅里的人。按照书中列出的参与式观察中需要了解的问题进行回答，并考虑各种重要的注意事项。你在进行分析时遇到了哪些困难？你是如何解决它们的？
2. 用照相的方式，记录你从早上起床到晚上睡觉的日常一天。在看这些照片时，你有没有从中找到揭示你未察觉到的生活方面的内容？在与班上同学相同主题的照片比较时，你有没有发现什么共同点？有没有发现什么意外的不同点？
3. 观看数集情景喜剧，用你学到的技巧来观察其中角色的行为。至少对3个小时剧情的内容（即6集）做出分析。

❖ 结论 267

参与式观察是最为有趣又广泛使用的研究方法之一，但它也是最难的一种。人类是如此难以被参透，人际关系、人际传播，群己关系、群己间传播都如此复杂。不过，与其他方法不同，参与式观察能在自然环境（非实验环境）中开展，可以知道人们的实际行为，而不是知道人们声称自己所做的事。我们还可以用参与式观察来分析大众媒介文本。当观看电视剧，如肥皂剧、医疗剧或科幻剧时，可以把它当作是在观察某个群体，用参与式观察的技巧来分析其中某些剧集。这是一种对参与式观察法的非常规运用，它可能产生出有趣的结果。

❖ 延伸阅读

Burawoy, M.(1991). *Ethnography unbound: Resistance in the modern metropolis.* Berkeley: University of California Press.

DeWalt, K. M.,&DeWalt, B. R.(2010). *Participant obseroation: Aguide to fieldwork* (2nd ed.). Lanham, MD: A1taMira Press.

Emerson, R. M.,&Fretz, R. I.(2011). *Writing ethnographic field notes* (2nd ed.). Chicago, IL: University of Chicago Press.

Heron, J.(1996). *Co-operative inquiry: Research into the human condition.* Thousand Oaks, CA: SAGE.

Hume, L.,&Mulcock, J.(2005). *Anthropologists in the field:. Cases in participant obseroation.* New York, NY: Columbia University Press.

Mclntyre, A.(2008). *Participatory action research.* Thousand Oaks, C A: SAGE.

Reason, P(Ed.).(1994). *Participation in human inquiry.* Thousand Oaks, CA: SAGE.

Smith, C. D., & Komblum, W.(Eds.).(1996). *In the field: Readings on the field research experience.* New York, NY: Praeger.

Spradley, J. P.(1980). *Participant observation.* New York, NY: Holt, Rinehart, & Winston.

第四部分

量化研究方法

作为一项内容分析实验，一年期的《周六晚邮报》(SEP) 和1940年4月到1941年3月《矿工报》的内容被纳入研究当中。无法对最新近的材料进行完整的调查未尝不是一个遗憾，但是随机选择的样本显示自从国家参战以来，报纸的内容选择和结构就没有发生过本质的改变……我们将传记的主题分为三大类：政治生活、商业及专业领域，以及娱乐（指的是这个词语广义上的含义）。从表格中我们可以看到，在一战之前，传记显示出了对政治人物和商界及专业领域人士几乎同等的高关注度，对娱乐人物的关注则是另一码事。这个状况在战后彻底颠倒过来了。政治生活领域的人物减少了40%，商界及专业领域人士减少了30%，然而娱乐人物数量一下子上涨了50%。这一数值关系似乎从1922年至今都是如此……我们将过去的英雄人物叫做"生产偶像"，然而如今，我们有必要把杂志英雄们叫做"消费偶像"了。确实如此，他们中的几乎每一个人都直接或间接地与我们的娱乐时间相连：这人若不是属于服务于社会基本需求的节假日（比如，享誉世界的娱乐或体育明星），就是多多少少发展成了对社会生产机构的滑稽效仿。

——里奥·洛文塔尔（Leo Lowenthal），《流行杂志中的传记》（pp.508,510,516）

12

内容分析法 271

第12章 核心问题

- 如何定义内容分析法?
- 为何使用内容分析法?
- 使用内容分析法时会面临哪些方法论问题?
- 在内容分析法中,定义“暴力”时存在哪些困难?
- 使用内容分析法的优势和难点有哪些?
- 使用内容分析法分析媒介内容时有哪些步骤?

内容分析法是学者们处理媒介及传播问题时最常用的研究方法之一。因为,在假定言语行为是人类行为的一种形式的前提之下,内容分析法可以测量人类的行为。民意测验所测量的是人们所声称的已实施的行为(或即将实施的行为)而非他们真正的行动,与此相反,内容分析法处理的是实际行为,如人们相互间的谈论;连环漫画、电子游戏、电影以及电视节目中各种角色的特定演出方式;或者是作家在杂志传记中所描 272
绘的“英雄”。

❖ 内容分析法的定义

从广义上说，内容分析法这一术语表达了这一研究方法做了什么：对某事物的内容进行分析。然而内容分析法远不止这些。查尔斯·赖特（Charles R.Wright）在《大众传播：一种社会学视角》（1986）中对这一术语进行了绝佳的定义：

> 内容分析法是一种依据通常情况下事先决定好的特定类目对传播内容进行系统分类与描述的研究方法。它可能既包括定量分析也包括定性分析。技术上的客观性要求分类和分析的类目具备清晰的、可操作的定义，这样一来其他研究者就可以确实地遵循这一标准。比如，对电视角色的社会阶层成员的分析，需要对界定和划分阶层的标准进行清晰说明，这样一来其他独立编码者就能在如何划分角色类别上达成一致。……记住这一点很重要，但是，内容分析法自身不提供针对传播者、受众或者传播效果的类型的直接数据。因此，当使用这一研究方法的目的不仅限于分类、描述以及分析传播中的显性内容时，一定要多加注意。（pp.125–126）

此文章中提及的许多概念都需要界定和说明——操作性定义（operational definition）、编码（coding）以及显性内容（manifest content）——而我将会在下文中对它们进行解释。

还有一个定义也有助于阐明内容分析法，这个定义来自唐纳德·特雷维尔（Donald Treadwell）的《传播研究方法导引：调查的路径》（2011）。特雷维尔首先引用的经典定义来自伯纳德·贝雷尔森（Bernard Berelson），一位20世纪50年代的重要的媒介研究者。

> 在传播研究的语境中，内容分析法是一种对显性传播内容进行定量的、系统的、客观的描述的研究方法。（p.178）。

然后，特雷维尔给出了进一步的阐释：

- 定量意味着需要计量我们所感兴趣的内容的出现频率。

- 系统意味着需要计量这一样本的所有相关方面，而不可任意选择需要分析的方面。
- 客观意味着需要使用可清晰界定的标准选定分析单元并将其归类。 273
- 显性意味着需要计量的是可感知和可观察的事物。比如，我们无法计量消费广告中的爱国主义，因为爱国主义归根结底是一种抽象的、潜在的（隐藏的）意向。而我们可以计量的是“爱国主义”这个词语的出现频率、国旗的出现频率，或者是背景音乐中被认为具有爱国性质的音乐出现的时间长度。

内容分析法可以用于各类传播活动的研究，从个人传播到大众媒介传播。许多学者认为内容分析法无法呈现研究对象对受众的影响效果。内容分析法告诉我们研究对象所包含的内容，而不是它如何影响接收到它的人。另一方面，比如说，你发现儿童电视节目中包含了大量暴力内容，无论是否以动漫形式呈现，你都会情不自禁地渴望了解这一暴力内容对儿童的影响。庆幸的是，其他的研究方法已经细致地探究过这一问题了。

像此书中探讨过的其他诸多研究方法一样，我们大多数人一直在以个人化的方式操作着内容分析法，对那些他人告知我们的事情，或我们在报纸和杂志上读到的内容进行分析。我们始终在搜寻着意义，努力去理解他人为何如此行动以及他们的行为意味着什么。但是内容分析法不同于我们为理解传播所做的那些尝试，因为它更加系统和客观，并且它是定量的，它测量和计算着那些我们所感兴趣的事物。

❖ 为何使用内容分析法

我们使用内容分析法的原因多种多样。首先，我们想要得到某一话题的相关信息，并相信内容分析法（而非其他研究方法）可以帮助我们得到这些信息。比如，我们想要知道美国电视节目中有多少暴力内容，以及与早些年相比现在的暴力内容是否有所增加，内容分析法可以帮助我们得到这些问题的答案。我们可能同样想知道美国电视节目暴力内容的数量是否不同于英国或者是法国（或者其他某个我们感兴趣的国家），使用内容分析法就能找到答案。

274 **一个关于内容分析法的小短剧**

大审判官：	你的姓名?
阿瑟：	康拉德。其实，这是我的假名。
大审判官：	来自哪里?
阿瑟：	康涅狄格州。
大审判官：	职业?
阿瑟：	扛活的。
大审判官：	最爱的食物?
阿瑟：	糠窝头。
大审判官：	最大的性格缺陷?
阿瑟：	亢奋。
大审判官：	最大的优点?
阿瑟：	抗压能力强!
大审判官：	婚否?
阿瑟：	已婚。我的妻子叫康斯坦斯。
大审判官：	她的职业?
阿瑟：	康氏酒店的门房。
大审判官：	有关你自己，还有什么需要告诉我的吗?
阿瑟：	你想让我继续? 还扛得住吗?
大审判官：	扛不住了!

275 并且，对于某些话题我们会有一个假设（本质上说就是一个猜测）并想要知道这一假设是否正确。比如，我们可以做这样一个假设。随着女权运动的兴起，时尚广告呈现女性形象的方式产生了变化。与早些年相比，对女性身体的呈现少了“色情利用”。或者我们也可以这样假设，随着女权运动的兴起，媒介对女性形象的呈现发生了变化：人们更经常地看到她们，并且她们更经常地出现在职业角色中。进行内容分析的研究者通常以假设的形式陈述其研究问题，以便更好地聚焦研究对象。设计方案是一回事，它基于现存的理论或先前的研究——那些被调查过的有趣话题或者被探究过的假设，实际进行内容分析则是另一回事。以下是操作内容分析时应当牢记的方法。

❖ 内容分析的方法论

事实性信息——有时我们称之为仿真陈述——其自身无法阐释太多内容。如果某人说，“2015年，美国电视节目中每小时大约有30次暴力行为”，我们无法得知什么，因为我们不知道这一数据、这一“仿真陈述”意味着什么。我们需要去比较2015年的数据。以下是进行比较的方法。

确定你的研究问题。在研究开始之前，你需要决定你的测量对象以及你想要获得的发现。在查阅是否已有研究者对相同主题进行过研究之前，在图书馆里对你即将开展内容分析的主题进行资料的查找可能大有裨益。同时要确保你的研究主题不会超出你的时间限制。总而言之，所聚焦的点越小越好，尤其对于学生项目而言。

操作内容分析时使用历史描述法。只有在使用历史描述法时，我们才获得了有价值的数据。举个例子，请看以下描述（数据是我杜撰的）：“在1985年，电视节目中每小时大约出现10次暴力内容，而在2015年，每小时的暴力内容大约有30次。”现在我们得知，2015年美国电视节目中每小时出现的暴力内容是30年前的3倍。这一历史描述法让我们言之有物。在本章开头引用的洛文塔尔于1944年开展的研究，就是历史性内容分 276
析的范例。他对早期传记与1940–1941年间的杂志传记进行了比较。

操作内容分析时使用比较研究法。如果我们还针对电视暴力做一项比较研究并发现，瑞典2008年的电视节目每小时有3次暴力内容，我们就有了更多信息帮助我们获得有关美国电视暴力的更多观点。假设这一内容分析被精确实施，我们就可以认为美国电视节目包含的暴力内容是瑞典的10倍之多。

因此，我认为内容分析法在历史的或比较的或两者兼具的视野下最有价值，并且，用数据说话很重要。如果一个研究者说“美国的电视节目中有许多暴力内容”，我们会想要知道研究者的这个“许多”到底是什么意思。一位传播学教授认为的“许多”，对于电视台管理者而言也许“很少”。

操作上审慎界定术语。定义的方式有很多种，你在字典查到的定义是构成性定义（constitutive definitions）——它们以其他的单词和概念来界定词语，笼统而抽象。内容分析法的定义则是操作性定义，这种定义方法利用运算和指示来界定概念。

操作性定义呈现出你如何对内容进行测量并让你说明怎样去理解或阐释一个概念。因此，如果你处理的是媒介暴力，你就需要描述什么样的动作或者行为构成了暴力。威胁性话语是暴力吗？喜剧暴力（出现于儿童收看的电视卡通片中）是暴力吗？在喜剧暴力与严肃暴力之间有显著差别吗？给你的术语下一个操作性定义很困难，在许多内容分析中，这一项的缺失是个短板。如果其他人不接受你对于暴力的定义，他们将会认为你的研究发现不相关或不全面，从而拒绝接受。

分类必须是互斥的。你对概念的定义只可以适用于一种行为。如果你对暴力的定义过于宽泛或偏狭，问题就会接踵而至。如果你的定义过于宽泛，研究者将认为你的测量不够可靠或者毫无价值，因为你所处理的问题太多了。如果你的定义过于狭隘，研究者会说你的研究忽视了重要内容。比如，有些学者认为动画喜剧和卡通片中角色的拍打、撞击不是暴力的范例，他们认为暴力是更加严重的行为，而其他人则不同意这一评估。

277 乔治·格伯纳（George Gerbner）和南希·西格诺里（Nancy Signorielli）在《大众媒介中的暴力与恐怖：一份附注书目》（1998）中写道："可靠的观察和系统的分析通常需要有限的、客观的定义。大多数调查研究将媒介暴力定义为对显著的伤害、杀戮或者威胁等身体行为的描述（p.xi）。"该书列举并简述了673篇由心理学家、社会学家以及其他学者写作的有关媒介暴力的文章。但是这些文章有一个共同的问题，那就是对于如何定义媒介暴力没有共识，这是因为暴力是一种非常复杂的现象。早期定义对动画卡通和漫画中的混乱能否被视作一种暴力是存疑的，因为角色似乎不受所发生之事的影响。同样的，你的概念必须能够应对所有被研究的行为。如果你的操作性定义漏掉了某些类别的暴力行为（可能因为它们难以被测量和量化），你的研究结果将被视为不可靠的。因此你的操作性定义一定要是谨慎措辞和仔细考量的。

确定可测量的计分单元。这一点意味着算出你的基本或标准测量单元。如果你做的是报纸漫画的内容分析，你就需要将漫画框架作为你的基本单元。如果你做的是杂志文章的内容分析，你则需要计算词频。如果你研究的是报纸文章的内容分析，你就需要将专栏长度作为基本单元。如果你研究的是电视节目，你则需要将分钟数作为你的基本单元。重要的是在你的研究范例中保持基本单元的一致。

确定如何制作编码表。编码是将从研究对象中获得的数据进行分类，并赋予每个类目中的分析单元一个符号或数字的过程。编码是为了在解释我们的研究时进行交叉制表。比如在研究电视暴力时，我们将电视上的暴力种类归到一定数量的类别中，并赋予每个类目一些数字和符号。在暴力研究的案例中有许多我们可能观察到的类别：男性对女性的暴力、女性对男性的暴力、成人对儿童的暴力、儿童对成人的暴力，等等。暴力是个如此模糊不清的术语，我们很难定义它。因为这一概念很难进行编码，所以任何重复你的研究的研究者都会使用同样的编码方式。之后我还会再谈到这一点。

只测量显性内容。在进行内容分析时，只测量文本中的显性内容。显性内容指的是 278
被明确陈述的内容，而非隐性内容（“隐藏”在字句之间的信息）。如果漫画中的一位男性角色对一位女性角色说“我爱你”，你需要接受这句话的表面意思并将之用到内容分析中，而不能因在故事中他之前的行为推断他是不真诚的，从而不将他的这一表述纳入计算当中。

❖ 暴力所包含的方面

在下面这张表格中（来自我1995年出版的《大众传播理论基础》），我给出了对于暴力这一术语的理解以表明这个概念的复杂性。考虑到涉及暴力的方面，我们应当牢记索绪尔（1996）关于被消极定义的概念的那些劝诫。我列举了31个极端情况，它们反映了多种多样的暴力类型，这也可以体现出暴力话题的复杂程度。

1.媒介化的暴力	亲眼看见的暴力	
2.真实的媒介化暴力（战争）	虚拟的媒介化暴力	
3.喜剧暴力	严肃暴力	
4.计划中的暴力	实施了的暴力	
5.针对个人的暴力	针对群体的暴力	
6.暗示的暴力	明文记录的暴力	
7.警方暴力（正义）	罪犯暴力	
8.语言暴力	肢体暴力	
9.“伪”暴力（搏击摔跤）	“真”暴力（酒吧斗殴）	
10.针对英雄的暴力	针对恶徒的暴力	
11.针对女性的暴力	针对男性的暴力	
12.过去的暴力	将来的暴力	
13.人类实施的暴力	机器实施的暴力	
14.防御性暴力	攻击性暴力	
15.儿童暴力	成人暴力	279

续表

16.弱暴力（挑衅）	强暴力（谋杀）
17.偶然暴力	蓄意暴力
18.视觉图像的暴力	语言描述的暴力
19.神志不清的暴力	意识清晰的暴力
20.作为手段的暴力	作为目的的暴力
21.暴力的原因	暴力的影响
22.作为行动的暴力	作为反应的暴力
23.许多小举动构成的暴力	一个大举动形成的暴力
24.作为情绪反应的暴力	作为理性反应的暴力
25.针对他人的暴力	针对自我的暴力
26.他人引发的暴力	自我决断的暴力
27.恶性迹象	寻求帮助
28.恐惧引发的暴力	仇恨引发的暴力
29.组织性暴力	个体性暴力
30.先天的暴力	后天的暴力
31.必需的暴力（体育）	特别的暴力（谋杀）

我们可以看到，暴力极为复杂，难以界定，尤其是从操作层面来看。由于这一概念的复杂性，许多针对媒介暴力的内容分析，都受到了以不同方式定义暴力的研究者们的挑战。

❖ 内容分析法作为研究方法的优势

内容分析法具备的诸多优势揭示了它为何成为如此受欢迎的一种研究方法：

- 低调（unobtrusive）
- 成本相对较低
- 280 可用于研究新近事件，或近期兴趣点
- 所使用的材料相对易得和易于处理
- 产生的数据可量化

内容分析法最大的优势之一是它的不介入性。不像访谈法和参与式观察法，内容分析法的使用者并不"介入"其研究对象，这样就不会影响到研究结果。另外，不像其他研究方法，内容分析法的成本相对较低。它只要复制出版物或者录下电视节目即可，无须投入巨资获得研究素材，当然，内容分析的规模也是一个影响因素。比方说，如果你所进行的是一项针对电视新闻节目的大规模的内容分析，使用成百上千个小时的电视节目素材，那么为这些素材编码将会非常耗时且昂贵。但对于大多数内容分析而言，获取用于分析的素材的成本不会太高。

内容分析法可以由与当下利益相关的话题构成。这就意味着，你处理的问题是出于对此时此刻的考虑，尽管如我之前暗示过的那样，数据本身并不能说明太多问题。你需要将数据放入观点当中，是任务导向的，总而言之就是做出历史的和比较的内容分析。此外，用于内容分析的素材是随手可得的。如果你要做出版物的内容分析，你总能在一个不错的图书馆中找到这些素材，而大多数的电视节目也可以在特定的研究型图书馆中获取，当然最新的电视节目则可以直接录下来。然而，就我们对量化研究方法的兴趣而言，最重要的一点是你从内容分析中得到的数据可以用数字的形式表达出来。数字给出了细节信息，而这些细节信息被阐释之后，可以洞悉文本创造者的思维模式。也许——尽管这一点存在争议——它们可以被用来推断受众将如何受到这些文本的影响。

❖ 操作内容分析的难点

与使用其他研究方法一样，研究者在操作内容分析时也会遇到某些困难。在之前对内容分析的综述中，我已经谈到过相关话题，下面是对先前讨论的几点补充：

- 找到一个具有代表性的样本 281
- 确定测量单元
- 获取编码信度
- 界定操作性术语
- 确保研究发现的效度和效用

第一个难题就是确定你所研究的文本的代表性样本。如果你所研究的是周六上午的儿童电视网节目，你就要决定什么样的节目是具有代表性的，以及每个节目要分析多少内容。倘若你的样本不具代表性，那么你的研究结果也就没有说服力。

有时这一问题的解决方案就是进行随机抽样，并假设这样的抽样就是具备代表性的，或者至少可以说不会受研究者个人偏好的影响。你还要确定你的测量单元。对于像报纸和杂志文章这样的出版物，测量单元通常是专栏版面的长度或面积，或者是字数。你也可以用电视节目或者杂志发行期作为测量单元。无论你怎样操作，你必须确保你的测量单元是标准的。如果你研究的是杂志上的时尚广告，那么单个的广告而非它占据的版面面积才是测量单元。你的广告是在《时尚》那种规模的杂志上，还是在《纽约时报》周日杂志版上，并不会有任何区别。如果你处理的是连环漫画，那么一幅图就可以是测量单元。

你要弄明白如何编码素材，这样每位编码员才能以同样的方式对研究文本中的元素进行分类。编码者信度问题非常重要，如果不同编码者以不同方式对同一文本中的同一行为进行编码，你的研究结论将会是无用的。为了获得编码者信度，你必须对文本中需要编码的内容进行操作性定义，所以你必须先将需要编码的内容进行分类（比如不同类型的暴力），然后给出每一类的操作性定义。我已经在前文讨论过操作性定义的难点。

测试信度（在内容分析的专业术语中就是“编码者间信度”）最简单（也是最有效）的方法就是让几个编码者分析同一内容并对比他们的结果。然后找到他们研究成果相同部分所占的比例，当然，比例越高可信度越高，可信度水平达到90%及以上则是可取的。你同时需要确保你的研究发现是有效的和有用的，即你确实测量了你计划测
282 量的内容，并且你的研究成果具备一定的价值，这意味着你必须非常留意构想自己的研究问题，这样你才能找到有趣的事物并得出有用的结论。

回到电视暴力这个例子，我们还需考虑暴力强度这个问题。一档电视节目可能包含许多“弱暴力”内容，而同样长度的另一档节目只包含一个暴力行为，但是这一暴力行为力度强大，以至于对观众产生了强烈而持久的影响。

❖ 内容分析法的步骤

上文已经讨论了内容分析法的方法论问题，该研究方法的难点以及它的优势，接

下来是操作的具体步骤。

1. 确定你想要得到的研究发现并做出假设——这个假设是一个对于你所期待的结果进行深思熟虑后的推断。（比如，通过研究1960—2010年的样本，我们假设女权运动的兴起、女性在政府部门权力的提升以及其他的社会因素，将会导致连环漫画中女性话语的增多，这一假设是合理的，但这一假设正确与否需要通过内容分析去验证。）

2. 解释你将要研究的内容并陈述这项研究的价值。

3. 给出这一研究选题的操作性定义。如果你研究的是暴力，就要给出你对于暴力的定义。

4. 解释你选择研究样本的基本原则，即你如何决定研究样本。

5. 解释你的分析单元。

6. 描述你的分类系统或者编码素材的类目体系。记住这些类别必须具备互斥性和全面性。

7. 确定你的编码系统。

8. 测试编码者间信度并做出必要调整，比如增加编码者的训练和实践或者是调整 *283*
操作性定义和编码程序。

9. 使用编码系统分析研究样本。

10. 使用量化数据呈现你从内容分析中得出的研究发现。

11. 使用数值数据及其他相关研究材料解释研究结果。

这个列表描述了内容分析的一般性步骤，当然，罗列步骤与实际操作之间存在很大差别。实际操作需要应对很多问题，比如如何选择样本，如何分类并对样本中的材料进行编码。解释研究发现也是个难题，因为研究者的解释往往“超越”数据本身而面临着一系列的批评。

❖ 内容分析法：应用与练习

1. 使用前文表格中所列的暴力类型，对某个犯罪类电视剧做暴力内容的分析。为此次研究准备好一张编码表。你的研究中是否有惊人发现？如果你可以找到该电视剧数年前的某一集，你就能够看到暴力呈现的方式是否有所改变。
2. 选择1995年和2015年某一天的报纸漫画中男性和女性的话语，对它们做内容分析。以内容分析步骤列表和本章给出的编码表作为你的分析基础。在你的内容分析中出现了哪些问题？你的研究发现是什么？是否出乎你的意料？你也可以研究连环漫画中的其他主题，比如其中的暴力内容、男性和女性形象，等等。

3. 找出三篇有关“生产偶像”（如政治人物、商界人物）和三篇有关“消费偶像”（如电影明星、娱乐人物、名流）的杂志文章，复印这些文章的第一页并将它们带到课堂上来。在寻找“偶像”中你遇到哪些困难？你发现这些文章有何有趣之处？你去哪儿寻找“生产偶像”？

284 **报纸漫画比较性分析的编码表样本**

1.报纸名称 2.刊载日期：月， 日， 年 3.当天的版面数量 4.当天各版所有连环漫画的名称列表 5.当天各版的男性和女性人物数量 6.当天各版男性人物言论的词语总数 7.当天各版女性人物言论的词语总数	 2000 2000 页数： 2000 2000： 2000： 2000：	 2010 2010 页数： 2010 2010： 2010： 2010：

注：这项内容分析只针对2000年和2010年报纸连环漫画中男性和女性人物言论的词语总数（或者任何你的导师选择的数据），它不涉及年龄、性别、种族或者其他需要调查的主题。

285

1. 普通气泡里的对话
2. 圆齿气泡里的想法
3. 锯齿气泡里的声效
4. 面部表情
5. 线条表示移动
6. 面表示衔接
7. 场面设定
8. 艺术风格：明暗、构图，等等
9. 语言：词语与标点的意义
10. 服装、道具及其他文化素材

来源：Arthur A.Berger,*Media Research Techniques*(1998a)

❖ 结论 286

和其他研究方法一样，知道内容分析法的方法论和实际进行研究之间存在着鸿沟，但这世上不存在毫无弱点和局限性的完美方法。当你操作内容分析法（或其他任何研究方法）时遇到困难无须惊讶，也不必对自己过于严苛，只有通过大量的实践和体验，你才能学会应对研究者将会遇到的那些困难。重要的是要思路清晰、工作仔细，有机会也可以去分享你的所学。本章开篇介绍的洛文塔尔1994年对《周六晚邮报》所做的内容分析，提出了关于“生产偶像”如何被“消费偶像”除魅的重要见解，消费偶像仍主宰着我们的许多杂志，在美国消费社会形成的这些年中扮演着重要角色。

❖ 延伸阅读

Adams, W.,&Adams, F. S.(1978). *Television network news: Issues in content research*. Washington, DC: George Washington University.

Gottschalk, L. A.(1995). *Content analysis of verbal behavior: New findings and clinical applications*. Mahwah, NJ: Lawrence Erlbaum.

Krippendorff, K. H.(2013). *Content analysis: An introduction to its methodology* (3rd ed.). Thousand Oaks, CA: SAGE.

Krippendorff, K. H.,&Bock, M. A.(Eds.).(2009). *The content analysis reader*. Thousand Oaks, CA: SAGE.

Neuendorf, K. A.(2002). *The content analysis guidebook*. Thousand Oaks, CA: SAGE.

Riffe, D., Lacy, S.,&Fico, F.(2013). *Analyzing media messages: Using quantitative content analysis in research* (3rd ed.). Mahwah, NJ: Lawrence Erlbaum.

Roberts, C. W.(Ed.).(1997). *Text analysis for the social sciences: Methods of drawing statistical inferences from texts and transcripts*. Mahwah, NJ: Lawrence Erlbaum.

Treadwell, D.(2014). *Introducing communication research: Paths of inquiry* (2nd ed.). Thousand Oaks, CA: SAGE.

Weber, R. P.(1990). *Basic content analysis* (2nd ed.). Newbury Park, CA: SAGE.

这世上不存在完美的数据收集方法。然而，当满足如下三个条件时，自填式问卷就比较适合于个人访谈了：(a) 你面对的是有读写能力的受访者；(b) 你很自信于能有高回复率（至少要有70%）；(c) 你所提的问题从本质上而言无须面对面的访问，或者是诸如提示卡、图表等的视觉协助。

在这些情况下，以你的时间和金钱，与其他问卷调查的方法相比，你可以获得更多的信息。如果你生活在一个高度工业化的国家，并且你所调查的很大比例的人口都有自己的电话，那么当自填式问卷无法正常运作时，你可以考虑进行一次电话调查。

——罗塞尔·伯纳德（H.Russell Bernard），《人类学研究方法：定量与定性路径》1994,p.264）

13

调查法

289

第13章 核心问题

- 什么是调查法?调查法旨在发现什么?
- 描述性调查法与分析性调查法的区别在哪里?
- 个人访谈与自填式问卷的区别在哪里?
- 调查法的优势和劣势是什么?
- 电视观众研究中的市场占有率与收视率有什么区别?
- 何时使用开放式问卷?何时使用封闭式问卷?
- 怎样提出高质量的调查问题?
- 什么是样本和调查?
- 样本的类型有哪些?
- 如何评价调查的精确性?
- 关于调查法与2012年的总统大选,有什么说法?

290 调查法是一种用于收集各类特定群体（他们代表着更大的相关群体）信息的研究方法。比如，产品生产者会使用调查法，去发现人们对其产品（及其竞争对手的产品）的看法。我们用调查法来回答下列问题：

- 人们知道些什么？
- 人们的看法是什么？
- 人们拥有什么？
- 人们在做什么？
- 人们做了什么？
- 人们正打算做什么？
- 人们的态度是什么？
- 人们的品味是怎样的？
- 人们有哪些偏见？
- 人们有哪些信念？
- 人们有怎样的价值观念？

在竞选期间，那些仰仗公众选票的政治家们，频繁地使用调查法以找到对人们而言重要的话题。大多数调查由访员完成，但是有一种调查法——问卷法——不是由访员完成，而是通过邮件或散发印刷物（或者是其他方法，比如互联网）传递出去的。“调查法”和“问卷法”这两个词，经常被混用。

❖ 调查法的定义

杰奎琳·怀斯曼和马西娅·阿伦（Jacqueline P. Wiseman & Marcia S. Aron, 1970）在《社会学学生的田野项目》一书中，给调查法下了一个绝佳的定义：

> 调查研究是一种收集和分析社会数据的方法，这些数据是通过高度结构化的、往往也是细节充分的访谈或问卷调查而获得的，可代表某一特定群体的数量庞大的受访者的信息。（p.37）

一个更新近的定义来自唐纳德·特德维尔的《传播学研究引论》，他是这样定义调 291
查法的（2011）：

> 调查指的是一系列格式化了的问题，它们被寄送给一个特定样本群体，研究者指望他们会在短期内给出回应。这一调查过程起始于理论化的研究问题或假设，接下来是问题设计和规划，将问题发送给受访者，得到他们的回答并对其进行分析。调查问卷就是一组受访者需要回答的特定问题。

这些界定让我们将焦点集中在调查法的四个主要方面：

1. 调查法被用于收集和分析社会、经济、心理、科技、文化和其他方面的数据。
2. 调查法的基础在于锁定受访者（调查对象）并向他们询问相关信息。
3. 调查法研究的是被研究群体的代表性样本。
4. 调查法假设从样本处得到的信息可以代表被研究的群体。

❖ 调查法的种类：描述型与分析型

调查法有两个基本类型：描述型和分析型（或称解释型）。描述型调查法，正如它的名字所显示的，描述了所研究的群体。这些调查旨在获得人口学信息，比如年龄、性别、婚姻状况、职业、种族或民族、收入和宗教信仰，并将这些信息与某类人群的观点、信念、价值观和行为联系在一起。比如，节目制作人利用调查法去发现节目的受欢迎程度，商品制造者使用调查法以确定产品的使用者是哪些人。描述型调查法的焦点在于当下的行为。

第二种调查法——分析型调查法，旨在找到人们行为背后的原因。研究者通常使用描述型调查法的数据建立假设，使用分析型调查法去验证这些假设，这些假设往往
涉及导致人们某类行为的原因。分析型调查法试图确定人们的某类特定行为和他们的 292
社会及人口学特征之间是否存在一定程度的关联。

正如你可能想象的那样，获得描述人们行为的信息要比找到行为背后的原因简单得多。在处理人们的行为问题时，你需要考虑到生理、心理、社会、经济以及政治因素

（以及其他相关因素）。人们的选择背后有太多变量，所以想要知道人们行为的原因，或者众多因素中哪些最重要，是相当困难的。

❖ VALS类型学调查法

VALS 类型学卡通图

1983年，斯坦福研究中心“价值观念与生活方式”（Values and Lifestyles，简称VALS）研究项目的组长阿诺德·米歇尔（Arnold Mitchell）出版了《九种美国式生活方式：我们是谁，我们走向何处》。在序言中，他发表了几个有趣的观点：

> 人们的价值观和生活方式能够很好地解释我们即将前往何处，它们也有助于解答如下实际而多样的问题：为何我们支持这些而反对那些；为何有些人是强势领导者而有些人相对较弱；为何有些人有经济头脑而有些人天生充满艺术气息（有些人甚至两者兼备）；为何我们相信这些人而怀疑那些人；为何有些产品吸引我们而另一些产品索然无趣；革命为何得以发生。
>
> 293 “价值观”这一术语指的是一个人整套的态度、信念、观点、希望、恐惧、偏见、需求、渴望和希冀，它们整合在一起控制一个人的行为……对一个个体某些态度和人口学特征进行分类，能够大大帮助我们了解这个人许多其他方面的信息。并且，这个方法使我们能够界定一个人生活中那个或那些决定生活质量的因素。（p.vii）

在米歇尔及其同事于1980年展开的大型调查的基础之上，他发展了人们后来所知的VALS类型学。这一类型学认为，世上有九类人，每一类人拥有相似的价值观念，而这些价值观念形塑了其行为，尤其是其消费行为。广告行业对VALS类型学尤其感兴趣，因为他们认为这一工具将会有助于定位目标群体。

第一个VALS类型学有九种分类（之后还发展了第二个）。组群的划分取决于人们属于需求驱动、外部指引、内部指引还是内外部指引兼具。

名称	组群类别
幸存者	需求驱动
支持者	需求驱动
归属者	外部指引
效仿者	外部指引
获得者	外部指引
我行我素者	内部指引
崇尚经验者	内部指引
潮流敏锐者	内部指引
整合者	外部和内部指引

这一类型学发展自斯坦福研究中心（与斯坦福大学无关）进行的一项大型调查。米歇尔对调查法在类型学形成过程中所扮演的角色进行了如下描述（1983）：

> 价值观念与生活方式类型学（简称VALS）……以VALS项目组1980年通过大规模邮件调查收集到的数据作为基础……这项调查提出了800多项针对广泛话题的具体问题，样本数超过了1600个。调查对象构成了全国性概率样本，它覆盖了全美18岁及以上居住在48个彼此接壤的州的美国公民……对调查结果的数据分析，加上对人们活动模式和消费模式的分析，共同量化并丰富了VALS类型学的基本概念，使我们能够给出细节丰富的、定量的VALS类型学的人群画像。（pp.3–4） *294*

这项调查的样本规模惊人，这也表明了它的可靠性。对于我们的目的来说，有趣的是VALS为方便起见，为斯坦福研究中心的客户发展出了一项简版调查，并发现它们一致性的总体水平达到了86%。

从这项调查中我们得出两点结论：第一，如果操作得当，从相对小规模调查中获得有用结果也是有可能的。VALS的简版调查的精确性与其完整版几乎一样。第二，从调查中获得数据之后，研究者有必要解释调查结果。通常研究者需要建立某一种类型——将参与调查的对象合并或划分到不同组。斯坦福研究中心提出的第二种VALS类型学与第一种大相径庭，这一事实也就表明，调查研究分析中的类型划分以数据解释和分类方式为基础，而有些数据解释和分类要优于另外一些。

❖ 收集数据的方法

方便的是，调查法通过两种方式收集数据：

1. 采访（个人或者小组访谈；面对面或者电话采访）

2. 自填式问卷

- 监管式：一对一或一对多发放
- 非监管式：问卷经由邮件或电子邮件发放给人们，或者通过杂志、网络等方式自由发放。

调查法的采访与深度访谈非常不同。调查法的采访有一列受访者需要回答的问题，而不像结构性较弱的深度访谈那样，允许受访者探索偶然提出的话题。调查法的访谈比深访更短、更有结构性，因此它所获得的信息对被研究的群体能够做出可靠的
295 整体归纳。和面对面采访相比，电话采访相对来说成本较低，且侵犯性较弱，但因为不是人人都有电话，这样的样本可能就是偏狭的、不具代表性的。

问卷调查，简单理解就是向人们发放一系列问题，他们需要回答这些问题并将问卷返还给发放者，这也就是自填式问卷。问卷必须附信以说明问卷的目的并指出它与填写问卷的调查对象有何关联。同时，问卷应该设计得有吸引力且易于填写和回收。向调查对象提供一个有邮戳并写好发信人地址的信封，是个不错的选择。对调查对象而言，你将一切安排得越简单，你就越有可能收回问卷。

下面的表格中简单列出了这两种调查方式的优势和劣势：

个人式采访

优势	劣势
采访者可以对问题进行详细解释	侵犯性（过于个人性）
采访者可以使用多种多样的数据收集方法	耗时且成本高
采访者可以和受访者长时间共处	有时难以找到样本中的受访者
你了解回答问题的对象	人们不愿回答某些问题
获得所期望的反馈率的可能性更高	需训练有素的访员
并不令人生畏	访员与受访者可能有语言障碍

自填式问卷

优势	劣势
成本低	受访者可能曲解问题
无须担心访员的个人偏见	低反馈率标准
可提问非常私人的问题	你不了解真正填写问卷的对象
可提问复杂的、细节性的问题	样本错误频发

从表格中你可以看出，这两种收集信息的方式都存在着优势和劣势。你所做出的 296
选择应当基于你想要获得的发现、你所拥有的时间以及你可支配的资金。

❖ 调查法的优势

做调查法有许多优点，这也是它们得以广泛使用的原因。报纸和杂志也大量报道它们，部分原因是人们对于调查所揭示的内容很感兴趣，即使个人不一定愿意参与其中。

- 调查法成本低
- 调查法可获得当下信息
- 调查法让你一次性获得大量信息
- 调查法提供的是量化的、数字化的数据
- 调查法使用普遍，其中一些信息可能已在其他调查中获得

相对而言，调查法成本低，但它们能够获得巨大的信息量，并且这些信息都是当下的。调查法帮助研究者（他们服务于生产厂商、市场经营者、政治党派）找到各种信息，比如说，人们拥有的产品，人们准备购买的产品，竞选中对人们而言重要的话题，人们准备在竞选中投谁一票，以及所有其他相关信息。

尤其重要的是，调查法收集到的信息可以被量化，并进行统计分析，这样所能达到的有关研究对象的精确度，是其他形式的研究方法无法比拟的。通过对数据的整合归纳，读者就能很快看出这些数据所揭示的有关这一被研究群体的信息。我使用“被研究群体”一词，是因为许多调查研究只对某一部分群体感兴趣，比如说，汽车购买者、某

个州的选民、家庭主妇们，或者是电视节目观众。调查信息对电视产业来说至关重要，节目的生死存亡取决于它们的受欢迎程度，而这来源于调查所获取的观众数据。

297 因为有太多的调查，所以有些你想要获得的信息可能在其他调查中已经被搜集了，所以你必须确保你没有把大量时间和精力花费在获取已有的信息上。另外，人们对于被调查已经产生了抵触心理，可能不会配合你。1997年10月，有一份网上媒体报告《媒体从业者》（*Media Professional*），引述了《企业营销》（*Business Marketing*）1997年9月那一期上的研究发现：

商业领域研究者

挣扎着获得有效的反馈

> 商业领域的研究者们发现，想要在调查中获得50%的反馈率越来越难。随着调查总量的不断攀升，消费者越来越不情愿参与个人调查。另外，公司也开始阻挠员工参与其中。50%的反馈率是保证精确度的基本要求。

❖ 调查法的难点

使用调查法和问卷法（以及所有形式的采访）有一些难点需要研究者牢记在心：

- 人们往往不会告知实情，尤其是与私人事务相关的信息
- 即使在他们想要告知实情时，他们也会搞错自己已经做过的事情
- 获取具有代表性的样本往往很困难
- 人们常常拒绝参与调查
- 只有相对较少的人填写并返还了问卷
- 提出好的调查问题存在困难

有时人们不愿把实情说出来。比如，他们会担心，如果把自己非常喜欢的节目告诉你，你会觉得他们很傻，或者你会觉得他们看了太多电视。

人们也会搞错自己的行为。比如，他们可能低估了自己在某一特定时间看电视的总

量。人们还可能给出错误的回答，因为问题的描述含混不清，或者可能具有某种威胁性。通常情况下，人们总是回答完问卷后把它们随手一放，然后就忘掉了。这就是为什 298
么要给他们寄送后续信件以提醒他们填写问卷并将问卷寄回给你。确保问卷来自你的样本人群，这一点至关重要，否则这一样本就不具有代表性了。

很多人拒绝参与调查。就我个人而言，我理解那种愤怒不满，尤其是在晚餐时间被叫住并要求回答一些关于市场的调查问题之时。和许多人一样，我也不喜欢告诉别人某些特定的个人信息，尤其是当我相信他们将会利用这些信息牟利时。

❖ 调查法与2012年总统大选

在2012年总统大选中，调查法扮演了重要角色，好几位统计专家成功预测了总统竞选以及其他官员的竞选结果。

在“奥巴马于佛罗里达州和俄亥俄州民意调查中保持领先”中，小尼尔·金（Neil King Jr., 2012）解释了《华尔街日报》、NBC新闻以及马里斯特（Marist）民意调查公司在电话调查中所使用的方法。这一数据基于对18岁及以上成年人通过电话及手机进行采访而得到。马里斯特民意调查公司于2012年10月31日和11月1日联系了佛罗里达州的1973位注册选民和1545位意向选民，以及俄亥俄州的1253位注册选民和971位意向选民，电话使用者和手机使用者的号码是随机抽取的。金（2012）解释了这种方法：

> 手机采访包含了佛罗里达州24%的注册选民和22%的意向选民，以及俄亥俄州27%的注册选民和25%的意向选民。在佛罗里达州，37%的意向选民认为自己是民主党，35%认为自己是共和党，33%认为自己是非党派人士或其他。注册选民的调查结果在佛罗里达州具有上下浮动2.2%的数据显著性，在俄亥俄州具有上下浮动2.8%的数据显著性；而意向选民的调查结果在佛罗里达州具有上下浮动2.5%的数据显著性，在俄亥俄州具有上下浮动3.1%的数据显著性。每个州自群体的样本公差要更大些。

纳特·西尔弗（Nate Silver），一位曾为《纽约时报》撰写“5-38”专栏的统计员，负责处理那些没有联系到足够手机用户的民意调查中的错误。在他的文章《谷歌还是盖洛普？选民习惯的变化重塑民意调查的世界》（2012）中，他查看了总统竞选最后三周 299

开展的民意调查的结果，发现一些民意调查公司高估了共和党候选人米特·罗姆尼的支持率，这一高估值达到了4个点，这就使共和党对选举公众产生了不准确的估计，导致共和党相信他们会在竞选中大胜当选。尤其是盖洛普民意调查公司给出了极其不准确的结果。正如西尔弗所写的那样，"盖洛普民意调查公司如今已经连续三次做了错误预测。2008年它的民意调查高估了奥巴马的表现，而2010年他们又高估了共和党的表现"。西尔弗发现，通过网络和电话展开民意调查的公司往往能取得最佳结果，只有2个点的偏差。另外，机器民意调查有5个点的偏差，在线电话调查有3.5个点的偏差。西尔弗认为某些民调的偏差如此之高的一个原因，是因为它们未将手机用户纳入考虑之中；此外，它们所使用的模型是多年前开发的，现在已不再适用。他以这样的一种可能性作为总结："或许不久之后，谷歌，而非盖洛普，将成为民意调查界最信得过的名字。" 西尔弗基于高质量民调而产生的精确预测，让他成为媒体界的名流。他离开了《纽约时报》，创建了自己的公司"5-38"①，发布有关体育赛事、政治及其他话题的博客。

❖ 媒介使用调查笔记：市场占有率与收视/收听率

当调查法面对的是人们收看的电视节目时，研究者需要区分受众的市场占有率和受众的收视率。巴里·谢尔曼（Barry L. Sherman, 1995）在《电信管理：无线/有线和新技术》中对此进行了解释：

> 收视率指的是某一地区收看特定电视台、节目或电视网的人口数或者家庭数的百分比。比如说，如果尼尔森样本中的1000户人家中有250户收看ABC电视网，那么ABC在那个时间段的收视率就是25%（用250除以1000）。为了便于记录，这个百分比会录入收视率簿。市场占有率指的是某一地区收看特定电视台、节目或电视网的人口或者家庭在正在使用电视机的总体中的占比。还是用上面的例子，如果只有750个样本家庭真的在那段时间内使用电视，那么ABC的市场占有率就是33%（用250除以750）。因为出售的电视机永远多于正在使用中的电视机，所以市场占有率总是会高于收视率。（p.389）

---

① FiveThirtyEight网站是一个成立于2008年的新闻网站，因通过棒球比赛数据成功预测出奥巴马将赢得美国总统大选而成为人们关注的焦点。该网站由纳特·西尔弗创办，目前属于ESPN旗下。——译者注

因为广播电台、电视台以及电视网通过将受众转交给广告商来盈利，所以这些媒体和节目 300 的受众规模（和性质）至关重要。受众规模越大（只要在人口统计学上可以接受），这一电台/电视台或电视网越能够为播放广告开出更高价码。

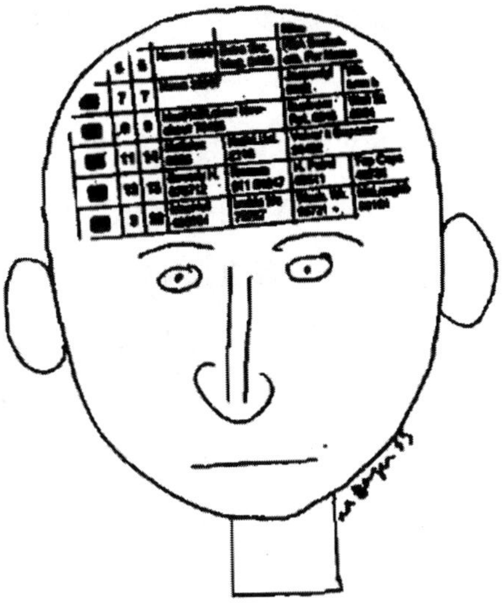

可能正如你所想象的，市场占有率也非常重要，因为它告知该台所有者，与其他台相比，本台实际收看和收听的受众数量如何。也正如许多其他调查收集到的信息那样，关系——通常以百分比形式出现——是至关重要的。

❖ 开放式与封闭式调查问题

研究者可以采用两种类型的调查问题进行调查：开放式与封闭式（或者换一种术语表达，结构—回应式问题与选择—回应式问题）。一个开放式问题需要调查对象自己组织答案，并将回答写在纸上给定的位置。而封闭式问题需要调查对象从研究者给出的答案选项列表中进行选择，这些选项列表有多项选择题，或者李克特量表等。下面是这两类列表的范例。

多项选择题。提出好问题有两个主要标准，一个是答案的选项之间具有互斥性（调查对象应该只能选出一个答案，除非要求是多选），另一个是答案的选项具有穷尽性（所有可能性都被提及，常会增加“其他”作为选项之一）。下面是一个例子： 301

> 您通常选择下面哪家电视网收看全国性新闻？
>
> (a) NBC
>
> (b) CBS
>
> (c) ABC
>
> (d) Fox
>
> (e) Other

李克特量表。在《人类学研究方法》中，罗素·伯纳德（1994）讨论了李克特量表：

> 或许最常用的量表要归功于李克特（1932），他引入了一种广受欢迎的五分量表……五分量表也可以做成三分或者七分，从“同意”到“不同意”的顺序也可以变成从“赞成”到“不赞成”、从“喜欢”到“反对”、从“极好”到“极差”，但原则都是不变的。这些都是李克特量表的变体……李克特的这种方式就是制造可能度量的概念的长长的列表，然后找到度量这些不同维度的子集。如果某一概念是一维的，那它只需要一个子集。如果这个概念本身就是多维的，那么就需要多个子集了。（pp.297-298）

下面的李克特量表给出了一个问题，人们的回答需要从五个选项中进行选择：非常同意、同意、保持中立、不同意、非常不同意。

> 地方性新闻最重要的特点是准确性。
>
> 1. 非常同意
> 2. 同意
> 3. 保持中立
> 4. 不同意
> 5. 非常不同意

可见，李克特量表可以量化人们的观点和信念，这样就能得到比其他研究方法更精准的指标。

302 ❖ 撰写调查问题

唐纳德·特雷维尔在撰写调查问题上提出了重要观点。在他的专著《传播研究方法导引：调查的路径》（2011）中，他写道：

> 在一次成功的调查中，调查者可以从最大数量的受访者那里得到自己想要得到的信

> 息，这需要的不仅仅是坐在键盘前敲出问题。问题的格式、措辞、顺序都将影响到受访者的回答和你可能得到的结果，因此随时调整问题并开展预调查，都是很有必要的。
>
> 大多数调查想要得到受访者的四方面信息：人口学数据（如年龄、性别、宗教信仰、婚姻状况）、认知、态度和行为。（pp.125-126）

撰写出好的调查问题是一门艺术。在你决定好想获取什么信息之后，你就要开始撰写你的调查问题。好的调查问题具备以下特点：

- 它们清晰明了、毫不含糊
- 它们很简洁
- 它们的语言简单易懂
- 每个调查问题只询问一则信息
- 它们不偏不倚
- 它们不具有“引导性”或“超负荷性”
- 它们不会使调查对象感到尴尬
- 它们是调查对象可以回答的问题
- 问题的分组具有内在逻辑性，相邻的问题间彼此关联
- 测量观点的量度很清晰（李克特量表是我们极力推荐的，因为它提供了一定的细节，而不仅仅是“喜欢/不喜欢”或者“好/中立/不好”）
- 问题的排序具有逻辑性

清晰表达自我以便他人准确明白你想要知道的内容，是很困难的。你常会惊讶于人们误解、误读你的问题，或对那些你认为很好回答的问题感到困惑。你必须对措辞选 303
择和句子结构万分谨慎。

保证清晰度的一个方法就是使用简短而直击要点的句子。句子越短，越不容易被误读。另一个需要牢记在心的事情是一个问题只针对一则或一项信息，而不要去问双重问题（double barreled questions）。下面就是一个双重问题，也是一个需要避免出现的范例。这些问题中通常会出现“且”字：

“您认为这个产品味道鲜美且营养丰富吗？”

这个问题应该被分为两个问题：一个关于味道，一个关于营养价值：

“您认为这个产品味道鲜美吗？”

“您认为这个产品营养丰富吗？”

在撰写问题时，要避免出现偏见，免得问题倾向于你的个人观点或信念。撰写引导性问题也是一个类似的麻烦，在引导性问题中，你多多少少让你的调查对象同意你的观点，或者暗示他们以某种特定方式去回答问题。有倾向性的问题和引导性的问题都将你的观念和理解强加给你的调查对象，这就违背了调查的目的，即获取调查对象是如何感受的。

一个关于调查法的小短剧

大审判官：	在审讯中，我们对异见分子做了一项调查。
阿瑟：	真让人惊讶啊。你们发现什么了吗？
304 大审判官：	我们给了他们一道多项选择题：你偏爱下面哪项选择？ A.油中煮沸 B.碎尸刑架 C.五马分尸 D.垂垂老死
阿瑟：	你们发现了什么？
大审判官：	结果很让人惊讶。似乎所有回答这道多项选择题的人都选择了选项D，他们说他们都想垂垂老死。
阿瑟：	你们的发现对于审讯有何影响吗？
大审判官：	没有影响。因为所有审判者也以同样的方式回答了这道多项选择题，结果他们都想为异见分子们保留“艰难的选择”——A、B或C选项。我怀疑人们总是利用调查法去满足自己的目的且为所欲为，而置调查结果于不顾。

当然，相关群体有时想要获得特定结果，所以他们选择问题的措辞，增加或降低了他们得到想要的结果的确定性。思考以下关于同一话题的“是或否”问题：

1.你认为无辜的婴儿应该在出生前就被谋杀吗?

2.你认为女性有生育自由并对她们自己的孩子有控制权吗?

很显然,问题1饱含刺激性措辞,意在挑动情绪性反应,所以它并非不偏不倚的,而是“引导”调查对象给出特定回答。对于调查者来说真正的麻烦是,调查对象给诸如以上的一组问题相同的肯定回答,这就是说他们赞同了两种对立的立场。

❖ 预调查与试点研究 305

因为人们往往具备误读和误解问题(即使是那些你认为简单直白的问题)的特别才能,所以你应该进行试验性的预调查。也就是说,你应该在一小组人中测试你的调查及问卷(也就是社会学家所说的“工具”),以便发现可能出现的问题。评估预调查时,你需要考虑以下问题:

- 人们是否能够轻松地理解你所有的问题?
- 你的问题是否能让你获得想要的信息?
- 是否还有你需要问但还未问的问题?
- 是否存在你无须问但却问了的问题?
- 你的预调查是否显示你应当尝试不同的数据收集方法?

做预调查的好处就在于,它往往可以帮你找到问卷中存在的那些你无法预料的问题,这样你就可以在开展大型研究之前解决它们。

❖ 开展网上调查

对于开展调查来说,网络是一种便利且低成本的资源。学生们可以充分利用像“调查猴子”(SurveyMonkey)这样的网站,免费开展相对来说较为简单的调查。在玛丽莲·迪基的《慈善编年史》(Marilyn Dickey, 2006)中有一篇文章,讨论了如何选择进行网络调查的网站。在这里我给出了她的观点的缩减版:

- 这个网站是否好用？网站指南是否清楚？
- 这个网站提供的问题模板是否最适用于你的需求？
- 这项调查是否可以在网络上进行，或者说参与者是否需要将问卷打印下来？
- 你提问的问题数量是否有限制？
- 306 你所收集的数据能否以表格或其他数据形式下载？
- 你能否利用这一程序对数据进行可视化处理（表格或图）？
- 结果能否在视窗系统或苹果电脑系统中显示出来？

作为学生，你们不一定需要担忧所有这些问题。如果你的指导老师要求你使用“调查猴子”或者其他程序，这个软件将会为你提供大量可提问的问题以及其他的帮助。

不论你开展的是何种类型的调查，通过网络或以面对面形式进行，你必须问自己这些问题：

- 你想要发现什么？
- 为了获取这些信息，你需要提出哪些问题？
- 你如何避免含混不清的问题？
- 你将在调查中使用哪些类型的问题？
- 你寻求的是怎样的回答？
- 你的访问对象是谁？

我们使用调查法获得那些与我们相关或对我们而言至关重要的问题的答案。调查法可以为我们提供大量信息，但永远牢记一点，回答调查问题的人并不总是理解这些问题，也并不一定会说出真相。

❖ 样本

抽样背后的逻辑很简单。如果你面对的是同质的人群，那么每个人都是一样的，这个群体的小样本就能提供整个总体的可靠信息（我们使用“总体”这一术语来指代这个群体中的所有成员）。

一个可靠的样本必须具有代表性，并有一个合适的规模。我将用图表形式展示随机抽样是如何运作的。假设有一个100万人口的国家，人们的基因构造一样，用X′来代表他们。这个国家里的每个人都能用X′来代表，现在用X′代表50，000人。

总体

X′　X′　X′　X′　X′　　X′　X′　X′　X′　X′ 307

X′　X′　X′　X′　X′　　X′　X′　X′　X′　X′

样本

X′（一小部分）

很显然，即使你抽取这个总体中很小的一部分样本，你也能获得有关这个群体基因构造（X′）的精确信息，因为每个人都是一样的。（在这个案例中要注意一点，你如何抽取样本并不重要。）研究者进行简单的随机抽样就可以获得可靠信息。简单随机抽样可以是将总体中的每个人编上号，用随机数字表选择研究群体中的特定成员。在上述范例中，任何被选中的样本都是有效的。

但是，假如这个总体是异质，或者混合的，如下所示：

总体

X A B A B X A X B B X X

A X B B A A B B X X A A

样本

X A B

那么，在这个混合的或者异质的群体的样本中，你需要确保样本中X、A和B所占的比例与它们在总体中所占的比例是一致的。对于这种类型的总体，我们通常采用分层随机抽样。在分层随机抽样中，你需要找到代表性组群并对他们进行随机调查，这样你才能相信自己调查了所有组群中的人。

当你想要了解总体的某一特征时，你可以采用分层随机抽样。研究者选择他们感兴趣的变量，找到具备这些特征的调查对象，这样每个变量在样本中所呈现的比例与它们在一个更大的总体中所占的比例就是一样的。

308 第三种抽样方式利用的是整群样本，它调查的是研究者感兴趣的分组人群。比如说，你可能对某个给定城市或地区人们的报纸阅读习惯感兴趣。这种方式以一个事实为基础，即人们可以基于自身的日常行为活动而被划分为不同的组。抽样单元不是个体，而是自然形成的各组人群，也就是已成形的群体。决定选择各个群体中的哪些人作为代表性样本比较困难，下面将对这三种抽样方法进行详细的介绍。

❖ 获取随机样本

让我们来看看刚刚介绍过的三种随机样本：

1. 简单随机抽样
2. 分层随机抽样
3. 整群随机抽样

获取精确样本的方法有很多，但是随机抽样是获得被研究总体的代表性样本的最便利的方法。尤其是对于学生，以及其他没有充足资金支持的研究者而言，更是如此。

简单随机抽样

一个简单随机样本意味着总体中的每个成员都有着均等的被抽中的机会。使用“简单”这个词是因为这种抽样只包含了一个步骤，也就是使用随机数字表（如表13.1所示）获得一个随机样本。

通过将连续数字分配给总体中的每个人，并利用随机数字表选择你的样本，你就可以得到一个随机样本了。假设你想从一个100个人的班级中选出10个学生，你按姓氏首字母顺序列出了所有学生，将从1到100的数字分配给班级中的每个人，然后你参考随机数字表选择出基于随机数的样本。计算机也可以生成这样的数字表。

然后你选择一个随机数，如果是数字13，那么你就将数字13对应的学生从100个
310 学生中挑选出来作为你样本中的第一个人。如果下一个数是26，那么数字26对应的学生就是你样本中的第二个人。重复这一行为，将随机数字表中的前10个数字作为你的简单随机样本。

简单随机样本中被用过的人一般不会再用，在选择接下来的用于获取其他信息的

样本时，它们将被移除，也就是不放回随机抽样中。在更复杂的抽样中，它们是可放回的，但在低成本的调查中这种情况不常出现。

表13.1　随机数表 309

3941	1132	2271	6394	2438	1718	9548	5896	8618	0050
8915	2115	3784	4481	2866	1355	5590	6508	2495	5138
3962	6179	1507	3479	1272	7027	6268	8060	2718	1907
5449	4219	6262	2850	3516	6536	8036	8426	2901	4058
1342	2102	0902	5347	6769	3745	4938	0033	0902	7502
3594	1295	7766	0363	4732	6404	7003	4242	0000	5088
8876	7784	6445	0692	8029	5724	3604	6483	4323	1212
6445	0933	0887	9527	2189	8361	5930	4306	2759	9745
2167	3139	0986	2788	1920	5657	2932	5317	5960	8905
4581	7409	1191	1600	7184	6254	1835	4708	8613	6355
1849	3920	9947	3851	5875	6967	0823	0488	4030	0148
2408	6779	0796	7244	1625	8894	6075	8806	0273	1308
5688	4251	2068	2522	5905	8829	2734	0393	7240	4636
4518	4551	0008	9625	5584	1192	7829	7179	2902	1097
2590	6006	9961	1445	7221	3680	2901	6035	4834	1864
6752	1976	8687	5756	1527	0836	9931	2886	9392	0119
7967	7274	8498	0571	2632	3852	2433	3065	9471	5105
3511	9317	2022	6734	2506	2144	3194	4113	9709	7590
6637	9376	6538	5231	7599	6353	8136	0551	5810	5646
4815	7212	2329	8475	7429	2425	0271	8565	7581	9879
2253	4501	1808	3738	4078	3186	6108	9174	0207	6776
9288	8788	4298	4206	6595	1772	2838	0897	0881	0977
4954	4053	3599	8702	5157	1085	6589	0702	3249	8629
4096	6024	7876	9322	1771	2559	1251	1008	7846	9745
0903	1025	7333	9908	9048	3399	3003	9799	5244	1133

注：使用PERL生成

分层随机抽样

根据其他有关总体的信息以获得代表性样本，这一技术让我们的抽样具备更高的精确度。在分层随机抽样中，你需要根据所研究的主题将总体分为相关联的子种类，这些子种类就是层级（strata），层级之间应该互斥，也就是说，没有人能属于两种及以上的层级。

在建立一个分层随机抽样时，你的随机样本应该选自这样的总体，它所具备的特征与你的研究主题相关。比如说，假设你想要研究你所在的城市的电视新闻报道者，你可以研究他们的性别、种族、年龄、经验多寡或者专业方向。如果你要研究他们的专业方向或者种族，你所做的随机抽样就要基于这样的因素，你需要在不同层级内部进行简单随机抽样。

整群抽样

为了建立随机样本，你需要罗列总体中的所有成员，在诸多案例中，这张列表需要是不偏不倚的。为了绕开这个难题，研究者们就进行整群抽样，整群抽样包括抽取小组或群集中的成员。你将总体划分为自然形成的各个小组，比如某个邮政编码区域、某个城市或某个州的人们，然后从每组中抽取样本。这一技术不像随机抽样那样精准，但它节省了许多时间和资金。

311 ❖ 评估调查精确度

在评估调查时有三点需要考虑：

1. 样本量
2. 误差率
3. 置信水平

测量的误差与样本的规模紧密相关。如图13.1所示，随着样本量的不断上升，误差率的减小幅度也在不断降低。从技术上讲，测量误差以样本总量平方根的大小递减，这也就解释了为什么样本随着规模的增加而会相应提高精确度。边际效用递减规律此时在起作用。也就是说，一项针对1,500人的调查所具有的精确度与一项2,000人的调查相差无几。

总体而言，样本越大，你的研究发现就具有越高的可信度，但这只在一定程度上有效。最著名的抽样错误，就发生在1936年民主党候选人罗斯福和共和党候选人兰登的总统大选期间。《文学文摘》（*Literary Digest*）对大约230万人进行了调查，这一样本基 312
于杂志读者以及大约1,000万拥有电话的人的反馈。然而，这个样本并不能代表选民的总体。很大程度上，构成这个样本的是美国社会中较富裕的阶层，基本是富裕的共和党人，因此调查结果出现扭曲。《文学文摘》在不知情的情况下，询问了美国社会中的共和党人样本（非常不具代表性），他们将会选择哪位总统候选人，得到的是一幅有关美国选举公众的极为不精确的图景。

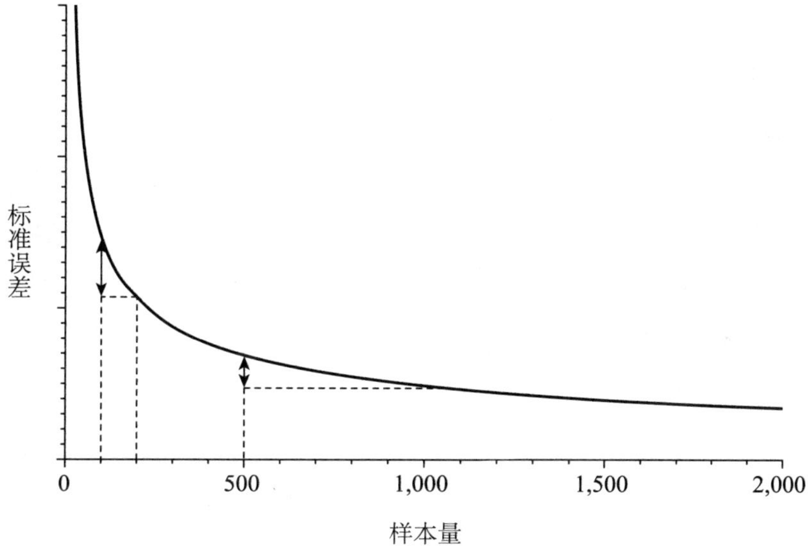

图 13.1　样本量与标准误差之间的关系

由此可见，样本的规模并不一定能说明什么。当然，你可以询问总体中的每一个人以避免抽样，这就叫做人口普查。但这是不实际的，你必须找到所研究的总体的代表性样本。抽样误差数值反映的就是你这项研究的精确度。

“置信水平”（confidence level），顾名思义，指的是对于从研究样本中得到的结论可以反映总体的相应参数这一点，你有多大的信心。置信水平与区间估计紧密相连，这就是说，研究结果不是以单独的数字（点估计）而是以“带”（范围）的形式出现。我们可以假设，在一定的置信水平上，参数位于这个范围之内。区间估计以点估计为中心，区间宽度与它的标准误差（SE）及想要的置信水平成一定比例。想要的置信水平越高，估计的区间就应该越宽。

最常用的置信水平是95%，相当于区间的最低值是样本数据左边2个标准误差，最高值是样本数据右边2个标准误差。打个比方，我们在一次调查中发现54%的用户偏爱产品A，此次估计的标准误差是3%，这样我们就可以说在95%的置信水平上，目标总体中有48%到60%（54%-6%；54%+6%）的用户偏爱产品A，这就意味着如果我们保持同样的样本量，将这次调查重复100次，那么在95次调查中，偏爱产品A的人会处于总体的48%到60%之间。

如果我们想要更高的置信水平，比如99%，那么相应的区间就要扩大，样本数据的左右大约各需要3个标准误差；对于我们举的例子来说，这就意味着，偏爱产品A的人
313 所占的比例是45%到63%。在一个更低置信水平（比如68%）的例子中，置信区间可以更小（1个标准误差），偏爱产品A的人所占的比例将会是51%到57%。

基本上，经验法则就是，一项包括1,500人的调查（假设这个调查操作得准确无误）有着正负3%的标准误差，而一项包括350人的调查则有着正负5%的样本误差。许多全国性政治民意调查使用的样本包含1,000到1,200人，所得结果的精确度为正负3%。如果投票结束之后，候选人A以51%的支持率领先候选人B的49%，这就意味着两位候选人都有可能胜出，因为误差要大于两位候选人支持率之间的差距。换句话说，既有可能是候选人B得到了51%的支持率，候选人A得到的是49%的支持率；也有可能是候选人A的得票率是54%，而候选人B只有46%。不出意外的话，候选人A比候选人B有更大的获胜概率。

❖ 调查法：应用与练习

1. 以你的全体同班同学作为总体，准备一份调查问卷，调查他们在某一天中的媒介使用量，包括电视、广播、电子游戏和其他媒介，也包括手机和MP3音乐播放器。利用本章中关于撰写调查问题的内容来制作问卷。你想要发现的最重要的事情是什么？你如何规避迷惑性问题、个人偏见、错误信息或者让填写问卷者感到尴尬的情况？之后，在课堂上比较大家所拟问卷中的前五个问题。
2. 找到一篇学术性文章，利用调查法分析它提出的问题。你有发现这些提问存在问题吗？如果有，请进行解释。你能提出更好的问题吗？如果能，请写下来在课

堂上进行讨论。撰写者在设计调查时面临哪些困难？如何克服它们？

3. 使用一款调查程序，如“调查猴子”，开展一项自己感兴趣的调查，或者是你的指导老师分配的调查。要注意你提问的方式，以确保自己可以获得有价值的信息。

❖ 结论 314

如上所述，调查法和问卷法非常复杂。我们使用这些调查工具是因为它们成本低，并且可以让研究者获得大量信息。但是在设计调查及问卷，以及获取研究样本时必须小心谨慎。

将调查和问卷设想成一个谜题，不失为一个好主意。我该如何解开这个谜题？也就是说，与调查对象打交道很难，设计工具也不容易，在这种情况下，该如何获得想要研究的总体的可靠信息呢？你必须考虑提出什么样的问题，还得考虑你所获得的信息有多大的可信度。尽管这一研究方法面临许多难题，但调查法和问卷法仍是研究者在获取可靠的量化数据时最常使用的两种方法。

❖ 延伸阅读

Alreck, P L.,&Settle, R. B.(1994). *The survey research handbook*. New York, NY:Irwin Professional.

Babbie, E. R.(1990). *Survey research methods*(2nd ed.). Belmont, CA: Wadsworth.

Creswell, J. W.(2014). *Research design: Qualitative, quantitative, and mixed methods approaches*(4th ed.). Thousand Oaks, CA: SAGE.

Fink, A. G.(2013). *How to conduct surveys: A step-by-step guide*(5th ed.).

Thousand Oaks, CA: SAGE.

Fowler, F. J., Jr.(1995). *Improving survey questions: Design and evaluation*. Thousand Oaks, CA: SAGE.

Fowler, F. J., Jr.(2014). *Survey research methods*(5th ed.). Thousand Oaks, CA:SAGE.

Rea, L. M.,&Parker, R. A.(2005). *Designing and conducting survey research: A comprehensive guide*. San Francisco, CA: Jossey-Bass.

Rubinstein, S. M.（1994）. *Surveying public opinion*. Belmont, CA: Wadsworth.

Sapsford, R.（2007）. *Survey research*（2nd ed.）. Thousand Oaks, CA: SAGE.

Smith, J.,&Christian, L. M.（2008）. *Internet, mail, and mixed-mode surveys*: The tailored design method. Hoboken, NJ: Wiley.

Sue, V M.,&Ritter, L. A.（2012）. *Conducting online surveys*（2nd ed.）. Thousand Oaks, CA: SAGE.

Treadwell, D. F.（2014）. *Introducing communication research: Paths of inquiry*（2nd ed.）. Thousand Oaks, CA: SAGE.

Weisberg, H. F., ICrosnick, J. A.,&Bowen, B. D.（1996）. *An introduction to survey research, polling, and data analysis*（3rd ed.）. Thousand Oaks, CA: SAGE.

实验法

实验法对传播研究最大的贡献在于，它有一种潜能，能找出那些对其他变量有重要影响的变量，并确定这些变量与其他变量之间是否具备某种联系。……实验法，就是改变某一变量，看其他变量是否会因此而发生变化。在传播研究的语境下，这就意味着将消费者置于不同种类的广告中，看哪一款更有说服力；让网络用户使用不同的网站，看哪一个网站最有可操控性；或者是让人们在不同的组群规模和领导风格之下处理难题，看哪种群体运转最有效率。

在以上所有的案例中，实验法所做的都是观察正在发生什么，而不仅仅是向人们提问。吉尔伯特、莱特和莫斯特勒（Gilbert,Light & Mosteller,1975）总结归纳了实验设计的基本原理："只有在实际中尝试，我们才能知道事物如何在实际中运作。"（p.46）

——唐纳德·特德维尔《传播研究导引：调查的路径》（2011,pp.142–143）

14

实验法 317

第14章　核心问题

- 如何定义实验法?
- 一个实验的典型结构是什么?
- 什么是霍桑效应?
- 实验法的优势和劣势是什么?
- 关于“黑鼠”实验以及实验欺诈有什么说法?
- 实验设计备忘录的要点是什么?
- 斯坦利·米尔格兰姆(Stanley Milgram)是否开展了一项实验?
- “脸书实验”是怎么回事?它是否是一个真正的实验?它是否合乎道德?

尽管我们倾向于将“实验法”这一术语与科学工作或者社会科学家的工作联系在一起,但事实上,我们绝大多数人在日常生活中都经常做实验,它可以被称为非科学的实验。

318 ❖ 日常生活中的实验法

比如，假设你染上了重感冒，你会尝试某种治疗法，但如果它不管用，你就会尝试另一种，倘若它也无效，你还会再试其他的，直到你找到能让自己好起来的那一种。

这个例子中最重要的是，你应该每次只尝试一种方法。如果你同时吃了阿司匹林、试了感冒药剂、喝了热鸡汤，然后感觉好多了，那么你就不知道，到底是阿司匹林、感冒药剂、热鸡汤，还是这三者的结合，哪个是让你好起来的关键因素。所以，首要原则就是每次只尝试一样东西（一个变量），然后再看效果。在尝试不同食物或者不同种类的洗涤剂时，我们在做的也是同样的事情。我们尝试它们，如果我们喜欢它们带来的结果，那么我们就会继续购买。如果这次"试验"（或称"实验"）不成功，我们就会试试别的。

实验法，如本书讨论过的其他研究方法一样，可能非常复杂，不可能将所有不同种类的实验法，或者实验法的方方面面均作详细说明，但是我可以给出这一方法的基本情况。

一个关于实验法的小短剧

	大审判官：	跟我说说你的下一项实验吧。
	阿瑟：	我想要发现，一个在游轮上每天吃8餐、每餐吃X量的人，是否会比一个每天吃4餐、每餐吃2X量的人增重更多。你在游轮上是可以一天吃上8餐的。
	大审判官：	结果呢？
	阿瑟：	我打算为这个研究项目申请5亿美元的项目资金。
	大审判官：	我需要参与到这个实验中吗？
	阿瑟：	可以。你可以选择做那个一天8餐、每餐X量的人，或者那个一天4餐、每餐2X量的。
319	大审判官：	我选一天8餐那种。人到了中年胃口就变大了。但我们为什么不能在餐馆吃，而非要在游轮上吃不可呢？
	阿瑟：	在这个实验中，大海是一种重要变量，而且我喜欢游轮。但是你说的很有道理。等在游轮上做完，我还要在法国的米其林三星餐厅再做一次同样的实验。

❖ 实验法的定义

为了我们的目的，我们可以将一个实验理解成一项程序或者测试，它可以：

1. 说明某个事物是否是真实的。

2. 检测某个假设或理论的合理性。

3. 尝试发现新的信息。

在第一种情况下，我们试着说明那些被认为关于某种真实的情况是否真的属实。比方说，我们可能需要重复某个实验，看看第一次实验的结果是否正确。在第二种情况下，我们测试一个假设或理论是否成立。我们可能认为青少年重度依赖电视与他们的暴力行为之间有关系（需要给出“重度”和“暴力”的操作性定义）。在第三种情况下，我们要去发现未知的信息。我们可能会去弄清音乐电视频道如何影响男性观众或者某个年龄段的观众对于特定事物的态度，比如如何与女性打交道，或者什么是流行，等等。

❖ 实验的结构

关于如何开展实验，我给出的是一个步骤上的概述，或者应该称为一项典型实验的“结构”。

- 一项实验需要包括两组人：实验组（也可叫做处理组、介入组或刺激组）和控制组。我们 320
需要调控实验组，而不需要对控制组做任何事情。
- 实验组和控制组是随机分配的。如何随机分配，我们在第13章的调查法和问卷法中已经讨论过了，它涉及对随机数字表的使用（见表13.1）。
- 进行预测试。有两组变量——自变量和因变量，而你需要以自变量的形式进行测量。（自变量由研究者调整，然而因变量应该都受到自变量的影响。）
- 实验开始，将一个自变量引入实验组，不要对控制组做任何改变。
- 进行后续测试，看看实验组和控制组之间是否因为变量的引入而产生显著差异。

实验法的一个范例是，选取100名大二男生，将他们随机分为两组，每组50人，然后就某一个主题对他们进行测试，比如他们对女性的态度。接下来，你让实验组成员观看一定量的音乐电视频道中的暴力影像，而不对控制组做任何事情。在他们观看了影像资料之后，你再次测试两组成员，了解观看音乐电视频道的暴力影像是否导致了实验组成员对女性态度的改变。(注：这一案例只描述了多种可能的实验设计中的一种，即经典的预测验和效果检试，当然，开展实验法的方式和设计还有很多。)

实验法的逻辑很简单。我们有两个相似的组，将变量X引入其中一组，而不引入另一组。然后我们看变量X会对这一组产生怎样的影响，而检测这一影响的方式就是将两组进行对比。我们假设这两组在最开始是彼此相似的，这一点是由对两组成员（实验组
321 或者控制组）的随机分配来完成的。潜在的首要原则就是，如果预测试显示两组之间存在差异，那么研究者就可以认为实验处理是有效的，因为这一处理是将两组区分开来的唯一变量。

在这一假设性实验中，我们实际上对比了实验组观看音乐电视频道暴力影像内容的前后，并将实验组与控制组进行对照。这次试验的图解如下：

	控制组	实验组
	50名大二男生	50名大二男生
	随机分配	随机分配
	预测试	预测试
	未观看音乐电视频道	观看音乐电视频道
	效果检测	效果检测

这两组直到第四步之前都是一样的，在第四步中，我们检测自变量（这个例子中的自变量是观看一定量的音乐电视频道）是否对实验组有影响。

这也就将实验法的逻辑告诉了我们。我们必须谨慎引入一个自变量，如果引入了两个及以上的变量，我们可能分不清到底是哪个变量影响了实验组（如果确实是某个变量起了作用的话）。引入超过一个变量的做法在专业术语中叫做“混淆”，它会阻碍研究者搞清实验中到底是什么影响了什么。

有些实验法与传统模式相偏离，因为它们不使用我所描述的控制—实验组模型。在这些实验中，控制组会被要求完成一些与实验组相似但却不同的特定任务。

比如说，在一项由哈佛大学的巴巴·西弗和亚历山大·弗多瑞辛（Baba Shiv & Alexander Fedorikhin, 1999）操作的实验中，他们将一组学生分为两个组。研究者要求第一组成员记住一个两位数，让第二组成员记住一个七位数。他们被要求走进一座楼的大厅，大厅里有可供选择的零食：一碗水果沙拉或一些巧克力蛋糕。西弗和弗多瑞辛

发现，记住七位数的学生要求巧克力蛋糕的次数是记住两位数学生的两倍。研究者的 322
结论是，记住七位数字带来的脑力负荷使这些学生的前额皮质过度疲劳，这一部分的大脑与意志力相关。因此，被要求记住七位数的学生的前额皮质负担过重，这就使他们对巧克力蛋糕的抵制力变弱。这个实验也就解释了为什么当我们压力过大时，我们倾向于放纵自己吃那些我们知道不应该吃的食物。

❖ 霍桑效应

在1924年至1932年期间，伊利诺伊州西塞罗西电公司的霍桑工厂开展了一系列针对工人的实验，实验的目的是发现灯光对工厂工人的生产效率是否有影响，以及什么亮度的灯光对他们生产率的提高影响最大。让研究者惊讶的是，无论灯光变亮还是变暗，工人的生产效率都会提高。这一研究结果使得一些哈佛教授展开了另一场实验，以发现霍桑实验中的测量方法是否可靠。他们测试了五名年轻女性，结果发现无论灯光亮度发生怎样的变化，她们的生产效率都会提高。

最后的结论是，无论何时，当人们被研究者观察时，他们都会暂时改变自己的行为，这一现象被称为霍桑效应。这就意味着，当人们知道他们正在被研究时，我们就无法确定在实验中观察到的行为是否是他们的自然反应。所以，在思考实验中的研究对象如何表现时，我们还要同时考虑到许多因素，诸如他们的社会经济阶层、性别、种族以及所属群体。后续的实验表明，工人们的行为不是由单一经济因素激发的，他们所属的非正式群体对他们的生产效率也有影响。

迈克·哈特（Mike Hart，2006–2007）有一个关于霍桑效应的互联网演讲，表达了这样的见解：

> 初步发现，人们的行为受到生理和心理的双重影响，这与科学管理学派关于生产效率的机械认知发生了决裂，导致了对工人行为的更多了解。西电公司检测部主管乔治·潘诺克（George Pennock）认为，工人生产效率的上涨仅仅是因为调查者与女性雇员产生了互动，而这是第一次有人表现出对工人的兴趣。从根本上说，工人们只是通 323
> 过增加她们的产出并在报告时表现出满意，来努力取悦这些调查人员，根本不管这项调查所涉及的介入因素到底是什么。后来，这种因调查者的出现而破坏了实验的现象，就被称为“霍桑效应”。（para.3）

因此，这个实验对管理者和劳工的关系产生了重要的影响。尽管我们可能认为它是“有缺陷的”，没能产生预期结果，但是它确实对我们知识的增长作出了贡献。这就表明，涉及人的实验都是有价值的，即使我们不得不将霍桑效应对实验发现的影响考虑在内。

❖ 实验法的优势

如果操作仔细且得当，实验法将足以证明，一个给定的自变量（比如实验组观看音乐电视频道暴力影像内容的量）确实具备那些已被发现的影响。并且，实验法还能给出足够的证据，证明那些已被发现的影响并非是某些未被察觉的现象导致的结果。这样，通过操作实验，我们就可以获得各种各样的新发现。实验法可以重复操作，其他的研究者可以实施相同的实验，来验证结果的可信度。

苏珊娜·霍宁·普利斯特总结了实验法的优势。在《媒介研究引论》（Susanna Hornig Priest, 2010）中，她写道：

> 当研究者面对的是合理易懂的、可观察的或者是可测量的现象，并且他感兴趣的是直截了当的因果关系时，那么实验法就是他的不二选择。比如说，实验法可以帮助研究者确定性别是否会影响新闻主播的可信度，观看暴力影片是否会在短期内引发人们生理和行为的变化，一个事件的哪些信息是最有说服力的，或者某个电脑界面是否比其他的更难以操作。
>
> 如果使用时能兼顾创造性和严谨性，那么实验法就可以给出上述问题以及许多其他问题的答案。要注意的是实验方法的起源和局限。它们无法解答有关长期效果的问题，无法揭示实验室外可能产生的效果。实验室效果在现实生活中并不总是会产生的。（p.22）

在接下来的这一部分中，我将介绍实验法的其他局限性。

324 ❖ 实验法的劣势

实验法有一个最大的问题，就在于它们是人为操作的。一般来说，它们是在实验室或者“非自然”情况下完成的。当人们知道他们身处一项实验中时，其行为往往会受到影响。

我们同样有理由相信，实验设计倾向于夸大研究对象因与果之间的关联。比如说，除了音乐电视频道之外，还有许多其他因素会影响男性大学生对女性的态度。此外，科学实验中还存在道德伦理问题。在药物案例中我们常常面临这一难题。药物实验中的实验组将尝试新药物，而控制组则没有这个机会。不向病人提供可能影响其健康，甚至挽救其生命的药物，是否符合道德呢？当然，媒介研究不涉及生死问题，但是某些特定实验很可能会在心理上给人们造成困扰。比如，米尔格兰姆的“服从性”实验（后文将有详述）的参与者们出现了心理问题，需要大量的心理咨询和治疗。因此，大学往往都设有研究委员会，对拟开展的实验进行评估，以确保参与实验的人不会受到任何形式的困扰或伤害。

❖ “黑鼠案”与实验欺诈

大卫·古斯丁（David Goodstein, 1991）描绘了一个著名的实验欺诈案例：

> 1974年，威廉·萨莫林（William Summerlin）在明尼苏达州的斯隆-科特林研究机构（Sloan-Kettering Institution）进行了一次实验，实验要求老鼠的表皮自然出现黑色斑点。由于斑点无法自然出现，他就用黑色毛毡笔画上，然后被抓了个正着。（p.11）

古斯丁的文章《科学欺诈》提醒我们，一些研究人员可能会伪造数据。在某些案例中，研究者任职于世界著名的研究机构，这些机构以“要么发表成果，要么淘汰出局”而闻名，因此，研究者们受到诱惑，通过篡改数据产出“实验结果”来发表论文。在其他一些案例中，知名的研究者们利用其崇高的社会地位实施欺诈，而这一行为受到那些想要出版著名学者成果的编辑的助长。结果就是，为了防止上当受骗，许多科学家坚决主张，如果一项实验无法被重复实施，那么他们就决不接受实验结果，不论这项实验的研究者具备何等声望或任教于何等机构。 325

❖ 一份实验设计备忘录

下面这份注意事项清单，改编自约翰·克雷斯威尔的《研究设计：质化与量化的路径》(1994)。他描述了研究者在设计实验时需要做的“关键决定”，我对此做了一些改写，因为我并未涉及他谈论的某些特定话题和实验。

1. 实验的研究对象是谁（他们来自哪类群体）？
2. 如何选出研究对象？是否经过随机挑选？
3. 研究对象是否将被随机分配到各组？
4. 实验组和控制组将会包括多少研究对象？
5. 研究中的因变量是什么？如何测量？测量几次？
6. 使用什么工具测量实验结果？为何选择它？它是否可靠？
7. 实验包括哪几步？
   (a) 随机分配实验对象
   (b) 收集人口学信息
   (c) 进行预测试
   (d) 进行实验（引入自变量，也即因子）
   (e) 进行效果检测
8. 什么因素可能威胁到实验的内在效度与外在效度？如何解决？
9. 是否准备进行预测试？
10. 使用什么样的数据分析方法？
11. 设计实验时面临哪些道德伦理问题？

326 这张列表为设计和操作实验的研究者提供了一份有用的指导，因为它给出了实验过程的一览表。当然，知道实验法的“理论知识”和落实这一理论，即真正实施一项实验之间存在巨大差异。

❖ 什么是实验，而什么不是？

因为实验法涉及人，在某些案例中，我们很难确定一项研究到底是不是实验。让我们来看看社会心理学家斯坦利·米尔格兰姆的研究。严格意义上，我们可以说米尔格兰姆的研究不能算作一项实验，因为他没有设置控制组。但是，就这么简单吗？

以下是米尔格兰姆（1965）对其研究的描述：

> 两个人来到一所大学的实验室，参加一项关于记忆与学习的实验，其中一人是这项实验的合谋者。参与的每个人都能获得4.5美元，他们被告知，无论表现如何都不会影响他们的所得。实验者介绍了记忆与学习过程，然后告诉参与者们，他们中的一个人需要在实验中扮演老师的角色，而另一个人则是学生。实验通过作弊手段让那个不知情的参与者一直充当老师，而那个合谋者一直是学生。学生被带至旁边一间小屋子并被绑在了电椅上。
>
> 不知情的参与者被告知，他必须教会学生一列或一组关联词，然后对他进行测试。当学生出错时，他可以对其进行惩罚，即通过操纵电击控制台电击学生。学生每犯一个错误，老师就在指导下逐渐增强电击的强度。电机控制台有15-450伏特的30个电压等级，指示器显示的文字从"轻微电击"到"注意危险：重度电击"。根据计划，学生会犯下许多错误，所以没过多久，这位老师就不得不给他最高级别的电击了。随着电击级别的升高，学生不断请求中断实验，因为不适感愈发强烈。但是，实验者不顾学生的抗议，要求老师继续实验进度。（p.128）

在进行了这项备受争议的研究之后，米尔格兰姆在他的演讲中展示了这群天真的 *327*
研究对象的照片。这些照片显示出当他们电击（他们以为的）电椅上的人时面部的极度紧张状态。他研究的是服从性，想要发现在一个艰难的状况下，人们会在何种程度上选择服从。

私底下，米尔格兰姆是我的朋友。他告诉我，对于这些天真的研究对象在电击控制台上能走多远这一点，他询问了许多社会与行为科学学院的院长，绝大多数院长都怀疑研究对象是否会走到第三阶段。让米尔格兰姆惊讶的是，相当一部分研究对象完成了全程，一直到操作了电击控制台上的最高等级。

不出所料，这项研究饱受争议。它引发了一项决议，即大学的委员会必须检查所有涉及人的研究，从而致力于阻止实验中的不当行为。

我认为，如果换一种方式看待米尔格兰姆的这项研究，我们会发现，他确实进行了一项实验。据我所知，他的确这样认为。詹姆斯·舍伦贝格在《社会心理学导论》

（James A. Schellenberg, 1974）中给实验法下了一个不太一样的定义：

> 实验法，是对处于受控状态下的现象的观察。在实验室实验中，实验者自己创造了一个观察现象的环境；在场地实验中，实验者则是在一个已经设定好的社会环境里操控着一些变量。第三类是自然实验，指的是实验者不再控制任何事物，但是事情所产生的结果和他通过控制环境而可能得到的结果一样。（p.348）

根据舍伦贝格对实验的定义，米尔格兰姆的研究是一项没有控制组的实验室实验。从某种程度上说，控制组的参与者就是没有参与这项实验的其他人。

❖ 道德规范与脸书实验

2014年6月30日，《华尔街日报》刊登了里德·阿尔博格蒂（Reed Albergotti）撰写的一篇文章《脸书对用户进行实验引起众怒》。该文所谈及的事件，就是如今已声名狼藉的“脸书实验”。这项针对70万毫不知情的社交媒介使用者的实验引发了骚动，下面是阿尔博格蒂的描述：

328

> 一场社交网络抗议因一条消息而爆发。有消息显示，在2012年，脸书对近70万毫无察觉的用户进行了一项大规模的心理实验。
>
> 为了确定是否可以改变用户的心理状态，以激发他们发布更积极或者更消极的内容，网站的数据科学家们启动了一种算法，在一周的时间中，自动删除了689003位用户核心新闻订阅中关于正面或负面情绪的内容。

这项调查在《美国国家科学院院刊》的三月号上发表后，却激发了一种不同的情绪——愤怒。一些人认为脸书玩弄其用户的感情，把用户当作实验品。一篇发布在“纽约动物网”（Animalnewyork.com）上的博文如是说：“我们中许多人所担心的事情已成为现实：脸书把我们当作实验室里的小白鼠，它不仅能弄清我们会回应什么样的广告内容，而且真的在改变我们的情绪。”（Weiner, 2014）

这项实验让许多人担忧的是，千千万万的脸书用户在毫不知情的情况下被利用来做一项实验，这项实验的目的在于研究脸书发布的内容如何引发情绪改变和“情绪传染”。

当天早晨，《纽约时报》头版头条刊登了主笔文都·格尔（Vindu Goel）的文章《脸书新闻节目实验摆布用户情绪，引发抗议》。

> 对脸书网来说，我们都是实验室里的小白鼠。
>
> 脸书惯例性地改变用户所订阅的新闻，以测试用户可见到的广告数量，或者照片的显示大小，而对这些改变，用户们往往一无所知。该公司声称，这一切都是为了创造一个更加吸引人的和更有用的产品。
>
> 但是上周，这种情况被公之于众。脸书表示，它操控了五十多万随机选择的用户的新闻订阅，改变了他们可以看到的积极或消极内容的数量。这是一项心理研究的一部分，该研究旨在检测人们在社交媒体上的情绪是如何散播的。

小白鼠的比喻引人瞩目，它表明了人们对这项实验的不满。获取特定内容的脸书用户并未意识到自己是实验的参与者，这违背了将人作为研究对象的实验的道德规范。

脸书则辩解说，自己拥有用户的默认许可，因为每位注册脸书的用户都已经允许 329
公司对他们进行这样或那样的实验，这已经在服务协定中注明。然而，如一些评论者所言，在用户毫不知情的状况下玩弄他们的感情，或许会对某些人产生严重后果。在针对此事的一篇推文上，一位名叫劳伦·韦恩斯坦（Lauren Weinstein）的隐私权倡导者说：“我想知道，脸书是否已经用他们的情绪操控特技谋杀了某个人？”（Goel, 2014）

脸书实验的负责人，亚当·克莱默（Adam K. I. Kramer）就此致歉，称他及团队对于这项实验造成的所有焦虑而深感抱歉（格尔，2014）。他表示，实验结果并不重要，不值得引发如此大规模的焦虑。脸书能够成功操控其用户情绪这一事实，引发了许多隐私权倡导者们的担忧，他们想知道在形塑用户情感，甚至是观念和行为上，社交媒体拥有多大的力量。页岩网（Slate.com）的凯蒂·瓦尔德曼（Katy Waldman, 2014）将这项实验斥为“不道德的”，并撰文称，“脸书故意让成千上万的人们伤心难过”。脸书可以如此轻易地操纵人们的情绪，对于一些媒介研究者而言这是非常可怕的，他们想知道，对于社交媒体网站的其他实验以及它们更强烈的操控用户的意愿，这项实验是否已经在某种程度上打开了潘多拉的宝盒。对于马克思主义理论家而言，这一实验不过是其理论的又一例证，社交媒体对内容提供者进行剥削以使其网站对其他人而言更加有趣，而社交媒体公司并未为此付出任何代价。

❖ 实验法：应用与练习

1. 找一篇学术期刊文章，主题是关于媒介与传播的，方法是采用了实验法的，对该文进行评价。使用实验设计备忘录来展开讨论。复制该文的第一页，和你的分析结果一起上交。
2. 设计一项有关媒介影响的简单实验。你可以借助你的同学们来完成这项实验，将他们中的一半作为控制组，而另一半则参与到实验中。你想要发现什么？你如何找到你想要发现的东西？实验过程中面临什么样的难题？与你的同学比较一下各自的实验，看看这些实验中是否有共同点，是否有的人的实验想法让你觉得十分巧妙。

330 3. 对学者们以及其他人关于脸书实验的反应做一调查。对于此项试验，他们的看法有什么不同？这项实验的发现对于社交媒体有什么影响？

❖ 结论

我们可以看到，定义实验法是很难的（因为实验法的种类很多），操作实验更是难上加难（因为人是复杂的、难以弄清楚的）。但是，仍然有许多来自心理学、社会学和传播学的学者们，进行了，或者即将进行有关媒介及相关话题的实验。这类研究被广泛刊载于各种期刊，并引发了商业媒介组织、政府以及学术界的极大兴趣。

本章对实验法进行了概述，让读者们能够了解实验中用到的方法，并评估实验的完成度。它也为学生们设计自己的实验提供了一种途径。这些实验比得到充足资金的研究者所实施的实验要简单一些。但是，没有什么障碍，可以阻挡一个具有想象力和创造力的学生去开展自己的实验。

❖ 延伸阅读

Boruch, R. F.(1997). *Randomized experiments for planning and evaluation: A practical guide*. Thousand Oaks, CA: SAGE.

Campbell, D. T.,&Russo, M. J.(1999). *Social experimentation*. Thousand Oaks, CA: SAGE.

Christensen, L. B.(2006). *Experimental methodology*(10th ed.). Boston, MA: Allyn&Bacon.

Goos, P,&Jones, B.(2011). *Optimal design of experiments: A case study approach*. Hoboken, NJ: Wiley.

Keppel, G.(1991). *Design and analysis: A researcher's handbook*(3rd ed.). Englewood Cliffs, NJ: Prentice Hall.

Montgomery, D. C.(1997). *Design and analysis of experiments*(4th ed.). New York,NY: John Wiley.

Rosenthal, R.,&Rosnow, R. L.(1991). *Essentials of behavioral research: Methods and data analysis*(2nd ed.). New York, NY: McGraw-Hill.

Ryan, T. P.(2007). *Modern experimental design*. Hoboken, NJ: Wiley.

统计学虽然发明时间不短，但应用时间并不长。它揭示了一些有趣的规律，这足以让孔德 (Comte) 及其追随者信心大增。比如说，它发现自杀并非偶然发生，而是根据性别、年龄、职业及其他相关因素，呈现出特定的数值比例。与之相似的是，它还发现自现代邮政服务体系建立之后，没有邮戳或寄送地址的信件的出现不是随机的，而是与时间、信件总数等因素有关联。个人或社会的意外行为，不过是隐藏的“规律”偶有的闪失。

在孔德的开端时代与马克思的后期岁月之间，工业革命的兴起带来了统计数据的爆炸性增长。马克思通过著名的“蓝皮书”发动了对于资本主义的完美攻击，这批“蓝皮书”由英国政府出版，涵盖了生活各个方面（从工厂卫生系统、煤矿上的意外事故到酗酒率和婴儿疾病）。

从这些密集的数据行列中，一幅社会新图景显现出来。……老旧观念认为，一群拥有自由意志并受观念、习俗和信条左右的个体造就了社会秩序，这已变得越来越不可信了。

——杰奎斯·巴赞、亨利·格拉夫，

《现代研究者》（Jacques Barzun & Henry F.Graff, 1957,pp.204–205）

15

描述性统计学入门 333

(本章与费连卡·卡夫坦杰娃合著)

第15章 核心问题

- 什么是测量等级?
- 描述性统计学的核心概念是什么?
- 三大测量中心分布的方法是什么?定义平均数(mean)、中位数(median)和众数(mode)。
- 如何测量离散程度?
- 如何定义标准偏差?
- 什么是正态曲线(bell-shaped curve)?
- 使用数据时应该注意哪些方面?
- 媒体使用数据反映出一个怎样的美国?
- 关于智能手机有哪些说法?

334 统计学利用数学方法来分析、归纳和阐释数值数据。本书中所介绍的定量研究方法如内容分析法、调查法、问卷调查以及实验法，都会产生此类数据。但是如果没有统计方法对它们进行分析和阐释，这些数据也就没有太大的意义。

对统计方法的选择取决于需要分析的数据。统计学家根据所谓的测量等级（levels of measurement），划分了数据的四个类型。

❖ 测量等级

定类测量（Nominal level）。这类数据的典型例子是人口统计学数据，如性别、国别以及婚姻状况。对于所分析的对象，我们唯一可以确定的就是它所属的几个类目。我们可以给这些类目编代码，但这些代码只是作为名称符号，不具有任何数学上的意义。

比如，我们将性别中的女性赋值为代码0，而男性为1，但两者对调也不会有任何影响。我们无法将这些数字用于任何数学上的运算操作。我们同样可以用符号▼）–代表男性，用符号*§&代表女性。从统计学的角度来看，定类数据是最简单的一种，因为它们只能进行非常有限的数字运算。

定序测量（Ordinal level）。这类数据可以按照某种标准进行排序。此类数据的例子包括受教育程度或者军队中的级别等。基于这种数据，你可以对比观测对象并判断出谁具有更高学历：两年专科、四年本科，或者研究生？你也可以比较军队中的级别。但是，你无法判断不同级别之间的差异有多大。换句话说，我们只能利用定序数据进行对比（尽管任何维持数据顺序的数据转换都可以应用于其中）。

定距测量（Interval level）。温度是一种典型的定距测量方式。我们不仅可以比较两天（或者两个物体），判断出哪一个更温暖，而且还能确定这一差异的大小。但是，定距测量没有意义确定的零点。华氏温度或摄氏温度等级的零点都是人为主观规定的，如果新的温度测量标准出现，零点就可能发生改变。因为定距数据没有固定的零点，说“今天的温度是昨天的两倍”也就没有任何意义了。

335 **定比测量**（Ratio level）。工资、身高、体重，以及子女数（婚姻次数）都属于测量中的定比数据，所有有效的数学运算都可以用于此类数据。

❖ 描述性统计学

统计学有两类：一是描述性的，二是推断性的。前者处理的是描述性统计资料。描述性统计学指的是从原始数据中获取用以描述或概述一整套数据信息的方法。即，描述性统计学帮助我们较为容易地得到数据背后的意义。推断性统计学则帮助我们通过一般群体收集的数据来对总体进行归纳。以下是描述性统计学中最常见的几个概念。

频数分布表

统计学家是群奇怪的人。他们想要计算所有事物,从出生人数到鸟类总数，从死亡人数到负债总数，等等。如果我们从一个统计学家的视角来看本章的开篇引文的头一句话，“统计学虽然发明时间不短，但应用时间并不长。它揭示了一些有趣的规律，这足以让孔德（Comte）及其追随者信心大增”，它就不会是一组词语而是一组如下显示的数字了：

4	4	5	3	3	9	2	4
10	3	3	9	4	10	8	4
7	3	3	2	3	9	11	12

事实上，这组数字代表的是这句话[1]中单词的长度（单词所包含的字母数量）。

很幸运，这句话不是很长，只有24个单词。用统计学的语言，这就可以被写成N=24，统计学家会说“样本量是（等于）24”。所幸，我们无须数出整整一段话中单词的字母数。但是即使我们只有24个单词，这些数字也并没有多大的意义，因为它们是经过处理后得到的。频数分布表是使数据更易被理解、分析和阐释的一种数据组织形式，数据以频数分布表或图的方式呈现。上文句中单词长度的频数分布表如表15.1 336
所示。

① 这句话的原文是：“What gave Comte and his followers so much confidence was the discovery that statistics, invented much earlier but new in use, disclosed interesting regularities.”——译者注

表15.1 例句中单词长度的频数分布表

单词长度（单词包含的字母数量）	频数（f）
2	2
3	7
4	5
5	1
6	0
7	1
8	1
9	3
10	2
11	1
12	1
总计	24

在该表的第一列，所有可见的值以升序排列。第二列中的数字显示了分析样本中出现该数值的次数，这就叫做频数分布表。基于此，我们可以总结出，这个例句中大多数单词是较短的（由3—4个字母组成）。考虑到词语的长短与文本的可读性紧密相关，我们可以假设这句话是易懂的（即使我们不去读这句话，也可以得出这一假设）。

我们同样可以观察到，例句所使用的单词长度有很大的差异。既有2个字母组成的单词，也有12个字母组成的单词。频数也是有差别的，如上表所示，该句中没有6个字母的单词，却有7个三字母单词。

表15.1中的信息还可以用图的方式呈现出来，如图15.1所示。这张图比频数分布表更清晰地显示出，大多数的单词落在了分布图的左半部分。

对于像本案例这种小样本来说，有些类别可能缺乏数据（比如六字母单词）。一组
337 数据的数值（values）越多，频数表中越有可能出现空缺单元（即f=0）。在这样的情况下，最好能够以更大的间隔和相同的个数来对样本数据进行分组。然而，整合数据一方面意味着信息的丢失，另一方面，根据数据区间的个数和宽度（组数与组距），我们可能会用不同的方式阐释同样的数据。

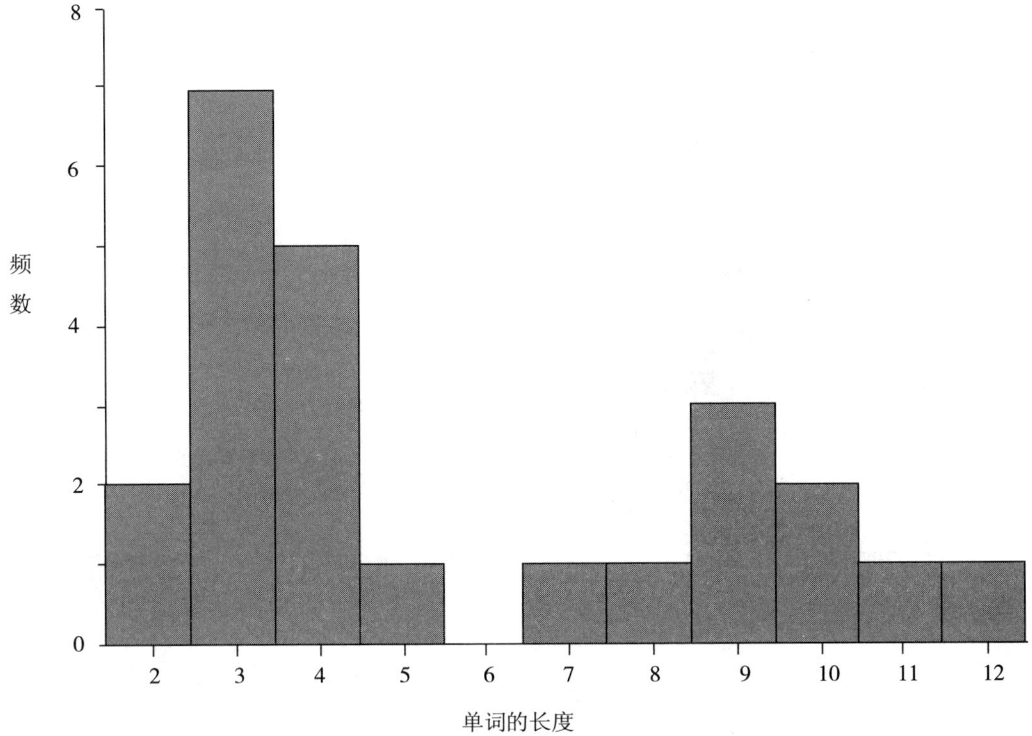

图 15.1　频数分布——单词的长度

用如图15.2（a）和15.2（b）所示的频数分布图就能轻而易举地解释这一点。这两张图呈现的是同一个句子中单词长度的频数分布，但是它们看上去不尽相同。第一张图有两个峰值，然而第二张图只有一个——在左侧。产生这一不同的原因在于这两个频数分布基于不同的区间分组——第一张图的例子中有6个长度为2的区间，然而第二张图的例子显示的是更少的区间个数（4个）和更宽的区间长度（3）。

这就是为何我们倾向于先准备好一张原始数据（未分组数据）的频数表（或者是频数分布图），在分析完数据之后，再根据需要对数据进行区间分组。

下面是每种频数分布图的主要描述性特征：

1.分布的位置：频数分布图位于轴上的什么位置？

2.离散的程度：频数分布图的区间有多宽？

3.分布的形状：频数分布图的形状（外形、样式）是什么样的？ 338

这些特征有着不同的统计测量方式，每种方式都各有优点，也各有不足。在这里，我们选择何种测量方式，取决于需要分析的数据的类型。

(a)

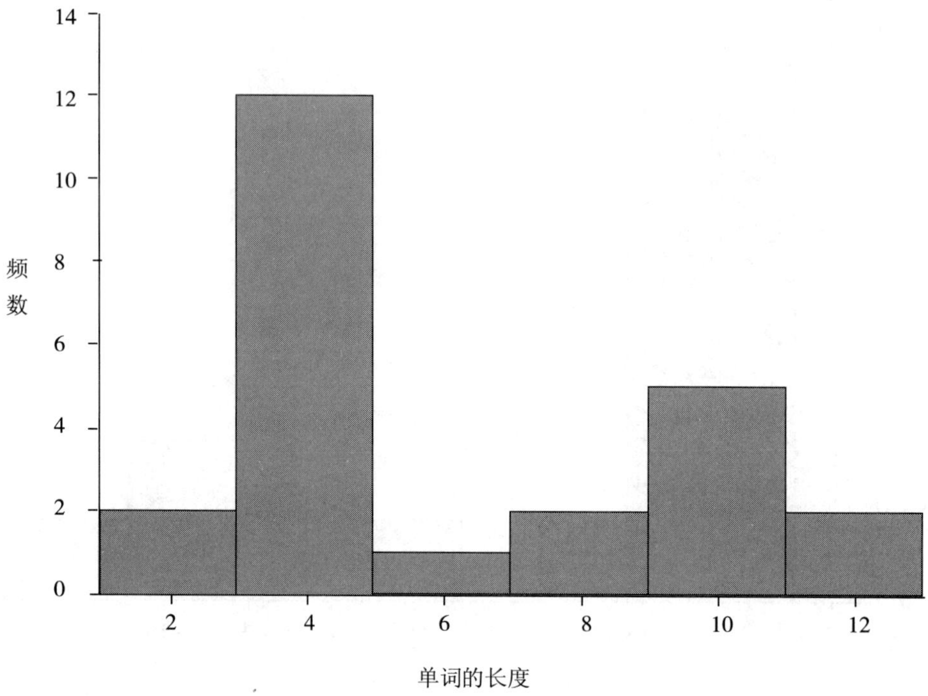

(b)

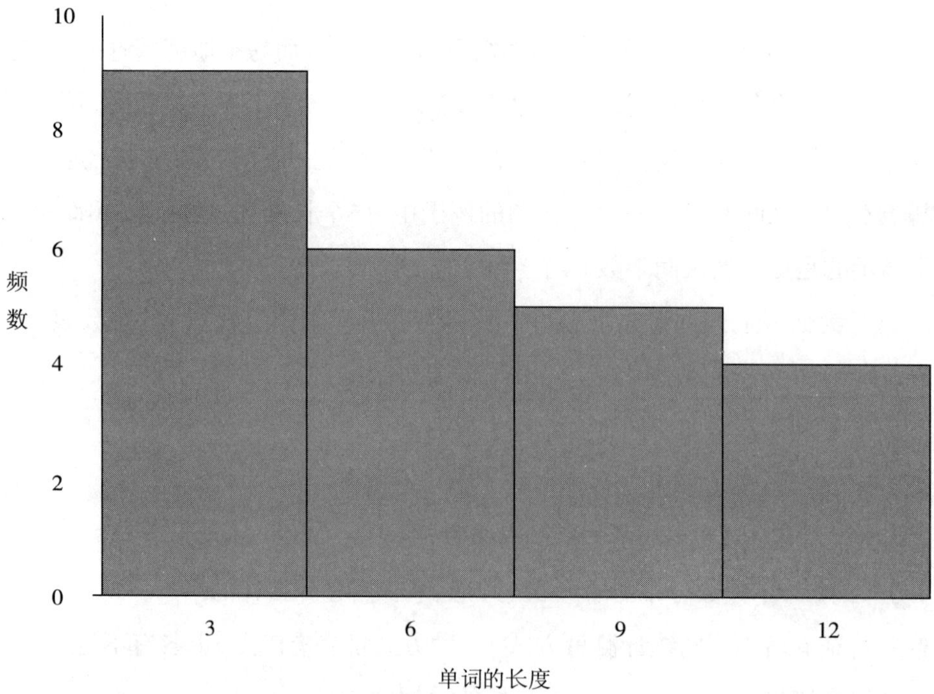

图 15.2（a）和 15.2（b） 同一句子中单词长度的频数分布

❖ 分布中心的测量 339

用以描述分布位置的统计量通常被称作中心趋势测量，因为它们显示的是频数分布的中心点。下面是三种常用的统计量：平均数、中位数和众数。

平均数

平均数（均值）是样本的总值除以样本的个数。在句子长度的例子中，我们需要将所有观测值相加并除以24：

$$\frac{4+4+5+3+3+9+2+4+10+3+3+9+4+10+8+4+7+3+3+2+3+9+11+12}{24}$$

计算结果是5.625，换句话说，被分析的这个句子中的单词的平均长度在5到6个字母之间。当然，统计学建喜欢符号和公式，所以用他们的语言来表示就是：

$$\overline{X}=\frac{\sum_{i=1}^{N}x_i}{N},$$

在这个公式中，

$\overline{X}$ 是平均数符号；

x_i代表每一个观测值（所以i是指从1到N的数字）

N是样本规模；

$\sum$是求和符号（希腊字母sigma）

在所有的中心趋势测量中，平均数有一个主要的缺陷，就是它极易受到极端值的影响。

比如说，让我们设想以下情形：一个医术不精的外科医生需要在一天内做五场外 340
科手术。不幸的是，病人不是在手术过程中死亡就是手术后不久死亡，只有一个活了下来。这个幸运的（或者说是最顽强的）病人不仅存活下来，而且术后又活了45年。所以如果我们想要看看所有这些病人手术后的存活寿命，我们就将这几个数字：0,0,0,0,45平均一下，（0+0+0+0+45）/5=9年，这个数字对于一个外科医生来说是不错的结果。但是问题来了，如果你需要进行一场手术，这个医生会是你的第一选择吗？我的回答绝对是：不！

通常，当样本量较小（N<30）时，平均数的这个不足之处将会凸现出来，但是即使样本量较大，平均数也可能导出错误结论。你是否听说过这样一个统计学家，他溺死于一片平均水深只有2英寸的湖？这个问题的主要原因在于，平均数涉及所有的样本数据，它们同等程度地影响到最终结果。关于平均数，我需要最后提醒你们的是，它只适用于定距和定比的数据。

中位数

中位数（Me）是频数分布图上将图分为两半的那个点，除了定类数据以外，中位数适用于所有种类数据的中心趋势测量。找到原始数据中位数的最简单方法，就是将这些数据从低到高排列好。如果将例子中的单词这样排列的话，结果如下：

2 2 3 3 3 3 3 3 3 4 4 4 | 4 4 5 7 8 9 9 9 10 10 11 12

因为例句包含的单词数量是个偶数，中间点就位于两个数值之间，所以中位数就等于这两个数值的平均数：

$$Me=\frac{4+4}{2}=4$$

如果样本数量是奇数，中位数就是位于按顺序排列的数值的中间点位置的那个数。

让我们来编辑一下这个例句。也许在一个句子中用到两次“much”这个词，未免太多了，所以我们跳过第二个“much”，修改后的句子是“What gave Comte and his followers so much confidence was the discovery that statistics,invented earlier but new in use,disclosed interesting regularities.”

341 对这句话的修改导致单词数量发生了变化，少了一个单词（N_1=23），四字母单词也少了一个。排列好的数值如下：

2 2 3 3 3 3 3 3 3 4 4 4 4 4 5 7 8 9 9 9 10 10 11 12

这列数字的中心点在第12个数值上，还是4（Me=4）。换句话说，两个版本的句子（有两个或者一个“much”）有同样的中位数。

中位数不受极端值影响，因为它并未将它们考虑在内。比如说，那个糟糕医生的病人术后寿命的中位数等于0（0,0,0,0,45）。作为中心趋势测量指标，它比平均数（平均数算出的术后寿命是9）好上许多。这就是为何中位数是比平均数更好的中心趋势测量指标，尤其是对于小样本来说更是如此。

众数

中心趋势的第三种测量是众数（Mo），它适用于所有类型的数据。众数指的是观测值中出现次数最多的那个数值。对于我们的那个例句来说，众数就是3，因为最多数量的单词（7个单词）是包含了3个字母的。统计学的语言这样表达：Mo=3。

每一个频数分布图都只有一个平均数和一个中位数，但是有些频数分布图却有不止一个众数。众数涉及的不是频数分布的整体情况，它不是中心趋势的稳定的测量值。这也是为何众数是中心趋势测量指标中最少用到的。它通常被用于其他测量方法不适用的情况下（定类数据）。在这个例子中，如果我们比较三种中心趋势测量所得到的结果，将会发现它们有相当大的差异：

X=5.625；Me=4；Mo=3

我们有理由这样问，“那么，到底哪个才是真正的中心趋势呢？”

答案就是，这三个都是真的，但是它们的意涵各不相同。使用哪一项取决于以下几点：

- 测量等级
- 样本量

在我们的例子中，最佳的中心趋势测量值（数据是有间隔的，但样本量很小）是中 342
位数。另外，它的意涵非常清晰，一半的单词比它长，另一半的单词比它短（50/50）。在其他的案例中，当我们报告任何中心趋势测量时，都需要在解释和下结论之前先搞清它的意义。

下面的这个例子来自布兰特·霍斯顿的《计算机辅助报道》（Brant Houston，1996），它讨论了棒球运动员的薪资问题：

> 尼尔·布罗斯基是《费城问询者报》计算机辅助报道部的主管，他说，棒球运动的粉丝们因为运动员的薪资问题大为恼火，因为他们听说运动员们的平均工资是120万美元。但是，实际上，运动员们工资的中位数是50万美元，众数或者说是出现频率最高的数字，则是10.9万美元。这一系列不同的数字表明，有一部分运动员的收入相当之高。

> 中间数字（一半的薪资超过这个数，一半的薪资不到这个数）是50万美元。如果你挨个儿问每个球员的薪资，出现最多的数字是10.9万美元。好吧，确实也还是蛮高的，但不如你想象的那样高了，因为，运动员需要在10年内或更少的时间内挣够他们这辈子所有的钱才行。（p.75）

与今日相比，这些数字可能算低了，因为棒球运动员的薪资在近些年里突然飞涨。但是文章中的观点很清晰，大多数棒球运动员的薪资并不像少数卓越棒球手那样高得惊人。

❖ 离散测量

在统计学中，离散测量通常被用来描述频数分布图所覆盖的测量尺度上的区间间距。这样的测量有许多，但我们在这里只介绍其中的两种：一种是最简单的（极差），另一种是最常用的（统计偏差）。

极差

极差（R），在统计学上，可被用于除了定类数据以外的其他种类的数据。它相当于观测值的最大值与最小值之间的距离。这就是为何它不适用于定类数据，因为这类
343 数据无法排序，而且通常情况下也不存在最大值和最小值。在我们的例句中，最小值是2，最大值是12，因此极差就是10（R=12−2=10）。这个数据极易计算出来，且意涵简明：极差就是频数分布两个端点数值的距离。然而，极差受到极端值很大的影响，这也是它不经常被用作离散测量指标的主要原因。

标准差

标准差（SD或s）是对变化幅度的测量，显示出观测值离开其均值的程度。计算标准差的数学公式如下所示：

$$SD=\sqrt{\sum_{i=1}^{N}\frac{(X_i-\overline{X})^2}{N-1}}$$

在这个公式中，

SD是标准差的符号；

$\overline{X}$是平均数符号；

X_i代表每一个观测值（所以i是指从1到N的数字）

N是样本规模；

Σ是求和符号（希腊字母sigma）。

显而易见，标准差的计算比极差的计算复杂得多。而且，标准差只适用于定距和定比的数据。

尽管存在不足，标准差仍然是测量离散程度最常用的统计方法，因为它将所有的观测值考虑在内，并且让离散度与观测值处于相同的单元。

❖ 正态分布或钟形曲线

在大多数情况下，当样本量足够大（N>100）时，三种中心趋势测量的结果是相同的，并且处于频数分布图的正中间。这种分布图很常见，因此被称作“正态”。它的图形呈现出来像一个钟（见图15.3），因此它被称作“正态曲线”或者“钟形曲线”。从这张 344
图中我们可以看出，如果频数分布正常，在大多数情况下，数值集中在分布图的中间位置，只有很少的数值位于两边。

正态分布是对称的。如果我们画一条穿过中心点（平均数—中位数—众数）的垂直线，分布图将会被分为两个完全相同的部分。样本中研究对象的特征（物理上的、化学上的、生理上的、心理上的、社会学上的）大约是正态分布的。比如说，美丽程度、智力高低、财富数量、子女个数以及爱人个数等统计值，都存在正态分布，我们中的大多数人都处于中间地段。换言之，大多数人：

- 既不会太丑也不会极美
- 既不是天才也不是傻瓜
- 既不是富豪也不至挨饿

只有极少的一部分人非常美丽、非常有天才或非常富有，这些人往往家喻户晓。幸

运的是，位于美丽、智力或财富值的另一个极端的人也是很少的，而大多数人都居于中
345 间位置。换句话说，无论从哪个方面来说，处于中间位置的机会要远远大于处于顶端位置的机会。你可能认为这不公平。你是对的，这的确不公平，但这就是“正态”。

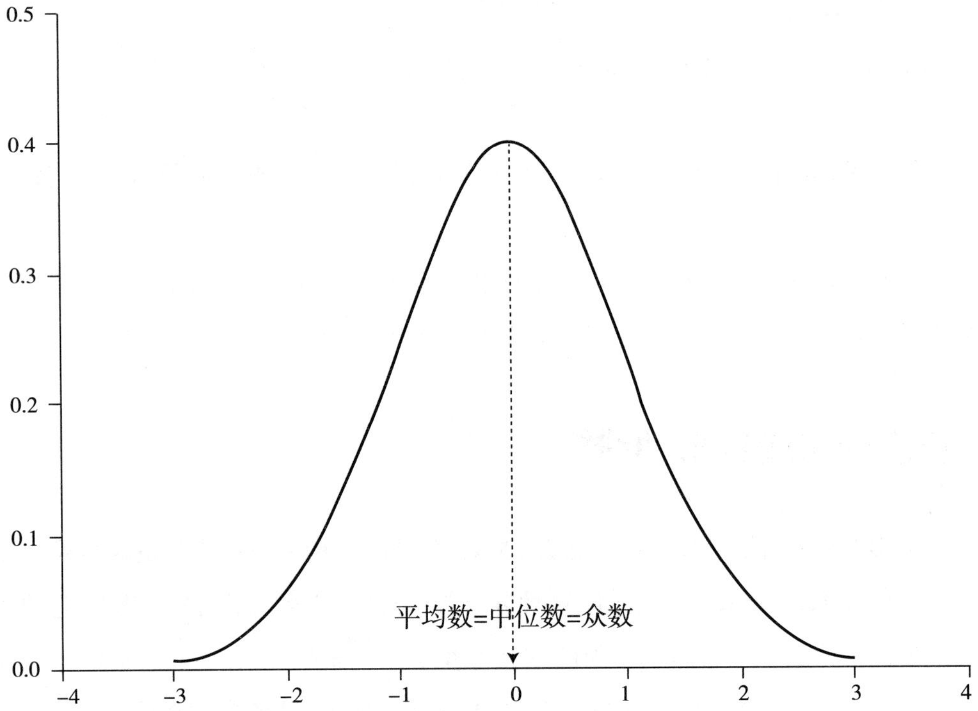

图 15.3　正态分布

比如说，让我们看看美国综合社会调查（General Social Survey）1991年关于教育水平的调查，图15.4是这项调查的结果。在这张图中，原始数据以2年为区间，分布图近似钟形，但是不太对称，它的峰值比理论上的正态分布的最高点还要高一些。两种中心趋势测量（众数和中位数）是一致的，位于受教育程度为12年这一点上，平均数要稍微高一点，为12.88年。统计学家可能对于分布未能呈现理想的钟形而感到些许失望，但教育学家却对这个不对称感到高兴，因为它说明接受更高教育的人比只接受初等教育的人要多。它并非“正态”，但它显示出一个希望满满的前景。

从理论的角度来看，正态分布已经被研究得很透彻了，它的特征也已为人所熟知。比如说，如果频数分布近似正态，我们就可以立即做出这样的结论，大约有68%的观测值落入区间【X–1 SD；X+1 SD】，而95%的观测值落入区间【X–2 SD；X+2 SD】，如图15.5所示。

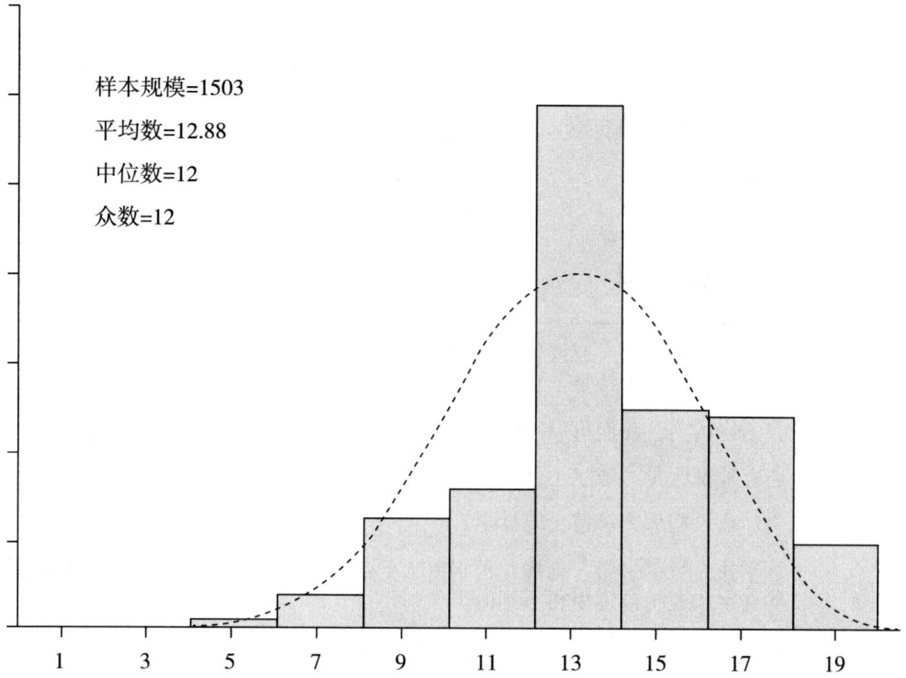

图 15.4　美国受教育程度频数分布图

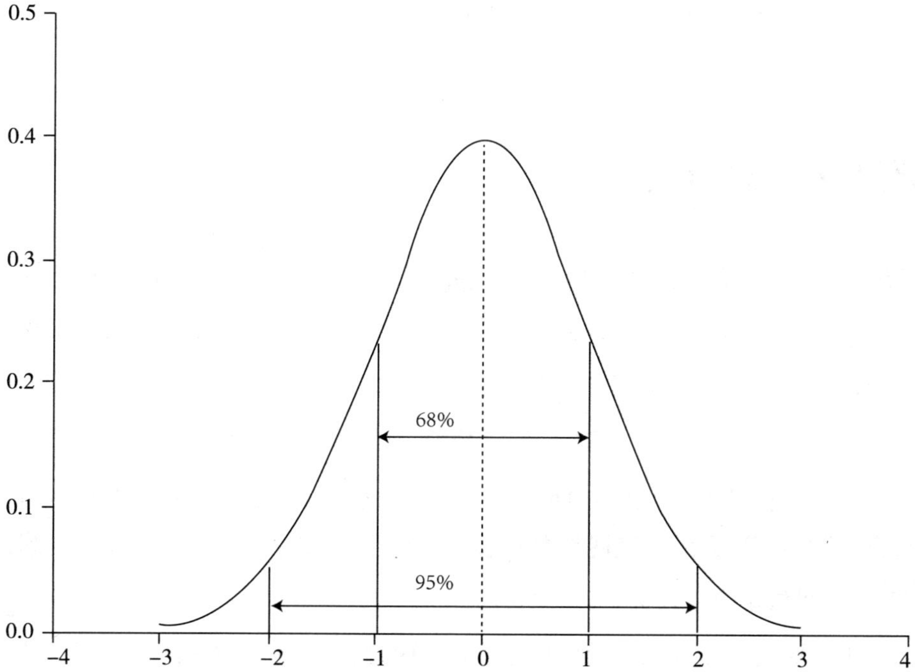

图 15.5　正态分布

346

许多统计检测和推断性统计，都是基于“数据是正态分布的”这一假设而做出的。但只有当收集到的数据符合这一假设时，它们才是适用的。这就是为何在操作任何统计学方法（只对正态分布数据有效）之前，必须要检测我们的数据是否为正态分布的。否则，分析的结果将毫无意义。

一个关于统计学的小短剧

阿瑟：	统计学非常重要。或许你听说过这么一种说法“这世上有三种谎言：普通谎言、该死的谎言和统计学”。
大审判官：	我始终认为，我们可以用任何我们想要的方法来使用统计学。
阿瑟：	还有种说法是“数字不会说谎，但说谎者会计算。”
大审判官：	为什么人们那么钟情于统计学?
347 阿瑟：	数字让人觉得舒服。你能在数字里感受到一种确定性和庄严感，这感觉是从文字和逻辑推理里得不到的。
大审判官：	我最近读到，有一半的婚姻会以离婚收场。当人们结婚时，他们为何不选择待在不离婚的那50%里面呢?
阿瑟：	所有结婚的人都以为他们属于不会离婚的50%。记住，这个国家的每个人都觉得自己高于平均水平。当人们结婚时，他们应该同时离婚，不过离婚证上不用写日期，这样就能让事情简单很多了。

❖ 评级存在的问题

谨记：人们可以有选择地利用统计学证明所有事情。就像人们常说的，“数字不会说谎，但说谎者会计算”。比如说，你需要仔细推敲广播电台、电视台、网站以及其他媒体组织公布的统计数据，因为他们的数据会在最大程度上保证其精确性，但是却忽视了对某些重要事项的解决（比如人口构成和节目受众的购买力），或者是对受众数据和节目受欢迎度进行毫无根据的正面描述。我们有理由相信，由于用来收集数据的手段存在问题，尼尔森以及其他收视率测量公司所使用的数据是不精确的（参见第13章所引用的巴利·谢尔曼的评述）。

约瑟夫·多米尼克（Joseph R. Dominick，1993）在《大众传播动力学中》罗列了许多理由，质疑收视率的准确性：

> 首先，那些同意参加调查的人，其观看习惯可能与那些拒绝参与的观众有所不同。其次，阿比创公司和尼尔森公司的报告是基于55%的收视日志回收率做出的，那些返回日志的人，其行为很可能也不同于未返回者。再者，一旦人们知道自己受到观察，他们可能会改变自己的行为方式。为了迎合收视率公司，一个家庭可能会比平时观看更多的新闻节目和公共事务节目，从而显得自己不那么白痴。还有，两家调查公司都承认，它们在测量某些人群的观看行为时遇到了难题。少数族裔，尤其是西班牙裔，在调查公司的样本中代表名额不足。最后，被测量的电视台也可能通过比赛类节目、特殊推广方式，或播出不同于往常的煽情性节目，试图影响测量，制造"虚高"的收视率。(p.516) *348*

尽管存在这些问题，评级仍然是有用的和有必要的，因为媒体向广告商收费的标准在很大程度上取决于其节目得到的收视率。

❖ 关于统计学的提醒说明

无论何时，都应该对统计数据（以及任何调查数据）保持怀疑态度。你应该问自己如下几个问题：

- 谁收集的数据？
- 数据有多精确？
- 数据有多及时？
- 数据有多完整？（研究是否因为这样或那样的原因未能获取重要数据？）
- 是否有其他数据质疑现有数据的精确度，甚至与之完全矛盾？
- 是否进行了有效的数据对比？
- 分析数据的方法是否适用于此种类型的数据？
- 数据是如何被解释的？

❖ 统计与对比

通常情况下，数据都是以对比的形式呈现出来的。对比或许有点招人烦，但它确实非常有用。总体来说，有两种对比方式：

1. 历时的（之前与之后）

349 2. 空间的（这里与那里）

当然也有其他的方式。这里有一些绝佳的历史统计，来自《哈珀杂志》在2012年11月发表的哈珀指数（Harper's Index）：

- 1992年，美国人中认为枪支法律应该更加严格的人所占的比例：78%
- 如今持这一观点的人所占的比例：43%
- 1988年以来青少年怀孕率的变化：-36%
- 自1999年首度在美国发现西尼罗病毒（West Nile virus）以来，美国病例的增长幅度：51%

在一些例子中，统计数据表明了某些活动的规模或范围，这本身就很有趣。哈珀指数也提供了一些并非对比但非常有趣的例子：

- 民主党中对穆斯林持“反对”态度的人所占的比例：29%
- 共和党中持这一态度的人所占的比例：57%
- 对于奥萨马·本·拉登之死，俄亥俄州民主党中认为奥巴马比罗姆尼更尽责的人所占的比例：38%
- 认为罗姆尼比奥巴马更尽责的人所占的比例：15%
- 不确定谁更尽责的人所占的比例：47%
- 国会大厦顶部“已知的裂纹和破损”的数量：1300
- 一周步行时间无法达到至少连续10分钟的美国人所占的比例：2/5

1987年，哈珀指数报告称，在美国，每一秒就会产生7个使用过的安全套。毫无疑问，这一数字现在提高了很多，因为人口基数增大了很多。安全套生产公司估测，每年情人节那天，每一秒就会产生87个使用过的安全套，但是没有任何办法来佐证这一说法。关于安全套使用量的数字很有意思，但是它未能告诉我们更多信息。如果能够知
350 道使用安全套的美国人所占的人口比例，将会有用得多，因为这样我们就可以确定每一

秒美国有多少使用安全套的人正在发生性关系。社会学家如何得到这一数据是另一回事，即使一些方法在适当运用的情况下是很可靠的，但我们已有的关于统计及样本问题的知识，仍可能使我们对有些调查的精确性持怀疑态度。

❖ 关于美国媒介使用情况的数据

统计学告诉我们，美国文化中新媒体科技呈现突飞猛进的态势。表15.2中的数字显示了2014年美国成年人在各种电子媒介上所花费的时间，它为那些对媒体在社会中所扮演的角色感兴趣的人提供了重要的启示。另外，恺撒家庭基金会（Kaiser Family Foundation）估计8—18岁的未成年人盯着电脑屏幕的时间是每天8小时、每周53小时。

表15.2　2014年美国成年人每天用于主要媒介的平均时间

5:04	电视
2:46	广播
1:07	智能手机
1:01	个人电脑网络
0:32	时移电视（Time-shifted television）
0:12	游戏机（Game console）
0:09	DVD/蓝光播放器
0:02	多媒体设备

来源：Nielsen

很显然，我们生活在一个充斥着媒介的社会当中，媒介占据着我们的休闲时光，对我们的社会、文化和私人生活都产生着深刻的影响。如今，98%的美国人拥有高速网络接口，许多家庭拥有的网络驱动设备不止一个（Evans，2015）。智能手机大行其道，它们实际上就是功能强大的电脑。苹果公司以及其他品牌的平板电脑大大改变了人们使 351
用电脑和消费媒介的方式。

❖ 智能手机

下面的统计数据显示了智能手机在美国的普及程度。这些数据来自媒介素养交换所（Media Literacy Clearinghouse n.d.）汇总的近些年的相关研究。

年级	男生	女生
三年级	20%	18%
四年级	25%	26%
初中	83%	84%
高中	86%	84%

在12岁到17岁的孩子中，将近有一半人每天使用他们的手机发送100多条短信。来自尼尔森公司（Fried,2011）的统计数据显示了手机在不同种族中的渗透程度：

> 这个研究显示，在美国，白人消费者与黑人、亚裔或拉美裔消费者对手机的使用不太一样。尼尔森认为这一趋势将会持续下去。根据这项研究，在过去六个月内购买手机的白人中，42%的人选择的是智能手机而不是功能手机。相比之下，60%的亚裔和太平洋岛屿裔、56%的拉美裔以及44%的非洲裔美国人会选择智能手机。在各族群中，亚裔和太平洋岛屿裔最可能购买苹果手机，而黑莓手机在非洲裔美国人中最受欢迎。

❖ 数据阐释存在的问题

面对统计数据时，我们需要对其进行阐释。研究数据必须要经过阐释。数字本身并不具有任何意义，而这就是问题产生的缘由。如果我们在研究项目的方法论和数据采集方法上找不出问题，我们也会在阐释数据的观点上发生分歧，甚至会认为研究出
352 现了错误。当电视台与电视网分别选用不同的数据相互争辩时，我们必须保持警惕，留意他们使用数据的合理性，以及他们如何“解读”收集到的数据以满足自身的目的。

统计学造成了一个两难的困境。数据必须被阐释，但是一些人所做的阐释往往是高度投机的，在某些情况下，这些阐释仅仅是基于能够符合使用数据者的目的的数据，而忽视了其他的数据。研究者应当是诚实的，他们不仅要告知人们真相，还要最大程度地将全部真相和盘托出。一个问题就是，研究者往往只能看到他们想看到的那些事物，而不自觉地忽视了其他的事实。

❖ 统计学：应用与练习

1. 利用最新的《美国统计摘要》（*Statistics Abstract of the United States*），找到你认为有趣的、有关美国媒体使用情况的数据。将这些数据打印下来，思考这些数据的有趣之处，写下你的想法，一起交上来。然后，再找找法国、日本和阿根廷的媒体使用情况的数据，将它们与美国的进行对比。这些数据揭示了以上国家媒体使用情况的哪些不同？从这些对比分析中，你学到什么了吗？
2. 找到美国、法国、日本和阿根廷儿童（3–10岁）每天看电视的时间以及广告接触量的统计数据，使用对比法，看看是否能提供关于美国儿童与媒介的重要洞见？
3. 下文是关于电视转播橄榄球比赛的统计数据，你如何解读它们？一场典型的橄榄球比赛，其转播需要3小时，具体包括：
   - 11分钟的行动（一个典型的动作需要4秒钟）
   - 17分钟的慢镜头回放
   - 3秒钟的啦啦队镜头
   - 67分钟是运动员四处站着，跑回来挤作一团，排成队形
   - 60分钟的广告

   基于这些统计数据，你认为为什么电视橄榄球比赛如此受欢迎？

❖ 结论 353

本章“描述性统计学入门”包括了最常用的一些概念，它们可以帮助你们更好地解释数据，理解你们可能阅读到的一些有关媒体使用量及相关话题的文章。还有许多关于统计学的书可以帮助你们进一步扩展有关这门有用且有趣的学科的知识。两种使用最广泛的软件程序，一种是SPSS，以前叫社会科学统计数据包（Statistical Package of Social Science），现在叫统计产品与服务方案（Statistical Product and Service Solution）；另一种是SAS，即统计分析系统（Statistical Analysis System）。这些程序为统计分析提供了极大的便利，但如果使用不当，也会带来（比使用它们之前）更大的错误。

❖ 延伸阅读

Bluman, A.(2011). *Elementary statistics: A step-by-step approach*(8th ed.). New York, NY: McGraw-Hill.

Burdess, N.(2010). *Starting statistics: A short, clear guide*. Thousand Oaks, CA:SAGE.

Freedman, D., Pisani, R.,&Purees, R.(1997). *Statistics*(3rd ed.). New York, NY:Norton.

Gonick, L.,&Smith, W.(1993). *The cartoon guide to statistics*. New York, NY:HarperCollins.

Healy J. F.(2015). *The essentials of statistics: A tool for social research*. Independence,KY: Cengage.

Kanji, G. K.(2006). *100 statistical tests*(3rd ed).Thousand Oaks, CA: SAGE.

Kremelberg, D.(2011). *Practical statistics: A quick and easy guide to IBM SPSS Statistics, STATA, and other statistical software*. Thousand Oaks, CA: SAGE.

Moore, D. S.(1997). *The active practice of statistics: A text for multimedia learning*. New York, NY: W. H. Freeman.

Pearson, R. W.(2010). *Statistical persuasion*. Thousand Oaks, CA: SAGE.

Salkind, N. J.(2014). *Statistics for people who(think they)hate statistics*(5th ed.).Thousand Oaks, CA: SAGE.

Sirkin, R. M.(2006). *Statistics for the social sciences*(3rd ed.). Thousand Oaks,CA: SAGE

Vogt, W. P,&Johnson, R. B.(2011). *Dictionary of statistics and methodology: A nontechnical guide for the social sciences* (4th ed.). Thousand Oaks, CA: SAGE.

Wright, D. B.,&London, K.(2009). *First(and second)steps in statistics*(2nd ed.).Thousand Oaks, CA. SAGE.

第五部分

整合一切

资本主义和共产主义之间有何区别?

资本主义社会是人剥削人,而共产主义社会是倒过来的。

——一则老笑话

逻辑国的批评家,
最擅长是分析法。
又辨不同又分类,
东西南北乱如麻。
不管站在哪一方,
巧舌如簧吐莲花。
以子之矛攻子盾,
犹如盲人骑瞎马。
今证白马不是马,
明天又指鹿为它。
牛头马面鹅判官,
葫芦庙里飞乌鸦。
暂借一语落荒走,
还君十句在天涯。
谁言真理三段论?
心情才是比天大。

——塞缪尔·巴特勒(Samuel Butler),《休迪布拉斯》

16

十九个常见的思维误区 357

第16章　核心问题

- 最常见的谬误有哪些?
- 最易犯的谬误有哪些?

本章将罗列那些我们最常犯的错误，或如哲学术语所说的——谬误，并做简要说明。设计一项研究计划，离不开符合逻辑的、正确无误的思维。因此，在我们思考时，检查可能因为疏忽而犯下的错误，就显得尤为重要。当然，我假定的是，这里讨论的所有思维错误都是意外发生的，因为粗心大意或者偶尔疏忽。

研究人员必须诚实地报告他们的研究结果，这是学术道德的一部分。但是偶尔也会有这样的情况，研究者因为疏忽大意犯下了这样或那样的错误，这是意料之中的事情。进行一项研究时，我们可以要求的仅仅

358 是尽最大可能地设计好、实施好并最终汇报研究结果，即使研究结果让你惊讶不已，甚至是令你不悦。

一个关于正确思维的小短剧

大审判官：	人们是因为没有头发才秃顶，还是因为秃顶而没有头发？
阿瑟：	揭谛揭谛，波罗揭谛，波罗僧揭谛，菩提萨婆诃。
大审判官：	为什么报纸会在人死后登出他们的年龄，而出生时却不登？
阿瑟：	我不知道，但这问题很深刻。也许因为这个国家对婴儿有歧视。年长者有政治权力，但谁在乎婴儿呢？反正他们又没有投票权。
大审判官：	短吻鳄与短吻鳄有什么区别？
阿瑟：	囧……
大审判官：	短吻鳄可以在海里游泳，但短吻鳄不能在陆地上游泳。
359 阿瑟：	你学过批判思维吗？
大审判官：	我天生很有批判精神，尤其是对其他人。除非非常有必要，否则我不太喜欢思考。如今有了如此高端的电脑程序，我们根本没必要思考嘛。

❖ 常见谬误

1. 诉诸错误权威（Appealing to false authority）。我们经常引用学术权威来支持我们的论点。所谓权威，指的是某些领域的专家。但我们必须确定所引用的权威在我们的研究对象上有合法发言权。医药领域的专家，在教育领域就不是专家了。一些保健产品的广告把电视节目中扮演医生的演员当“权威”使用，而这些人只是演员或者其他什么名人罢了。

2. 洗牌作弊（Stacking the deck），或称筛选证据（selected instances）。当我们立论时，必须注意,不能忽视掉那些否定我们立场的信息，而只援引支撑我们立场的数据、统计资料或其他信息。在进行研究时，我们必须一丝不苟地妥善处理所有数据。这一错误的另一种表现，就是采用极端而不普遍的例子。

3. 以偏概全（Overgeneralizing）。这个错误指的是，假如X事物中的某些是这样的，那么所有的X都是这样的。“推而广之”（generalization）一词源自拉丁语genus（种、属、类），意思是一项陈述适用于某个群组中的所有成员。因此，应对“推而广之”进行限定，这样，一个反例就不会使它站不住脚了。在英国，有一种“标准英音”（the received pronunciation），指的是女王或者上层阶级所说的那种英语，但不是每一个英国人都说这种英语。事实上，在英国只有很小比例的人这样发音，因此，我们必须小心谨慎，以避免在“英国人如何说话”问题上以偏概全。我们不能假设局部的情况能代表所有的情况。不过，这种思维方式在刻板成见里随处可见。

4. 不当类比或不当对比（Imperfect analogies and comparisons）。当我们进行一项类比时，我们所比较的两个事物在重要方面是相似的。古时候，拥护王权的人认为，一个国家就像一个人的身体，需要一个脑袋（君主）去支配，否则将混乱不堪。这一观念 360
是很愚蠢的，因为国家并不像人的身体，否则，如今没有几个国王和女王，但地球照样转。实际上，原来有国王的时代，照样一片混乱。

类比有两种：暗喻陈述的是等价物（“我的爱是朵红玫瑰”），明喻则用“像”或“如”来陈述相似性（“我的爱像一朵红玫瑰”）。当你进行类比时，一定要确定这个类比是正确的、合适的。

5. 曲解他人之意（Misrepresenting ideas of other people）。我们经常因为匆忙或者粗心而一不留神曲解了他人的想法。在引用别人的话时，一定要小心谨慎，保证准确。丢掉一个词可能在很大程度上改变了所引材料的意义，遗漏掉句子的限定条件（前文有述），也是同样的后果。曲解他人的意思也被称为创造“稻草人”，而稻草人是站不住脚的。

6. 过度阐释（Pushing arguments to absurd extremes）。我们过于夸大从别人那里得到合理的陈述，以致使它失去可靠性，这就是过度阐释。当我们过度阐释时，我们就忽视了所有的条件或者陈述者所做的限定，从而歪曲了他们的想法。过度阐释这种思维方式很常见。或许我们不喜欢某种观点，对某个陈述作出带着情绪化的反应；或许我们是想要激发对某个观点的情绪化反应。打个比方，（美国）国家步枪协会（National Rifle Association）的拥护者常常声称，任何限制枪支买卖的行为都意味着政府（或其他人）将会“最终收回所有人的枪支”。

7. 强加因果关系（Before,therefore because of），或称“后发者因之而发”（post hoc ergo propter hoc）。这种思维方式认为，如果事件X发生在事件Y之前，那么X就是Y的因。实际上，某事发生在另一件事之前，并不代表它引发了这件事。确定因果关系是很困难的。比如说，一个人去餐馆吃了午餐，晚上他感到胃不舒服，那么，有可能是这顿午餐引起了胃部不适，但也不一定，原因也可能是晚餐，或零食，或并非任何食物而只是个小飞虫或其他什么东西。所以，在为现象找原因时，我们必须十分谨慎。

8. 百分比误导（Misleading percentages）。有时百分比可能会很有误导性。除非给
361 出相应的绝对数值，否则百分比可能难以得到恰当解释。在某些情况下，书籍销售量在某个阶段增长了50%（从100%到150%），从百分比上来看，这结果很不错，但从原始数据来看，可能根本微不足道。你必须要给出计算百分比的原始数据。在《思考，快与慢》这本书中，丹尼尔·卡尼曼提到了“框架效果”（Framing Effects）。他解释说：“用不同方式呈现相同信息将会引发不同的情绪。‘术后一个月的存活率是90%’‘术后一个月的死亡率是10%’，两者意思一样，但前者要令人安心得多。”（p.88）我们不仅可以用百分比误导他人，而且可以利用它们形塑人们对某些信息的情绪性反应。

9. 绝对值误导（Using seemingly impressive numbers）。引用数据时，不告诉读者百分比，同样也是一种误导他人的方式。假如说，一项调查显示，有500位经济学家认为经济存在通胀的风险。如果这个国家一共有1,000位经济学家，那么这个数字就意义重大，但如果有20,000位的话，这个数字就没多大意义了。这个错误与前一个错误，即百分比误导正好相反。你应该既搞清楚百分比所代表的数字，也要搞清楚数字所代表的百分比。

10. 平均数误导（Misleading use of the term average）。在第15章关于统计学的知识中，我们了解了计算平均水平的三种方法：平均数、中位数和众数。平均数就是总数被个数除，假设我们处理的是美国人的收入问题，如果你使用中位数——位于最高收入和最低收入正中间的那个数值——而不是平均数的话，就会产生很大的差别。这是因为非常高的收入将会大大影响中位数，如果一个样本中有许多百万富翁和千万富翁，中间的收入值将会被向上拉，这就无法真实地呈现出大多数人的收入情况。

11. 假设错误（Incorrect assumptions）。你需要确保自己所假设的情况是正确的。如果你以错误的假设开始研究，那么你建立在这些假设上的研究就会很成问题。因此，总是回头检测你的假设就显得尤为明智。举个例子，许多人

假设中学里的暴力犯罪是一种城市现象，然而，我们在美国所看到的是，许多中学里的谋杀和屠杀都是发生在城郊的。

12. 结论错误（False conclusions）。让我们假设这样一种情况：在一项有200人参与的班级满意度调查中，8人表示不喜欢这个班，这并不能让你推论出剩下的192人都“喜欢”这个班级；你所能知道的仅仅是他们并没有抱怨。绝大多数学生可能都不喜欢这个班级，只是他们出于这样或那样的原因选择不表达自己的情绪。 362

13. 混淆相关性和因果性（Mistaking correlation and causation）。X与Y之间存在相关性并不意味着X导致了Y。比如说，高学历人群的数量与小家庭之间可能存在着相关性，但这并不意味着高学历人群数量导致了小家庭的增多。可能其中还有别的原因，比如拥有更高学历的人的结婚年龄。我们必须把直接导致某些事情发生的因素与间接影响某些事情发生的因素区分开来。

14. 转移注意力（Diversion attention by using emotional language）。有个绝妙的笑话，一个牧师在他的布道讲稿的页边空白处写下了这么一句话：“论证不足时，就疯狂咆哮！”这就是说，当人们对某个议题感情强烈时，他们可能变得非常情绪化。而且，情绪的调动往往使他们自己以及听众看不到论证中的弱点。有时人们使用“红色鲱鱼”（任何将他人的注意力从手头话题转移的东西）以避免面对某一话题。

> 父亲：我让你11点回家，你为什么半夜后才回来？
>
> 儿子：你总是找我的茬儿。

话题本来是关于这个儿子为何晚归，但儿子企图将话题转移到父亲为何总是“找他的茬儿”。

下面我给大家讲一个著名的犹太笑话，关于另一个“红色鲱鱼”的笑话。但在这个笑话里，“红色鲱鱼”更准确地说，应该是条粉红色的三文鱼。

> 一个名叫科恩的乞丐见到了一个富人，他说，自己一家人都在挨饿，因此向富人索要些钱财。富人给了科恩一些钱。不一会，这个富人在一家餐厅看到科恩正享用着非常昂贵的佳肴：三文鱼和蛋黄酱。富人因此质问他，科恩回答道：“当我没钱时，我没法吃到三文鱼和蛋黄酱；当我有钱时，我不能吃三文鱼和蛋黄酱。那么到底什么时候我才能吃三文鱼和蛋黄酱呢？” 363

科恩把话题从“为什么他不把钱用以喂饱他挨饿的家人”，转移到“他何时才能吃三文鱼和蛋黄酱”上了。

15. 回避问题（Begging the question）或循环论证（petitio principii）。在拉丁文中，petitio的意思是请求或请愿，而principii意味着开端或初始。所以petitio principii的意思就是以假设为结论的论证。也就是说，我们将本应去证明的事物当做事实去接受。在正确的论证过程中，预设和结论应该是分离的。如果说，假定问题的答案显而易见，因为它就包含在结论之中，那么，我们就等于是回避了问题。这样一来，通过使用不同的表述，我们就“回答”了问题。比如这个表述：“吸食大麻对你有益，因为它是健康的。”这实际上就是回避了问题。它是“健康的”实际上本应属于结论，但被当做预设来支撑论点“吸食大麻对你有益”。

16. 过度简化（Oversimplification）。当面对复杂的问题时，为了表述清晰，或者为了尽力达到清晰，我们往往会将事情过度简化。前文讨论的第5条错误，即“误解他人之意”，跟这一条往往相伴随。当我们过度简化他人的论述并由此削弱其表述时，再用其支持我们自己的立场就要容易很多了。

17. 人身攻击（Ad hominem arguments）。ad hominem这个术语来自拉丁文，指的是攻击他人，而且真的是“攻击这个人”。我们的注意力不是放在对方的论点上，而是转向陈述这一论点的个人。通过侮辱他，或者质疑他的“好名声”，我们就间接攻击了他的观点。我们聚焦于“谁”做出了论述，而不是这个论述本身是“什么”。

18. 诉诸舆论压力（Ad populum arguments）。在拉丁文中，ad populum的意思是诉诸百姓。此类论述通常以“众所周知……”或者“大家都认为……”的形式出现。这一类论述事实上是被所谓公众意见所左右的诉求，但这一诉求是具有欺骗性的。当你说“每个人都知道”时，你不可能知晓每一个人的想法。你正在做的可能是建立假设，并
364 从中进行归纳，最后假设每个人都同意你的观点。这种“众所周知”的论述意味着它们是基于常识的，但正如“每个人都知道”的那样，常识还告诉我们这个世界是平的呢！

19. 蔑视对方（Pooh-poohing arguments）。蔑视指的是嘲弄他人，不把他人的观点当回事儿。这是回避逻辑推论的一种方式，并且常常使用“众所周知”策略来暗示某个观点荒谬至极以至于不应被考虑。蔑视是一种常用的逃避性伎俩。

❖ 结论

以上所讨论的错误都是很常见的。部分原因是，当我们正在从事一项研究计划时，常常会放松警惕，本应当检查自己的思维过程，却没有做到。世上不存在“完美的”的研究计划；每种研究都有优点和缺点，并且方法问题总是会影响到我们的研究和发现。另外，在阐释我们的研究结果时，不同的人会用不同的方式来“解读”相同的数据。比如，经济学家们就因解读相同经济数据的方式大相径庭而臭名远扬。

这就是为何我们需要其他人审阅我们的研究设计并提出建议。他们可能会帮你避免落入本章所述的思维误区，或者前文提及的那些错误。你可以发现他人研究中的思维错误，但要看到自己的错误往往很难。我们都在忍受着这一折磨。我们对自己的研究是如此投入，以至于我们没有或者无法客观地看待它。将工作暂时搁置一段时间是个不错的主意，这样你就能更客观地审视它了。你不会愿意自己的研究因为犯下错误而受到诟病，不管错误是“诉诸错误权威”“以偏概全”“洗牌作弊”“不当类比”“假设错误”，还是本章所讨论的任何一种错误。

❖ 延伸阅读

Barnet, S.,&Bedau, H.(2010). *Critical thinking, reading and writing: A brief guide to argument* (7th ed.). New York, NY: Bedford/St. Martin's.

Conway, D.A.,&Munson, R.(1990). *Elements of reasoning*. Belmont, CA: 365
Wadsworth.

Corbett, E. P. J.(1991). *The elements of reasoning*. New York, NY: Macmillan.

Darner, T. E.(1995). *Attacking faulty reasoning: A practical guide to fallacy free arguments* (3rd ed.). Belmont, CA: Wadsworth.

Dowden, B. H.(1993). *Logical reasoning*. Belmont, CA: Wadsworth.

Kahneman, D.(2011). *Thinking, Fast and Slow*. New York, NY: Farrar, Straus, and Giroux.

Kelley, D.(1994). *The art of reasoning* (2nd exp. ed.). New York, NY: Norton.

Kirby, G.,&Goodpaster, J. R.(1995). *Thinking*. Englewood Cliffs, NJ: Prentice Hall.

Moore, B. N, &Parker, R.(2011). *Critical thinking*(10th ed.). New York, NY:McGraw–Hill.

Russow, L–M, &Curd, M.(1989). *Principles of reasoning*. New York, NY: St. Martini s.

Wilson, D. C.(1999). *A guide to good reasoning*. New York, NY: McGraw–Hill.

Wright, L.(2012). *Critical thinking: An introduction to analytical reading and reasoning*. New York, NY: Oxford University Press.

Rules of Good Riting[①]

1.Verbs has to agree with their subjects.

2. Prepositions are not words to end sentences with.

3. And don't start a sentence with a conjunction.

4. It is wrong to ever split an infinitive.

5. Avoid cliches like the plague. (They are old hat.)

6. Be more or less specific.

7. Parenthetical remarks (however relevant) are (usually)unnecessary.

8.Also, too, never, ever use repetitive redundancies.

9.10. No sentence fragments.

10. Don't use no double negatives.

11. Proofread carefully to see if you any words out.

——From Steve Wheeler, Learning With e's (2010)

① 此处引用的材料带有“游戏文字”的性质，故意用错误的写法来展示写作中的错误。因汉语很难做到对等翻译，故保留原文。—译者注

17

撰写研究报告 367

第17章 核心问题

- 写日志有什么用?
- 组织一份报告有什么诀窍?
- 什么是大纲,什么是初稿,什么是改写稿?
- 撰写研究报告时,有哪些注意事项?
- 什么是量化研究报告的IMRD结构?
- 写作中最常见的问题有哪些?

在完成研究之后,无论是它是质化的还是量化的(或两者兼备),你都需要就研究发现撰写一篇报告。也就是说,你需要与他人交流自己的发现。研究报告的质量将会大大影响到别人对你的研究的印象。你的研究报告应当条理清晰、语法正确、有理有据。学术论文应遵守基本的学术规范,这些学术规范则控制着恰当的内容和形式。我们将在这里讨论这些事宜。

368

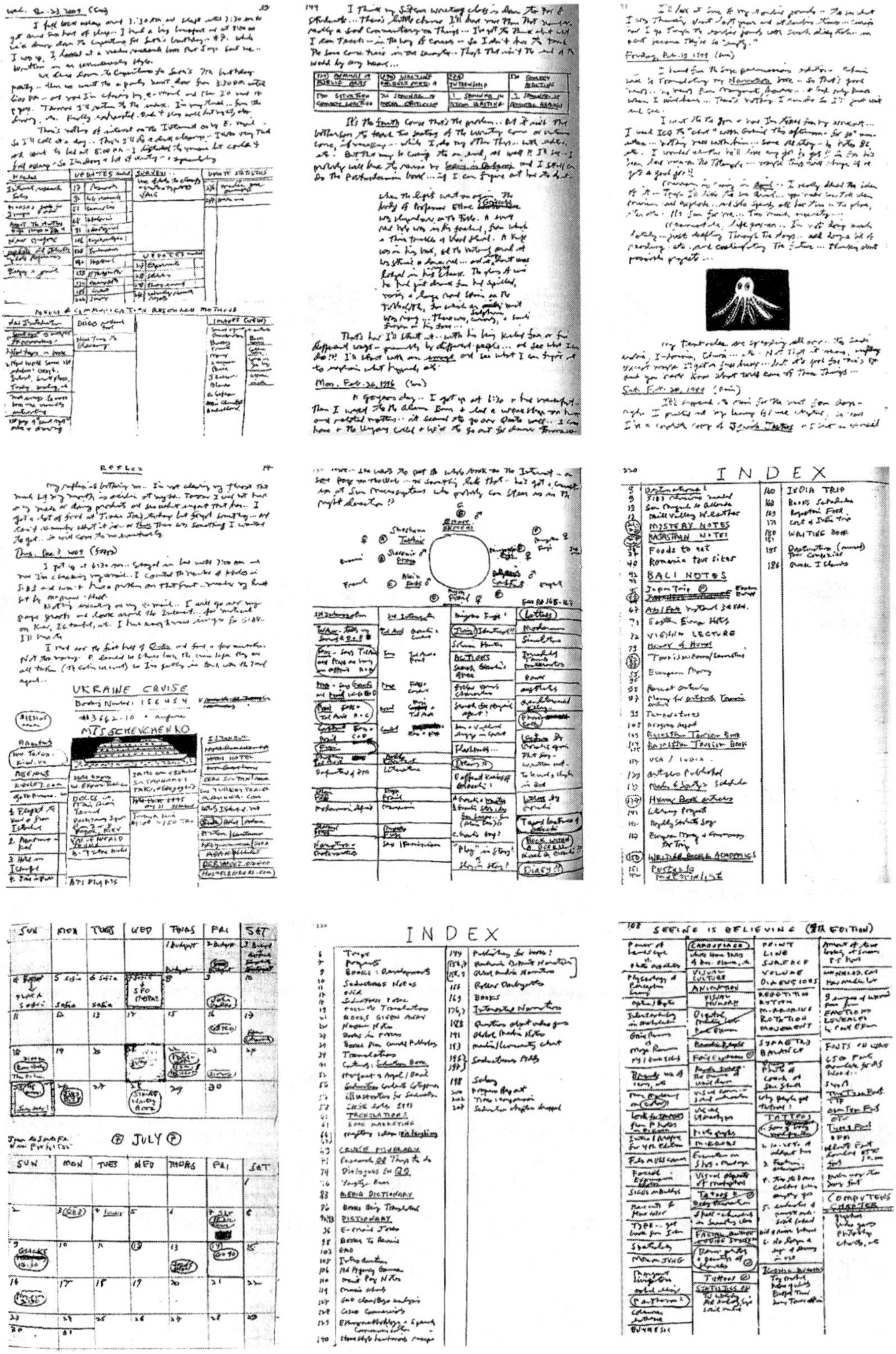

来自我的日志，我利用它们来计划写作并进行研究。

❖ 写日志 369

1956年，我的一位教授建议我写日志。那时，我觉得这个想法很傻。我想："我没什么可写的。"但是那一年的下半年，因为这样或那样的原因，我买了一个装订本开始写日志。我花了大约12美元买了一本康颂基础素描本（Canson Basic Sketch Books），你也可以在绝大多数的美术用品商店或者网上买到它。自那时起，我已经写了92本日志。这本书，正如我的其他书一样，都是从我的日志中发端并成形的。对于研究人员和作家而言，日志是无价之宝，它们同时也是有益健康的。私人日志的一个用处就在于，各种想法会在写日志的过程中跳出来，如果你不把它们记下来，它们也就消失无踪了。同时，写日志本身也会激发许多新的想法。根据我超过50年的写日志的经验，我总结了一些建议，以帮助你弄清如何利用这个宝贵的工具。

- 日志必须是个合订本。
- 标上页码。
- 把最后一页制作成日志索引。
- 利用最开始的四页画出月历。
- 用深色墨书写。
- 每天的记录都要写上日期。
- 为你正在研究的话题留几页纸以备集思广益。
- 纸张底部可用来记下电子邮箱和网站地址。

为了对某些话题进行头脑风暴，我通常会在纸上从上往下画四条线，把这一页分成四个部分。在索引里，标明你所研究的话题所在的页码，你就更容易查阅到它们。我也喜欢偶尔在日志中画上两笔，让它们在视觉上更有趣味。你可以写下观点、期待、想法，任何发生在你身上的事情，以及所有其他形形色色的事儿。在某种程度上，你正在为你的生活和想法制作一份日后可以回顾的文献记录。我有时候还会在写作中用上我许多年前写的日志材料。你永远不知道一个想法什么时候就派上用场了。

370 一个关于撰写报告的小短剧

大审判官：	为什么要逼迫那些可怜的、不堪重负的学生写研究报告呢？为什么不能让他们通过手机口述研究报告呢？他们可以配上点背景音乐，来段饶舌……多酷啊！
阿瑟：	因为写下来的东西才能长存！你可以阅读那些写下来的东西，看看研究做得好不好。写作的质量也很重要。我们生活在一个飞速电子化的时代，但是能够写得好仍是很重要的。
大审判官：	我正在开发一款软件程序。你只要告诉它一个研究主题，它就能写好论文。它还能替你去考试。
阿瑟：	我们现在已经有了根据写作和研究质量自动给论文评分的程序。
大审判官：	那么，教授们如今还有必要存在吗？
阿瑟：	我们将会被全息图像、网络课程以及论文评分机器取代了。
大审判官：	为什么不能在学生们入学时就把学位给他们？这样就能免去他们的压力，我们也就不再需要任何教授了。
阿瑟：	……你可以去做大学校长了。

❖ 组织一份报告的小诀窍

关于这个重要的技巧，有一段轶事。许多年前，我参加了斯坦福大学的一个会议，会上有三位发言人，还有一个第四人，即“评议人”，他需要对三位发言人的研究报告进
371 行评议。这是学术会议的惯例，由评议人来评估报告、拓展背景、进行批评，等等。

在会议开始之前，我注意到这位评议人做了一些很奇怪的事情。他拿出四张8.5英寸×11英寸的纸，对折后撕开，这样他就有了八张半页纸。然后他又把这些纸对折并撕开。他这样重复做了好几次，直到有了一沓小纸片。每张8.5英寸×11英寸的纸被分成了16份，这样他就有了64张小纸片，每张纸大约是2英寸×3英寸的大小。

接下来，当发言人做报告时，他会在小纸片上写下点东西。我注意到，他在每张纸上只写下一个想法。在第三位发言人做完报告之后，中途短暂休息了一会儿，评议人利用这段时间整理好他的小纸片，并在之后对这些报告做出了逻辑结构极为清晰的分析，有评价，有批评，还有建议。别忘了，他用来组织话语的时间是如此之短。

秘诀：一张纸上一个想法

一张纸上一个想法，这对于组织报告来说颇值得一试。如果每张纸上只写一个想

法，那么当你开始组织报告大纲时，你就很容易移动它们的位置。但如果你在一张纸上写了两个想法，你就没那么容易移动你的想法了。

一张纸上一个想法，这一方法是一些帮助写作者组织思维的计算机程序的核心所在。当你组织报告时，调控纸张（每张纸上只有一个想法）要比重写一篇结构混乱的报告容易得多。我的许多书就是用这种组织材料的方式写出来的。当我攒出了我的一沓纸后，我将它们放在桌上，开始尝试着用不同的方式组织它们，直到找到对我来说最佳的排列方式。

当然，当你写作时，想法会突然冒出来——也许是来自潜意识——帮助你充实之前的想法，或者是用有趣的方式解释它们。诗人威廉·斯塔福德写过一本集子《写作与澳洲爬泳》（William Stafford, 1978），他说："与其说作家是有话可说的人，不如说他们找到了这样一种过程，这个过程产生出那些他不开口说出就不会想到的新想法。"（p.17）尽管对于研究报告如何组织有一些比较正式的规定，但我们仍然有理由将它们写得妙趣横生。

❖ 大纲、初稿，以及改写稿 372

上一个建议是，使用小纸片组织自己的想法。你可以反复排列布置它们，直到你的论文有了一个逻辑连贯的大纲。如果你在制定大纲时有了副标题，记得至少要准备两个。也就是说，如果你有了A方案，你最好准备一个B方案。下一件重要的事情就是尽快完成第一稿并将它打印出来。然后你就可以开始审阅它、修改它。所有的写作都是修改出来的，几乎没有作者可以一次性完成。这也就是为什么修改稿件如此之重要的原因。

你的改写稿应该在纸质打印版的初稿上完成。因为，在打印出来的写作材料上进行改写，要比在电脑屏幕前好很多。接着，在打印出来的材料上改写完之后，将你的修改输入电脑里，再将它打印出来。然后再修改打印版的第二稿，再将新的修改内容输入电脑里。一般情况下，改写三次后，稿件才能进入一个较为理想的状态。据说，海明威将一部小说的结尾句子重写了30遍。你不必做那么多遍的修改，但你至少要做三遍。

❖ 撰写研究报告

依照惯例，研究报告在写作风格上需要具备以下几个特征：

正式文体（Formal style）。报告不能使用口语化的表达，它自带一种严肃性。

第三人称（Third person）。尽管如今有些报告相对随意了很多，但报告写作通常使用第三人称（某人）而不是第一人称单数（我）。

中性语言（Gender-neural language）。报告使用的语言是不分性别的，最好的方式就是避免使用“他”或“她”，而选择使用复数人称。

尴尬的情况：每一个受访者都要填写他或她的问卷……

改善后的情况：受访者们需要填写他们的问卷……

过渡性引导（Transitions to guide readers）。过渡部分非常重要，它们可以引导读者进入即将开始的内容。下面这张表列出了一些较为重要的过渡方式：

373

原因	结果	承接	意义
因为（Because）	因此（Therefore）	首先（First）	我们发现（We find,then）
这导致了（This leads to）	结果是（As a result）	接下来（Next）	这意味着（This suggests）
既然（Since）	相应地（Accordingly）	最后（Finally）	这表明（This implies）
举例	**转折**	**结论**	**时间**
举例而言（For example）	但是（But）	因此（Therefore）	此前（Before）
打个比方（For instance）	然而（Nevertheless）	这样的话（Thus）	之后（After）
例证显示（To show this）	相反（In contrast）	我们发现（We find,then）	同时（At the same time）

主动语态（Active voice）。某些作者为了给自己的研究营造一种权威感，可能会使用被动语态。但是我认为，被动语态将动词的形式表达成“被”，这将使报告的措辞显得死气沉沉而不是活泼生动。

主动语态：我们在研究中发现……

被动语态：这一点在研究中被发现……

赋予研究权威性的是这项研究所包含的思想的水平，而不是被动语态。

动词的运用（Verb usage）。在撰写报告时，你需要遵循关于报告每个部分应使用的动词时态的惯例。以下是我给出的一些建议：

报告的部分	动词的时态
文献综述	过去时
报告的写作流程	过去时
研究的意义	现在时
进一步的研究展望	将来时

大多数研究者在其报告中会遵循这些关于动词时态的使用规则。

专业术语（Jargon）。当你可以避免使用专业术语（这里指的是高度专业化的术语）时，就尽量不要使用它们。想要做到这一点，最好的办法就是在写作过程中虚构一位足够聪明但对你的研究主题一无所知的读者。如果一个术语对你的读者来说可能是难以理解的，你就要给出概念定义，并避免缩写词和首字母缩略词（由一个名称的首字母构成的词，如NATO）。

低级写作（Undeveloped writing）。不完善的写作缺少细节和色彩，它往往是含糊 374
的、笼统的、抽象的。为了避免这一点，可以举个例子，解释术语，为你所讨论的现象找找因果关系，还可以对不同事物进行比较。

❖ 量化研究报告的IMRD结构

依照惯例，量化研究报告需要分为四个部分：引言（introduction）、描述研究方法（method）、报告研究结果（results），以及讨论（discussion）。这就是所谓的IMRD结构。质化研究报告也可以使用这套设计。让我们来看看每个部分该怎么写。

引言（introduction）。在这个部分，你需要向你的读者交待研究背景。例如，为何你要开展此项研究、它的重要性体现在哪里，并大致简单地评论有关该主题的相关文献

（对于这一点，请参见本书第二章图书馆资料搜寻）。通常情况下，你还需要在这个部分交待你的研究假设，并介绍帮助你得出该假设的理论和研究。引言部分为读者提供了阅读的上下文语境，将研究定位于一个知识领域之中，它还提供了相关信息，帮助读者理解整篇报告。

研究方法（method）。该部分介绍了研究设计或研究所使用的方法。它需要详尽具体，原因有二：第一，这样你的读者才能看到你到底做了什么；第二，这将便于别人可以重复操作你的研究。研究方法必须进行清晰描述，这样其他的研究者就可以复制你的研究，不管是因为你的研究发现卓越非凡，还是因为它与之前同主题的研究存在矛盾。换句话说，在研究方法部分，你所处理的是研究的操作化问题（研究是如何实施的）。你所描述的研究方法证实（或证伪）了你的研究假设，或者找到了你所提出的问题的答案。你需要认真地界定每一个术语，描述你如何收集数据，并回答你在引言部分提出的研究问题。

在研究方法部分，你可以考虑下列问题，从而对方法做出详尽说明和细致阐释。

375
- 你是否在检测某个理论？
- 你是否在检测对立的假说？
- 你是否在检测一种研究方法？
- 你是否在重复一个研究，以检测它的研究结果？
- 你是否在修正之前存在问题的研究（比如结论不一致）？
- 你是否在寻找一些相关问题的答案？
- 你是否在解决一些社会或者政治问题？

这个部分通常篇幅较长且细节详尽，还会受到读者的严格审查，因为毕竟研究方法是至关重要的环节。如果别人在你的研究方法中找到了漏洞，那么你的研究发现也就毫无价值可言了。许多学者之间的争论都涉及研究方法上的观点冲突。

研究结果（results）。在研究结果部分，你需要写出你的研究发现。如果你的研究结果包含数字，就用图表的方式呈现出来，以使结果及其关联性一目了然。通常，结果部分比较简洁，因为陈述你的研究发现，不需要像描述你如何发现它们那样花费大量篇幅。

在这个部分，你需要给出研究数据，并对数据进行分析。此外，一篇研究报告还需要讨论研究结果及数据之间的关联性。

讨论（discussion）。你需要在这个部分讨论你的研究所得。你在开展研究的过程中遇到了哪些问题，有哪些出乎意料的事情发生，你的研究结论和其他学者的研究结论之间存在怎样的关系，你还要给同领域的研究者提出建议，并陈述你是如何规划进一步的研究的。

下面是你在讨论部分可以考虑的几点：

- 你的研究支持了你的假设吗？
- 你能否从研究发现中归纳出什么规律？
- 你在研究开始时提出的问题是否得到了解决？
- 你的研究发现是否引发了新的问题，并需要你做进一步的研究？
- 你的研究中是否存在伦理问题？或者你的研究发现是否引发了伦理问题？

你也可以想想其他可补充的问题。 376

关于IMRD结构的范例，给大家推荐两篇文章：一篇是方克和布奇曼（Funk & Buchman, 1996）的《玩暴力电游与青少年的自我认知》，另一篇是坎萨（Kantha, 1999）的《打油诗中关于弗洛伊德的性幽默》。

❖ 正确书写：避免一些常见问题

你的研究报告应该条理清晰，同时，还应该保证写作中没有语法问题。如果你的写作满是拼写错误、标点错误，以及含糊不清、别别扭扭的段落，那么研究的可信度就会受到质疑。下面是我们在写作中最常犯的一些错误。

拗口（Awkwardness）。拗口的段落，往往是因为行文别扭、生硬、组织不完善。举个例子，“死刑的人性问题长久以来是许多社会争论的焦点”（The humanity of the death penalty is a problem that has long been a debate in many societies.）写作中总是使用相同的句式结构，也可能造成拗口的感觉。

连贯性问题（Coherence problems）。你的句子应当如行云流水，善于使用过渡词引导你的读者。有的人的研究报告中没有任何连接词，只有一个接一个的短句，我们可以将其称为波浪式的写作（choppy writing），实际上这是一种小学生式的写作（“primer style” writing）。如下所示：

> 我的研究做了一项内容分析。我选择了一些漫画作为研究对象。我决定观察所选漫画中包含的暴力的数量。界定暴力存在一些困难。

你可以看到，这个作者给出了一系列简短的、没有任何连接词的句子。

破折号和连字符（Dashes and hyphens）。许多写作者错把连字符当做破折号。

> 破折号：—
>
> 连字符：-

一个破折号（—）由两个连字符构成。连字符用来连接组合型单词（女婿这个单词在英文中是son-in-law），不可以当作破折号使用。破折号则表示开始一个重要的论述，或意味着句子中有一个重要的停顿，停顿的时间比逗号所表达的时间要长。

错用逗号（Comma faults）。在英文中，如果不带任何连词（比如“和”“但是”等），
377 用逗号分开两个独立的分句（也就是两个完整的观点）是不合适的。你必须使用分号，或者是其他形式，比如嵌入一个连接词，来解决这一问题。如下面这个例子：

> 错用逗号：约翰喜欢调研，他很喜欢访谈。
>
> 正确形式：约翰喜欢调研；他很喜欢访谈。
>
> 正确形式：约翰喜欢调研因为他很喜欢访谈。

片段（Fragments）。撰写报告时，你要确定自己使用的是完整的句子而不是句子的片段。换言之，不要用那些你以为是句子的不完整的想法。在其他类型的写作，比如个人随笔中，只要你知道自己在做什么并合理使用它们，你可以使用片段化的表达来突出重点，但是学术论文中最好避免片段化的句子。

片段：你已经学习了调研。但等等！

赘言（Padding），或冗长（Wordiness）。冗长的写作就是使用大量词语去表达少量词语就能表达的意思。

冗长：我持有这样的观点……

正确形式：我认为……或我相信……

拼写错误（Spelling errors）。如果你对一个单词的拼写不确定，最好去查查字典。电脑里的自动纠错程序很有用，但有时它们也会出错，因为它们无法识别那些拼写正确但不适合所在句子的词语。

以下是写作者常常混淆的词语。

词语	功能	例子
To	连接词	I′ m going to Paris...
Too	表过量	Too many errors...
Two	表数字	You made two errors...
Their	表所属关系	They took their books...
There	表方位	Are you going there?
They′ re	他们+是	They′ re too snobbish...
Who′ s	谁+是	Who′ s coming to the party?
Whose	表所属关系	Whose radio is that?
Its	表所属关系	The car lost its power...
It′ s	它+是	It′ s too late for tears...

378

Its这个词造成了许多问题，因为它不遵循通常情况下表所属关系的构词规则。所属关系是由′ s来表示的，但its是个例外。还要指出的是，所有格代词（his,hers,mine,theirs,ours,yours,its，即他的、她的、我的、他们的、我们的、你们的、它的）都没有用到撇号（所有格符号）。

清晰度问题（Clarity problems）。读者因为这样或那样的原因难以理解的文章，就是不清晰的。它们往往模棱两可、令人费解。大多数情况下，它们也是拙劣的，充满了语法错误。之所以写不清楚，一个原因是人们在写作中无法表达他们脑子中形成的想法。另一个原因则是，他们的思维就是混乱的。大声朗读自己的文章（或者让别人念给你听）是个绝佳的点子，这有助于你找到拗口的地方和模糊不清的用词，并识别出需要改善或澄清（或两者兼备）的观点。

代词指代问题（Pronoun reference problem）。代词在句中所处的位置，相当于一个名词的位置，或者出现在名词之前。代词使用的第一个规则，就是与其所指代的词保持数的一致。举例来说，“每个人”这个人称是单数的，在它出现的句子中，这个人称所使用的代词是“他的”或“她的”，而非“他们的”。第二个规则就是，代词所指代的是离它最近的那个名词或代词。如果不遵守这条规则，奇怪的事情就会发生。比如下面这句话在代词指代上就存在问题：

比尔抓起他的炸鸡，上了他的车然后吃掉了它。(Clutching his fried chicken, Bill got in his car and proceeded to eat it.)

在这句话中，这里的“它”指代的是车，而非炸鸡。这句话需要重新调整结构才能说得通。这句话可以修正如下：

比尔上了车，拿起炸鸡开始吃它。(Bill got in his car clutching his fried chicken and started eating it.)

379 **重复**（Repetitiveness）。有些写作者似乎只会使用一种句式结构，所以当你读他们的文章时，通篇的句子都是相同的基本结构。你必须变换句式，免得你的读者心生厌倦。倘若你的句子结构相似、长度相近，读者会觉得你写的东西冗长乏味。因此你必须好好考虑写作的韵律问题。

主谓一致问题（Verb agreement problems）。动词需要和它们的主语保持一致，单数的主语需要动词的单数形式，复数主语则需要动词的复数形式。①

I love Mary.	We love Mary.
You love Mary.	You love Mary.
He/She loves Mary.	They love Mary.

① 在中文写作中不存在单复数的问题。——译者注

❖ 学术写作风格

根据学术期刊的相关要求，学者在写文章中的文献综述时，需要在括号内注上作者姓名和发表日期，如下例所示。这个例子中的段落选自罗伯特·麦克切尔和坎达丝·福的文章《生活在边缘》(Robert McKercher & Candace Fu, 2006)，它发表在2006年的《旅游研究年鉴》(*Annals of Tourism Research*)上，这是旅游研究领域最重要的期刊之一。

> 大量关于旅游和边缘地带的出版物都聚焦于次要地区，如太平洋群岛、北极地区或者乡村社区(Brown & Hall 2000; Gets & Nilsoon 2003; Hall 1994; Pearce 2002; Prideaux 2002; Wanhill 1995; Weaver 1998)。只有少量研究调查了现存地区的边缘地带。这些研究所探索的主题包括：以基于属性(Attributes-based)的方法研究边缘地带(Pearce 2002)，居民对于城乡接合部的看法(Weaver&Lawton 2001)以及作为城市生态旅游地的边缘地区(Dwyer & Edwards)。

这种在圆括号内注明文献的做法，在一定程度上使这些学术文章变成了附带说明的资料目录，显得生硬难读。但是这些引用显示了作者对于最新文献资料的掌握，也向读者提供了可进一步参考的重要文献。对于一篇学生论文来说，可能无需采取这样的写作风格。

❖ 制订研究计划和撰写研究报告的注意事项清单 380

这份清单借鉴了康纳德·考塔克主编的一本人类学专业学生指南《研究美国文化》(Conrad Kottak, 1982,p.33)，也借鉴了其他著作中的部分内容。

- 选择你的研究主题
  - ◇ 找到一个你感兴趣并可在你空闲时间内进行调研的主题。
  - ◇ 尽量缩小你的主题。你的主题越聚焦，你的研究就越有可能完成。
- 设计你的研究方案
  - ◇ 确定你研究的话题或你研究的群体。

◇ 找到获得研究样本或文本的方法（内容分析法）、代表性的群体（调查法），或者观察的地点（参与式观察法）。

- 确定合适的研究方法

◇ 对于文本的分析，可以考虑的方法有符号学分析、意识形态分析、修辞学分析、内容分析或者综合使用某几种方法。

◇ 对于亚文化群体，可以考虑参与式观察法。

◇ 对于观点或态度调查，可以考虑访谈法、问卷法、调查法和焦点小组访谈法。

◇ 对于田野调查，可以考虑民族志、参与式观察法和访谈法。

◇ 对于过去的事物，可以考虑历史分析法和内容分析法。

◇ 对于人类行为的研究，可以考虑实验法和文献研究。

- 组织数据

◇ 将量化数据制成表格或图形。

◇ 使用质化数据证实或证伪某个论点，或者证实某种立场或理论。

381 • 用正确形式撰写研究报告

◇ 使用IMRD结构。

◇ 确定你按照导师指导的格式列出了详尽的参考文献。（在研究中，写出你参考的所有文献的书目信息是至关重要的。最好的方法就是每一条参考文献都使用检索卡或者电脑自带的类似检索功能。）

美国心理学会（APA）论文写作格式入门

APA写作格式广泛应用在学术写作中。 www.apastyle.org这个网站可以回答你在使用这种写作风格时遇到的问题，另一个网站http://flash 1 r.apa.org/apastyle/basics/index.htm?上关于排版格式的指导性教程也很有用。你可以给www.apastyle.org这个网址添加书签，你在格式上遇到任何问题时就可以参照它。对于如何按照APA写作格式撰写论文和研究报告，以下是我列出的一份要点总结。

1. 研究报告的结构：

（1）标题：用一整页作为标题页

（2）摘要：研究流程和研究结果的摘要或总结

(3) 引言：为读者提供上下文的语境

(4) 研究方法

(5) 研究结果

(6) 小结：研究中遇到的困难，进一步的研究展望，等等

(7) 参考文献

(8) 附录

2. 正文文字使用12号衬线字体（比如新罗马字体），数字使用12号无衬线字体（比如Ariel）。 382

3. 稿子和参考文献都使用双倍行距。

4. 每段首行缩进半英寸。

5. 左右页边距都为1英寸。

6. 字要左对齐，右边参差不齐。

7. 每段左边缩进半英寸。

8. 语言中避免个人偏见和性别歧视。

9. 使用正式文体；非正式写作不适合学术讨论。

10. 以他人期望被称呼的方式称呼他们。

11. 给出你引用和释义中的原作者姓名。最好是把作者的全名、他们的书名或文章标题、发表的时间以及你第一次引用的页码都写出来。之后，你可以只用他们的姓氏（不用给出全名了）。APA格式就是给出作者的姓氏、发表日期以及页码（或者网站地址或其他地址）。

12. 在参考文献部分，你先写出作者的姓氏，再写出名字的首字母（或者是许多作者的姓氏和名字首字母），然后是书或文章的标题、出版日期、出版商，等等。

13. APA参考文献格式包括悬挂缩进，也就是说，第一行是左对齐的，其余部分缩进。

14. 对于期刊文章来说，文章标题是正常字体，期刊名称和卷册号是斜体。

最好总是使用纠错器浏览你写下的所有东西，以便发现不留心犯下的打印错误或其他错误。

383 ❖ 结论

本章所讨论的内容，一方面是引领你的研究走向抽象概念化，另一方面是帮助你撰写研究论文。思维与写作之间存在着密切关联，你文章的质量就反映了你思维的品质。而对于语法知识的了解，则是你写作的关键构成。

我们可以把语法规则看做道路规则。如果你不知道停车标志或者红灯意味着什么，或者不知道应当在道路的哪一边行驶，你可能会在行车过程中造成许多混乱和麻烦，甚至可能活不了多久。你必须了解道路规则，尤其是当地法律所制定的规则，你才能顺利驾驶。同样，你也必须了解语法规则，才能与他人开展清晰的、高效的交流。

你必须正确书写，这样，你的读者才会严肃地对待你的研究。有些学生的调研做得很棒，但写出来的报告满篇都是拼写、标点和语法错误，以至于读者可能质疑他们的研究发现甚至是他们的智力，这是多么遗憾的一件事。有些学生认为，只要论文所用的纸看上去不错，打印的质量好，字体很吸引人，那么他们的论文自然也是好的。情况并非如此。对于一支足球队或篮球队来说，队服质量不重要，穿着队服的球员的水平更重要。

本章的核心就是提醒你，写作时一定要仔仔细细。要善用电脑的拼写纠错和语法纠错功能。但对于不知道的单词，你必须用字典来查阅正确的拼写，因为拼写纠错程序也会有遗漏。有一本工具书推荐给你，它可以帮助你进行正确书写，这就是思创克和怀特所著的《文体指南》（Strunk和White，1999），这部仅有92页的工具书足称经典。

你可以把研究报告打印出来，然后在打印版上进行修改，这是专业写作者的习惯。接下来，你可以把打印版上的修改转到电脑文件上。有人喜欢在电脑上进行直接修改，我觉得这是行不通的。面对打印版时，你更可能发现错误。而且，你还可以看到文章打印出来是什么样子的，这样你就可以更好地调整间距和格式问题。重复进行修订，你的报告就会逐步完善。你必须做好心理准备，可能要修改好几稿之后才能将自己的研究发现很好地呈现给读者。

384 ❖ 延伸阅读

Ballinger, B.（1999）. *The curious researcher: A guide to writing research papers*（2nd rev. ed.). Boston, MA: Allyn&Bacon.

Barzun, J.,&Graff, H.(1992). *The modern researcher*(5th ed.). Boston, MA:Houghton Mifflin.

Becker, H. S.(1986). *Writing for social scientists: Hozv to start and finish your thesis,book, or article.* Chicago, IL: University of Chicago Press.

Berger, A. A.(1993). *Improving writing skills: Memos, letters, reports, and proposals.* Newbury Park, CA: Sage.

Berger, A. A.(2008). *The academic writer's toolkit: A user's manual.* Walnut Creek,CA: Left Coast Press.

Emerson, R. M., Fretz, R. L.,&Shaw, L. L.(1995). *Writing ethnographic fieldnotes.* Chicago, IL: University of Chicago Press.

Lamott, A.(1995). *Bird by bird: Some instructions on writing and life.* New York, NY: Anchor Books.

Lesley, J. D., Jr.(1998). *The essential guide to writing research papers.* White Plains,NY: Longman.

Queneau, R.(1981). *Exercises in style.* New York, NY: New Directions.

Rivers, W. L.,&Harrington, S. L.(1988). Finding facts: Research writing across the curriculum. Englewood Cliffs, NJ: Prentice Hall.

Strunk, W., Jr.,&White, E. B.(1999). *Elements of style*(4th ed.). New York, NY:Longman.

Turabian, K.(2010). *Student's guide for writing college papers*(4th ed.). Chicago,IL: University of Chicago Press.

Williams, J. M.(1990). *Style: Toward clarity and grace.* Chicago, IL: University of Chicago Press.

385

术语表

异常解码（Aberrant decoding） 指的是受众对文本的解码或阐释方式异于文本创作者所期待的方式。根据符号学家翁贝托·艾柯（1976）的说法，在大众媒介中，异常解码是一种常规而非例外。

美学（Aesthetics） 媒介中的美学包括了技术部分，如灯光、声效、音乐拍摄手法和摄影、编辑，以及文本中影响受众反应的相关方面。

美国（America） 在第四章有关焦点的讨论中，我选择使用“美国”，因为它的头韵有助于读者记住这个焦点模式，但我也可以用别的国家。美国和艺术（文本）、受众、艺术家（创作者）以及媒介构成了焦点模式。

原型（Archetype） 根据荣格的说法，原型是可以在世界各地的梦境、神话、艺术作品和宗教中都能找到的形象，它们不是由文化传承的，而是在共同的潜意识中由基因进行神秘的传承。我们无法直接感知到它们，但它们在我们的梦境和艺术作品中显露了出来。最重要的原型就是英雄。

艺术（Art） 我在第四章探讨的焦点之一，指的是所有由媒介承载的、有创造力的表现形式。

艺术家（Artist） 艺术家不仅包括创作绘画、雕塑或者演奏乐器的人，而且包括任何参与到文本创作或演绎之中的人。

态度（Attitude） 在社会心理学的术语中，态度指的是一个人对于某种现象或体验所产生的持久的心理状态。总的来看，态度不是积极的就是消极的，它还有指向性，包括了想法、感受和行为（这三者均与态度紧密相关）。

受众（Audience）　受众指的是收看电视节目、收听广播、观看电影或其他形式的艺术表演（交响乐、摇滚音乐会）的人。受众成员可能聚集在一个房间中，也可能分散各处。以收看电视节目来说，受众各自从某个设备终端上进行观看。在技术术语中，受众指的是接收发送者所发送的文本的接受者。 386

二元对立（Binary oppositions）　根据语言学家雅各布森（Culler,1986）的说法，用二元对立的视角（如热/冷，开/关）看问题是人类找到世界之意义的根本方法。需要注意的是，相对与相反并不一样，“健康的/良好的”是一组相对的词，而“健康的/不健康的”就是一组相反的词。

广播（Broadcast）　广播是通过无线电或电视信号得以大范围传播的文本。广播与其他形式的文本传输不一样，比如有线电视播送（用的是电缆）、卫星传送（需要“锅”捕捉卫星发送的信号）。

阶级（Class）　从语言学的角度来看，阶级指的是共享某些事物的群体。我们使用这个术语去指代社会阶级，或者更准确地说，社会经济意义上的阶级，即在收入和生活方式上各不相同的各个群体。马克思主义理论认为存在一个领导阶级，它塑造了无产阶级即工人阶级的意识形态。

符码（Codes）　符码包括一系列生产意义的象征符、字母、词语、声音，等等。比如说，语言就是一种符码，它将字母组合起来，我们使用它们来措辞以表达特定的意思。词语与其所指代的事物之间的关系是任意的，由惯习所决定。在有些情况下，符码这个术语用来描述隐含的意义或密码通信。

认知不一致（Cognitive dissonance）　“不一致”这个词指的是与其他声音不协调的声音。根据心理学家的说法，人们倾向于不接受挑战其以往观念或与其产生冲突引发其他不适感的观念。认知不一致指的就是与人们旧有观念产生冲突并引发心理焦虑和不愉悦的观念。

传播（Communication）　对这个词的理解和使用方法有很多。从本书的角度出发，传播指的是信息从发送者传递到接收者的过程。我们往往会区分使用语言的传播

（语言传播）和利用面部表情、肢体语言和其他方式的传播（非语言传播）。

387 **传播**（Communications） 传播的复数形式，多指被传播的内容，而不是传播过程。

观念（Concept） 观念指的是解释或者帮助我们理解某种现象的想法或概念。在这本书中，我对理论、观念以及观念的应用进行了区分。

含蓄意指（Connotations） 这个概念指的是与观念或文化含义相关联的某个术语、物体或现象。"含蓄意"指这个词来自拉丁文connotare，指的是"与之标记"。含蓄意指与直接意指（denotation）不同，直接意指指的就是一个术语的字面意义。

内容分析（Content analysis） 一种获取在某方面具有相似性的文本的统计数据的方法。在开展研究时，内容分析法是一种非干涉式的方法。

控制组（Control group） 在实验法中，控制组被放置一边，不对其进行任何干扰。它与实验组相反，实验组是要接受实验的。然后，对这两组进行比较，实验组如果与控制组之间有重要的差别，这一差别就可以归因于变量的介入。

批判性话语分析（Critical discourse analysis） 这种话语分析方式聚焦于社会中有权力的组织如何使用语言主导其他群体，以及被征服的群体如何进行策略性抵抗。在形式上，它需要考虑故事如何被建构，读者在自己所消费的文本中如何被定位，以及语言如何引导读者以特定的方式解释文本。

文化帝国主义（Cultural imperialism），**或媒介帝国主义**（Media imperialism） 这个理论描述了媒介产品（如音乐、电影和电视节目）和大众文化产品从美国以及少数几个西欧资本主义国家向发展中国家的流动。伴随这些文本和大众文化一起传递的，还有价值观和信念（资产阶级的资本主义意识形态），这就造成了这些国家相对接受西方的主导地位。

文化研究（Cultural studies） 这一跨学科范式（使用了文学理论、符号学理论、社会学理论、精神分析学理论、政治学理论以及其他社会科学和人文学科的相关概念）可用来分析和阐释媒介、大众文化、文学、社会运动和其他相关领域。

文化（Culture）　针对这一术语的界定有成百上千种。概括起来，从人类学的角度来看，这个词指的是特定观念、艺术审美、习惯信仰、生活方式、行为模式、组织机构和价值观念的代代相传。投射到艺术上，文化往往被用来指代“精英”艺术作品，比如歌剧、诗歌、古典音乐和严肃小说。 388

文化符码（Culture codes）　按克洛泰尔·拉帕耶（2006）的说法，根据出生地的不同，儿童从出生起到7岁之间会被“植入”特定的符码，这些符码将会塑造他们的品味、行为和态度。

数据（Data，单数形式是datum）　一般情况下，数据是一种信息的形式（往往是数字的信息），它们可以被组织、制成表格，为下结论奠定基础。

防御机制（Defense mechanism）　指的是自我意识进行自我防卫的方法，以抵抗来自遗传因子或精神上的冲动因素，以及超我因素（如道德心和羞耻心）带来的压力。比较常见的一些防御机制包括抑制（抵挡潜意识里的本能欲望和意识里的记忆）、退化（回到发展过程中早期的状态）、矛盾（爱恨交织的感受）以及合理化（为某人的行为找理由）。

人口统计学（Demographics）　指的是特定群体在诸如民族、宗教信仰、性别、社会阶级、种族、职业、居住地和年龄等方面的相似之处。

直接意指（又称外延意义）（Denotation）　在我们给予一个词语字面的明确的意义或者对一个事物进行直接描述的时候，我们给出的就是它的直接意指。直接意指与含蓄意指相对，含蓄意指指的是一个术语或事物的文化意义。

去性别化（Desexualization）　这个词源自查尔斯·威尼克（Charles Winick，1995）及其他学者提出的论点，他们认为，随着男性逐渐变弱和女性不断强大，男女性别之间的差异在不断缩小，美国社会在不断地去性别化。换句话说，性别在逐渐失去其差异性特征，一个无性别的文化正在发展成型。

话语分析（Discourse analysis）　一种帮助我们理解社会互动以及社会现实如何被我们口述的、书写的和视觉的文本生产出来的定性研究方法。它所聚焦的是文本的创作者如何传递他们的观念，而非他们的观念到底是什么。

自我（Ego） 在弗洛伊德的精神分析领域，自我的功能相当于本我的执行者，也是本我和超我之间的中介者。自我包括了对现实的看法和适应。

389 **情感功能**（Emotive functions） 根据罗曼·雅各布森的说法，信息具备许多功能，其中一项就是情感功能，它包含了信息发送者对情感的表达。另外两个功能是指示功能和诗学功能。（参见Culler, 1986）

常人方法学（Ethnomethodology） 作为社会学的一个分支，它研究的是人们每天的日常生活，将这些活动视为本身就值得调查的现象。它聚焦于人们如何理解这个世界，以及他们在交流和行为中显露的常识性态度。

证据（Evidence） 每个理性的个体都会认为，在支持某些内容或某个理论方面，证据是值得考虑的材料。证据可以是定性的，也可以是定量的。

面部表情（Facial expression） 根据艾克曼和塞乔斯基（1992）的观点，存在八种表达情绪的普遍通用的面部表情：愤怒、坚定、厌恶、恐惧、中立（无表情）、不满、难过以及惊讶。保罗·艾克曼发展出了一套面部动作符码体系，源自人类面部43块用来表现情绪的肌肉。

虚假意识（False consciousness） 在马克思主义理论中，虚假意识现象指的是人们对于他们所处的阶级、地位和经济可能性的错误认识。这些认识有助于维护现状，对于想要避免社会结构变革的统治阶级而言，它们十分有用。马克思认为，统治阶级的观念总是社会中主导的观念。

女性主义批判（Feminist criticism） 女性主义批判关注的是女性被赋予的角色身份，以及她们在各类文本中被塑造的方式。女性主义批评家认为，女性总是被当作性对象，在文本中被塑造成一种刻板形象，这对男性和女性都产生了不良的影响。

焦点（Focal points） 这里指的是大众传播领域中的五个基本话题或主题：艺术或文本作品、艺术创作者、受众、美国或社会，以及媒介。

焦点小组（Focus groups） 焦点小组是一个相对小规模的人群（通常是8到10个人），他们被挑选出来，就营销者关心的某个话题进行小组讨论。因为无法触及人们深层的想法和感受，提供的观点对资助方毫无价值可言，这种方法因而饱受诟病。

功能性（Functional）　从社会学视角看，功能性这个术语指的是一个组织对于维护社会所做的贡献。具有功能性的事物有助于维持它所在的系统。 390

性别（Gender）　这个术语指的是一种个体的性征分类，即男性或者女性，也指与这一分类相联系的行为特征。

类型（Genre）　这是一个法语词汇，指的是"种类""类别"。当我们使用这一术语时，它指的是大众媒介中那种公式化的文本：肥皂剧、新闻节目、体育节目、恐怖剧、推理剧等等。在《流行文化的类型》（*Popular Culture Genres*，1992）中，我详细探讨了这个话题。

格/群理论（Grid-group theory）　以社会人类学家玛丽·道格拉斯（1970）的成果为基础，这一理论认为现代社会存在着四种相互对立的生活方式，它们塑造了人们在消费领域以及其他社会和政治生活领域中的选择行为。小组包括了各单元之中绑定的强度，各个单元里的人可以定位自己（强或弱），网格则包含了他们必须遵循的规则（多或少）。

霍桑效应（Hawthorne effect）　这一术语被用来描述实验的观察者对研究结果产生的影响。

假设（Hypothesis）　假设指的是为了讨论、争辩或进一步调查的目的而被假定是正确的事物。从某种程度上说，它就是对于什么因素可以解释某些现象的猜测和估计。

图像符号（或称肖像）（Icon）　根据皮尔士（1977）的三分法，图像符号是凭借相似性传达意义的符号。照片是图像符号，机场里那些帮助人们找到厕所和行李的程式化的图像也是图像符号。

本我（Id）　在弗洛伊德的精神理论（严格意义上说是结构主义的假设）里，自我意识是代表个人冲动的精神元素。弗洛伊德（1965b）在《精神分析新论》中，将之称为"一片混乱，一口沸腾着兴奋感的大锅"。它也是活力感的来源，但是它缺乏方向感，需要自我意识去约束和控制。一个普遍的看法是，本能与冲动、性欲以及"我现在就想要全部”的行为紧密相连。

意识形态（Ideology） 意识形态指的是一套对社会、经济和政治事务在逻辑上连贯完整的解释，以帮助某些团体或政治共同体建立目标、引导他们的行动。人们是依照某种意识形态开展行动的（投肯定票或者投否决票），即使他们可能说不清或者压根没想过。

391 **图像**（Image） 给图像下定义是很难的。在《眼见为实：视觉传播引论》中，我将图像定义为“我们观看一张照片、一部电影、一幅电视画面、一则广告或者是任何事物时看到的一系列符号和象征符”（Berger, 2012）。这个术语既可以用作精神事物的表征，也可以用作物理事物的表征。在影响人们的情绪方面，图像和历史性重大事件一样力量强大。详尽阐释图像的两本书分别是依库·阿达托（1993）的《完美的图像：公共图像制作的艺术和诡计》和保罗·梅萨里（1994）的《视觉文化：图像、精神与现实》。

标志（Index） 根据皮尔士（1997）的观点，标志是一种符号学图示，传达的是基于因果关系的意义。烟就是标志性的，因为它意味着火。

互联网（Internet） 互联网是一个相互连接的网络系统，它使人们可以寄送邮件（电子邮件）以及进入万维网的各个网站。

阐释（Interpretation） 我们需要区分阐释和分析。阐释指的是将来自一个或多个准则的观念和方法应用到一个文化文本或一些相关现象中去。分析则指的是通过分解事物的成分去对它进行研究。

互文性（Intertextuality） 在文化理论中，“互文性”这个词总体上指的是一个文本对其他文本的借用。这个借用可以采取不同的内容和形式。某些情况下，互文性借用不是有意为之的，但有些情况下，比如恶搞，就是故意而为的。

玩笑（Jokes） 传统意义上的玩笑指的是有着妙语的短小叙事，旨在娱乐他人，制造笑料。

生活方式（Lifestyles） 顾名思义，这个词指的是生活的方式，指的是人们以何种方式去生活，包括他们如何装饰家居（以及选择哪个区域的房子），驾驶什么车辆，穿什么衣物，吃什么食物，光顾什么样的餐馆和度假地点，以及拥有什么样的宠物。

李克特量表（Likert scale）　绝大多数情况下，李克特量表让受访者利用一张有5个或7个数值的量表来标示他们态度的程度或强度。

马克思主义（Marxism）　由卡尔·马克思发展起来，并由许多其他人进一步丰富的思想体系，它处理的是一个国家的经济系统（经济基础）和从这个经济系统发展出来 *392*
的组织机构（上层建筑）之间的关系。马克思主义的媒介批评家关注的是媒介在资本主义社会中扮演的角色，尤其是它们如何催生消费主义文化，从而避免阶级冲突、平息异化后果。

大众（Mass）　从我们的研究目的出发，大众传播中的大众指的是数量庞大的、作为某种传播形式的受众中的一群人。关于如何理解“大众”一词，存在众多分歧。有些理论家认为它包括了一批异质的、彼此不了解的、分散的、无领导者的人。另一些人则攻击这一观点，认为这些说法基于错误的理论而非事实或证据。

大众传播（Mass communication）　这是本书的核心词汇，它指的是讯息、信息和文本从发送者传递到一大群人，即大众受众的过程。这个传递过程是通过诸如报纸、杂志、电视节目、电影、唱片和网络等大众媒介技术完成的。通常，发送者是某大型传媒机构的人，传递的信息是公开的，受众是数量众多且多种多样的。

媒介（Medium，复数形式为 media）　媒介是将讯息、信息和文本传递给受众的渠道。媒介分类的方式有很多种。最常见的有印刷媒介（报纸、杂志、书籍、广告牌）、电子媒介（广播、电视、电脑）和影像媒介（照片、电影、录像）。

隐喻（Metaphor）　隐喻是一种通过类比传达意义的表达方式。隐喻不仅仅限于诗歌和文学作品，根据一些语言学家的说法，它是我们理解事物和寻找世界意义的根本方式。

转喻（Metonymy）　语言学家认为转喻是通过联系传达信息的一种表达方式，和隐喻一样，它也是人们彼此传达信息的最重要的方式之一。我们不太能意识得到自己对于转喻的使用，但无论何时，当我们通过构造联系来创造某一事物的概念时（比如，劳斯莱斯=富有），我们都是在用转喻的方式进行思考。

模仿欲望（Mimetic desire） 法国文学理论家瑞雷·吉拉德（Rene Girard, 1991）创造的理论。他认为，当人们在购物时，他们常常模仿的是名流、运动明星以及其他人的“欲望”，而非他们的行为。

393 **模式**（Model） 社会科学中的模式一词是一个抽象的概念，它显示了某些现象是如何运作的。理论往往由语言所表达，但模式通常是由统计或数学形式的图示来表现的。丹尼斯·麦奎尔和斯文·温德尔（1993）将模式定义为“以图示的方式对某一现实有意识的简化描述。模式旨在表现结构或过程的主要元素以及这些元素之间的关系。”（p.2）

现代主义（Modernism） 从19世纪和20世纪之交，到20世纪60年代，这个词被广泛用于艺术批评当中。现代主义者拒绝表现同时性和蒙太奇的叙事结构，而是探索现实悖论的本质。重要的现代主义者包括艾略特（T.S.Eliot）、弗朗茨·卡夫卡（Franz Kafka）、詹姆斯·乔伊斯（James Joyce）、巴勃罗·毕加索（Pablo Picasso）、亨利·马蒂斯（Henri Matisse）以及欧仁·尤内斯库（Eugene Ionesco）。

多模态批判性话语分析（Multimodal critical discourse analysis） 多模态批判性话语分析考虑的是文本（包括文字和图像）在意识形态方面的重要性。意识形态可能在有意和不经意间被表达出来，批判话语分析的实践者坚持认为话语通常被社会的主导团体所利用，以维护他们凌驾于其他团体的地位。

多模态话语分析（Multimodal discourse analysis）多模态话语分析考虑的是包含了文字和图像的文本，它的方法基础是符号学。

神经心理分析（Neuropsychoanalysis） 这是一种混合使用神经科学和精神分析理论去研究某一现象的方法。

纵向聚合分析（Paradigmatic analysis） 文本的纵向聚合分析指的是找到文本中所发现的（所谓的）二元对立模式，这些对立使人们可以找到文本的意义所在。

参与式观察（Participant observation） 参与式观察是一种质化研究方法，研究者在不同程度上成为所研究的某一团体或共同体的成员。成为参与者使研究者可以获得有关研究对象的更好的观点和观察视角。

个人日志（Personal journal）　它是对于个人用以考虑和产生学术研究新想法的观点、思考和推断的记录。日志应该在装订的笔记本上记录，笔记本上要有页码，最后一页要有索引，以便于在学术写作时找到相关的和可用的观点和想法。

阳具象征（Phallic symbol）　任何在形状或功能方面与男性生殖器相似的物体都 394
被描述成一种性器象征物。象征主义是自我意识的防御机制，自我意识允许被隐藏或压抑的性欲或侵犯性的想法以变相的形式表达出来。对于这个话题的讨论，请参见弗洛伊德的《梦的解析》（1900/1965a）。

男权中心理论（Phallocentric theory）　这个术语用来表达社会是由男性主导的，而这一形塑了我们的机构和文化的主导力的最终来源是男性的生殖器。这一理论将男性性征与男性权力联系起来。对这一概念的进一步探讨请参见我的《文化批评：关键概念入门》一书（1994）。

预调查（Pilot study）　试调查指的是进行一项小规模样本测验以确定调查或问卷中的问题是否容易被理解。更宽泛地说，预调查指的是任何可以帮助研究人员完善研究技巧和了解一项全面研究能否有效的小型研究。

诗学功能（Poetic functions）　在雅各布森的理论中，诗学功能指的是对文学手段（如隐喻、转喻）的使用。雅各布森认为，诗学功能与情感功能、指示功能都不一样（参见Culler, 1986）。

政治文化（Political cultures）　根据阿伦·威尔达夫斯基（1982, 1990）的说法，所有的民主社会都有着四种政治文化，并需要它们相互制衡。这四种文化分别是宿命主义者、精英主义者、个人主义者、平均主义者。威尔达夫斯基认为同一政治文化由享有相似政治价值观和信仰、相似的团体边界和可遵守的规则和指示的人构成。至于如何将威尔达夫斯基的主张应用到大众媒介和流行文化上，请参见我的《宣传鼓动：政治文化与传播理论》一书（1990）。

政治理论（Political theory）　政治理论是哲学（或者是政治科学）的一个分支，它应对的问题是政府本质和国家角色。

流行（Popular） 流行是有关意识和媒介的话语中最难懂的一个概念。确切地说，这个术语指的是受到大多数人的欢迎。它来自拉丁语popularis，意思是“人们的”。

流行文化（Popular culture） 流行文化指的是受到大多数人喜爱的文本，也即，受
395 欢迎的文本。但是大众传播理论家常常将流行文化和大众文化两个概念通用，或者可以说是混用，并认为如果某事物是流行的，那它一定是低品质的，受到一些虚构的“品位最低的大众”的欢迎。通常，流行文化的反面是精英文化，即那些需要教养和优雅才能鉴赏的艺术，如芭蕾、歌剧、诗歌、古典音乐，等等。如今许多批评家正在质疑流行文化/精英文化的二元对立。

后现代主义（Postmodernism） 一些理论家认为，自20世纪60年代起，我们就已生活在一个后现代主义的时代。准确地说，这个术语就意味着“现代主义之后”，而现代主义的时期大约是从20世纪初到20世纪60年代。正如这一命题的先锋理论家利奥塔（1984）所说的那样，后现代主义是“对于元叙事的质疑”（p.xxiv），意思就是，帮助人们规划生活与社会的旧有的哲学信仰体系已经不再轻易被接受了，这就多多少少导致了一个万物皆流逝的时代的来临。关于这个话题的更多探讨，请参见我的《一个后现代主义者的谋杀》一书，这是一部解释后现代主义的悬疑小说（1997），以及《后现代的表现》一书，这是一个读本（1998b）。

权力（Power） 政治上的权力指的是实现某人政治愿望的能力。当我们使用这一术语讨论文本时，它描述的是文本对于人们（读者、观众或听众）情感上的影响能力。

一手研究（Primary research） 一手研究是由调查相关主题的研究者自己完成的研究。它不同于二手研究（secondary research），二手研究是通过使用或引用他人的成果（通常是一手研究的结果）来完成的。

精神分析理论（Psychoanalytic theory） 精神分析理论的基础，是弗洛伊德称之为“潜意识”的人类精神（psyche），通常情况下，它是我们无法进入的（不像意识和前意识），它持续不断地塑造和影响着我们的心智功能与行为。为了具象化这个词，让我们想象一座冰山，冰山露出水面的顶端代表的是意识，这部分的冰山我们可以见到，而水面下方一点点的冰山是前意识，剩下的部分（占据绝大部分，我们看不到但却知道它就在那儿）全部都是潜意识。因为抑制，我们无法进入到自身的潜意识中。弗洛伊德格外

强调每个人生命中的性欲和俄狄浦斯情结。

公众（Public） 我们有时使用公共艺术（public arts）或公众传播（public communication）来替代流行文化（popular culture）这个概念，以避免大众（mass）、流行（popular）这些词语中所包含的消极意义。公众就是一群人，一个共同体。我们可以将为社区所知的公众艺术和不为他人所知的私人艺术进行对比。 396

质化研究（Qualitative research） 质化研究的方法（比如符号学分析、精神分析批判、意识形态批判、修辞学阐释、访谈，以及参与式观察）旨在生产非量化的、非数字的数据。因此，它们不同于量化研究方法，尽管在有些研究当中，两种研究方法都可以使用。

量化研究（Quantitative research） 量化研究方法（比如内容分析、调查法与问卷法、实验法）是用来生产量化数据的。

问卷（Questionnaire） 问卷用于自填式调查，受访者需要回答特定的问题。

随机样本（Random sample） 这一术语指的是由随机数字表生成的样本，随机数字表可以为调查或问卷挑选具有代表性的样本。

收听/收视率（Ratings） 在媒介研究中，收听/收视率指的是某地区将电视或广播调至某个特定电视台、节目或网络的家庭或个人所占的比例。收听/收视率与市场占有率不同，市场占有率指的是调至与电视机相连的电视台、节目或网络的家庭或个人的数量。

合理化（Rationalization） 依照弗洛伊德式的看法，合理化是对自我意识的防御机制，它为证明一些行为（或者是应当行动时的不作为）的合理性寻找借口。提出这一术语的欧内斯特·琼斯（Ernest Jones, 1908）使用它来描述人们为辩护一些实际上由无意识和无理性的决定所驱使的行为，而寻找合乎逻辑和理性的理由。

反应性（Reactivity） 我们使用这一术语来描述研究者对于研究的冲击力和影响力。当人们成为研究对象时，他们的行为通常会与日常情况下的行为不太相同。

指示功能（Referential functions） 根据雅各布森的理论，谈话中的指示功能帮助说话者联系起他们周遭的事物。雅各布森将它与谈话中的情感功能和诗学功能相区分（参见Culler, 1986）。

代表性样本（Representative samples）　在本书中，我将代表性样本界定为与更大
397 的总体具有相同属性和价值的少量人群。从普遍意义上说，样本指的就是代表更大整体的一个部分。

研究（Research）　在本书中，我将研究界定为使用定性或定量研究方法获得关于某一群体或相关主题的想要的信息的过程。有时，但并非总是如此，这一信息是以数字的形式呈现的。

修辞学（Rhetoric）　从本质上说，修辞学是一种关于有效表达和语言风格的学问。它同样可用来研究人们是如何被说服的。近年来，修辞学也开始应用于大众传播与流行文化的研究当中。

角色（Role）　社会学家将角色描述为在社会中习得的行为，这些行为在某些情况下是适宜的。在特定的某一天中，一个人在与不同人打交道时会扮演不同的角色，比如说父母（在家中）或职员（在工作中）。

二手研究（Secondary research）　研究者通过转引他人的研究成果来提出观点或提供信息的研究就是二手研究。二手研究不同于第一手研究，第一手研究是由个人或集体所完成的最初的研究。

符号学（Semiotics）　确切地说，符号学是关于符号的科学。“Semion”是希腊文的“符号”一词。符号就是可用来代表其他事物的东西。根据这门科学的创立者之一皮尔士（1977）的定义，符号“是在某方面或在某种功能上可以代表某人或某物的东西”（Peirce, 1995,p.99）。我的《当代文化中的符号：符号学引论》一书（1999）探讨了更多重要的符号学概念，并解释了它们在流行文化中的应用。

阴影（Shadow）　在荣格派的概念中，阴影指的是我们试图隐藏的精神的阴暗面。它包含了我们的性格、正常直觉和创造性冲动中被压制的、令人不悦的方面。所以，对于所有人而言，我们性格中的阴影面与我们的自我意识（它也包含着一些消极特征）之间在进行着一场不间断的角逐。

市场占有率(Share) 市场占有率指的是调至与电视机相连的某特定节目、电视台或网络的家庭或个人的数量,它与收听/收视率不同,收听/收视率指的是某地区将电视或广播调至某个特定节目、电视台或网络的家庭或个人所占的比例。

符号(Sign) 在符号学中,符号指的是任何可以代表其他事物的东西。符号学是关于符号的科学,它研究符号如何被用来生产意义。如翁贝托·艾柯(1976)所说,如果符号可以被用来告知真相,它们也就可以被用来说谎。 398

明喻(Simile) 明喻使用“像”或“如”这样的词语,它比暗喻的形式更明显。“我的爱像一朵玫瑰花”是明喻,而“我的爱是一朵玫瑰花”就是暗喻。

社交媒体(Social media) 社交媒体是一种网络化的组织,如Facebook、Twitter和YouTube,它让人们可以零成本地将文本、图像和视频传播给数量庞大的其他人。

社会化(Socialization) 这个术语指的是社会教会人们如何行动的过程,包括需要遵守什么样的规则,呈现什么样的角色身份,以及保持什么样的价值观念。从传统意义上说,社会化是由家庭、教育者、宗教人物和同侪群体共同促成的。大众媒体似乎已经在很大程度上霸占了这一功能,但结果并不总是正面的。

社会学(Sociology) 社会学是研究群体、机构和集体即人类行为的社会科学。因此,它与关注心智、精神和个体行为的心理学有所不同。

亚文化(Subculture) 亚文化是指文化的亚群体,他们的宗教、民族种族、性取向、信仰、价值观、行为以及生活方式与主导文化不同。在任何复杂社会中,存在一定数量的亚文化都是合理的。有些亚文化是离经叛道的,有些甚至是涉及犯罪的。

超我(Superego) 在弗洛伊德的类型学中,超我在我们的精神中是与意识和道德相联系的中介。超我包含了这样一些过程,比如我们根据意愿是否符合道德而赞同或反对它们、批判的自我观察、对于不道德行为的负罪感。超我的功能很大程度上是无意识的,并且与我们精神中的本能冲动相反。调停并平衡两者的是自我意识。

调查(Surveys) 调查通常情况下是将一系列问题(准确地说是“手段”)寄往总体的代表性样本之处,以获得关于更大总体的有效的量化数据。

399 **象征符**（Symbol） 在皮尔士（1997）的三分法中，象征符指的是任何有着习用意义的事物，也就是说，这种意义必须是通过学习而非自然传承获得的。索绪尔（1966）不同意这一说法，他认为象征符只是部分习得的。

提喻（Synecdoche） 提喻是转喻的显著形式，总的来说，转喻就是用部分代表整体，反之亦然。所以，我们可以用五角大楼代表美国的武装力量和军队。

横向组合分析（Syntagmatic analysis） 对文本的组合分析处理的是它的线性结构。“组合”（syntagm）这个词意味着“链条”（chain），因此组合分析关注的是文本中行为的顺序。它不同于范式分析，范式分析寻找的是文本中充满的二元对立。

系统1（System 1） 一种自动产生的思维，其中很少或没有主动控制。

系统2（System 2） 一种包含费力的心智活动、力量、选择和专注的思维。

文本（Text） 就我们的研究目的而言，广义上的文本指的是任何出现在媒体上的艺术作品。批判学者使用文本这个术语是图个方便，这样他们就不用不停地给每个东西命名或者使用各种各样的同义词。当我们处理的是系列文本（如肥皂剧或者漫画）时，我们很难确定到底什么是文本。

理论（Theory） 在本书中，理论指的是一种语言化的表达，它是系统的、合乎逻辑的，用于解释和预测所研究的现象。理论与概念不同，概念是对被研究现象的界定；理论也与模式不同，模式是抽象的，往往以图形的方式来清晰呈现研究对象。

类型学（Typology） 类型学是一套分类体系或系统，人们使用这些分类去理解事物的意义。我在第八章中罗列的45种幽默技巧就是类型学。

价值观（Values） 价值观是对“何为对何为错、何为好何为坏”的抽象的、总体的看法或判断，这些看法和判断对个人行为以及社会、文化、政治团体而言有隐含的意义。从哲学的角度看，价值观存在很多的问题。首先，一个人如何确定什么样的价值观是正确的或好的，而什么样的不是呢？即，我们如何证明价值观的合理性？价值
400 观是客观的还是主观的？其次，当持有彼此冲突的核心价值观的团体产生矛盾时，会发生什么呢？

价值观与生活方式（Values and Lifestyles, VALS）　它指的是一套有关美国群体的类型学，它是基于斯坦福研究机构开展的有关美国人价值观和生活方式的调查而产生的。VALS类型学曾被广告机构用来理解什么可以成为激励消费者的因素。

暴力（Violence）　这个术语极难界定。依照惯例，它指的是个人或团体使用物理力量伤害某人或者阻止某人对他人或团体的伤害。许多媒介研究者对于观看电视和人们的暴力行为之间可能存在的关系很感兴趣，并进行了大量有关这个主题的研究。

401

参考文献

Adatto, K.(1993). *Picture perfect: The art and artifice of public image making.*New York, NY: Basic Books.

Alasuutari, P.(1995). *Researching culture: Qualitative method and cultural studies.* Thousand Oaks, CA: SAGE.

Albergotti, R.(2014, June 30). Furor erupts over Facebook study.*The Wall Street Journal*, Bl. Retrieved from http://www.wsj.com/articles/furor-erupts-over-facebook-experiment-on-users-1404085840/

Allen, H.(1991). Everything you wanted to know about specs. *San Francisco Chronicle.*(Reprinted from the *Washington Post*)

Bakhtin, M.(1981). *The dialogic imagination: Four Essays.* Austin: University of Texas Press.

Barthes, R.(1972). *Mythologies*(A. Layers, Trans.). New York, NY: Hill&Wang.

Barthes, R.(1977). *Image, music, text*(S. Heath, Trans.). New York, NY: Hill&Wang.

Barzun, j, &Graff, H. F.(1957). *The modern researcher.* New York, NY: Harcourt, Brace.

Benchley, R.(1920, February). The most popular book of the month: An extremely literary review of the latest edition of the New York City telephone directory. *Vanity Fair,* 69.

Berger, A. A.(Ed.).(1989). *Political culture and public opinion.* New Brunswick, NJ: Transaction Books.

Berger, A. A.(1990). *Agitpop: Political culture and communication theory.* New Brunswick, NJ: Transaction Books.

Berger, A. A.(Ed.).(1991). *Media USA: Process and effect*(2nd ed.). White Plains, NY:Longman.

Berger, A. A.(1992). *Popular culture genres.* Newbury Park, CA: SAGE.

Berger, A. A.(1994). *Cultural criticism: A primer of concepts.* Thousand Oaks, CA: SAGE.

Berger, A. A. (1995). *Essentials of mass communication theory*. Thousand Oaks, CA: SAGE.

Berger, A. A. (1997). *Postmortem for a postmodernist*. Walnut Creek, CA: A1taMira.

Berger, A. A. (1998a). *Media research techniques* (2nd ed.). Thousand Oaks, CA: SAGE.

Berger, A. A. (Ed.). (1998b). *The postmodern presence*. Walnut Creek, CA: AltaMira. 402

Berger, A. A. (1999). *Signs in contemporary culture: An introduction to semiotics* (2nd ed.). Salem, WI: Sheffield.

Berger, A. A. (2011). The branded self: On the semiotics of identity. *American Sociologist*, 42 (2/3), 232–237.

Berger, A. A. (2012). *Seeing is believing: An introduction to visual communication* (4th ed.). New York, NY: McGraw–Hill.

Berger, J. (1972). *Ways of seeing*. London, UK: British Broadcasting System and Penguin Books.

Berkhofer, R. F., Jr. (1969). *A behavioral approach to historical analysis*. New York, NY: Free Press.

Bernard, H. R. (1994). *Research methods in anthropology* (2nd ed.). Walnut Creek, CA: A1taMira.

Best, S.,&Kellner, D. (1991). *Postmodern theory: Critical interrogations*. New York, NY: Guilford Press.

Bogdan, R. C.,&Biklen, S. K. (1992). *Qualitative research in education: An introduction to theory and methods*. Boston, MA: Allyn&Bacon.

Braudel, F. (1981). *The structures of everyday life: Civilization and capitalism, 15th–18th century* (Vol. 1). New York, NY: Harper&Row.

Brenner, C. (1974). *An elementary textbook of psychoanalysis*. Garden City, NY: Doubleday.

Brummett, B. (2011). *Rhetoric and popular culture* (3rd ed.). Thousand Oaks, CA:SAGE

Brunskill, D. (2013). Social media, social avatars and the psyche: Is Facebook good for us? *Australian Psychiatry*, 21 (6), 527–532.

Butler, J. (1999). *Gender trouble: Feminism and the subversion of identity*. New York, NY: Routledge.

Butler, S. (2004). *Hudibras*. Retrieved from http://www.gutenberg.org/ ebooks/4937/ (Originally published 1663–1678 in England)

Cameron, D. (2001). Working with spoken discourse. London, UK: SAGE.

Cameron, D, &Panovic, I. (2014). *Working with written discourse*. London, UK: SAGE.

Cashmore, E.,&Rojek, C. (1999). *Dictionary of cultural theorists*. New York, NY: Oxford University Press.

Chase, M.(1982, June 16). Your suit is pressed, hair neat, but what do your molars say? *Wall Street Journal*, 1.

Cirksena, K.(1987). Politics and difference: Radical feminist epistemological premises for communication studies. *Journal of Communication Inquiry*, 11(1), 19–28.

Creswell, J. W.(1994). *Research design:Qualitative and quantitative approaches*. Thousand Oaks, CA: SAGE.

Culler, J. 1976). *Structuralist poetics: Structuralism, linguistics, and the study of literature*. New York, NY: Cornell University Press.

Culler, J.(1986). *Ferdinand de Saussure* (Rev ed.). Ithaca, NY: Cornell University Press.

403 Deacon, D., Pickering, M., Golding, P.,&Murdock, G.(1999). *Researching communications: A practical guide to methods in media and cultural analysis*. London, UK: Arnold.

de Certeau, M.(1984). *The practice of everyday life* (S. Rendall, Trans.). Berkeley: University of California Press.

Dickey, M.(2006, April 27). Resources and tips for conducting online surveys. *The Chronicle of Philanthropy*. Retrieved from http: J /philanthropy.com/ article/ResourseTips–for/52521 /

Dominick, J. R.(1993). *The dynamics of mass communication* (4th ed.). New York, NY: McGraw–Hill.

Douglas, M.(1970). *Natural symbols. London*, UK: Barrie&Rockliff, Cresset Press.

Dundes, A.(1968). Introduction. In V Propp, *Morphology of the folktale* (2nd ed.; L. A. Wagner, Ed.; L. Scott, Trans.). Austin: University of Texas Press.(Original work published in 1928)

Durham, M. G.,&Kellner, D.(Eds.).(2001). *Media and cultural Studies: Key works*. Malden, MA: Blackwell.

Eco, U.(1976). *A theory of semiotics*. Bloomington: Indiana University Press.

Eidelberg, L.(1968). *Encyclopedia of psychoanalysis*. New York, NY: Free Press.

Ekman, P.,&Sejnowski, T. J.(1992, August 1). *Facial expression understanding*. Report to the National Science Foundation, Arlington, VA. Retrieved from http://face–and–emotion.com/dataface/nsfrept/exec summary.html

Erikson, E.(1963). *Childhood and society*. New York, NY: W. W. Norton.

Evans, C.(2015, March 24). 98 percent of Americans are connected to high– speed wireless Internet. The White House Blog. Retrieved from http://www.whitehouse.gov/blog/2015/03/23/connecting–

america–high–speed–broadband–Internet

Freud, S. (1953). *A general introduction to psychoanalysis.* Garden City, NY: Doubleday.

Freud, S. (1963a). The antithetical sense of primal words. In Character and culture: Vol. 9. *The collected works* (I'. Rieff, Ed.). New York, NY: Collier. (Original work published 1910)

Freud, S. (1963b). *Character and culture: Vol. 9. The collected works* (P: Rieff, Ed.). New York, NY: Collier. (Original work published 1910)

Freud, S. (1965a). *The interpretution of dreams.* New York, NY: Avon. (Original work published 1900)

Freud, S. (1965b). *New introductory lectures on psychoanalysis* (J. Strachey, Ed.& Trans.). New York, NY: Norton.

Fried, I. (2011, February 1). Nielsen: Ethnic minorities more likely than whites to buy smartphones. *Wall Street Journal.* Retrieved from http://allthingsd .com/20110201 /nielsen–ethnic–minorities–more–likely–than–whites–to –buy–smartphones /

Fuchs, C. (2014). *Social media: A critical introduction.* London, UK: Sage.

Funk, J. B.,&Buchman, D. D. (1996). Playing violent video and computer games and the adolescent self–concept. *Journal of Communication,* 46 (2),19–32.

Garfinkel, H. (1967). *Studies in ethnomethodology.* Englewood Cliffs, NJ: llrentice Hall. 404

Garfinkel, H. (2006). *Seeing sociologically: The routine grounds of social action Boulder,* CO: Paradigm.

Gerbner, G. (with Signorielli, N). (1988). *Violence and terror in the mass media: An annotated bibliography.* Lanham, MD: UNIPUB (distributor).

Gibaldi, J. (1995). *MLA handbook for writers of research papers* (4th ed.). New York, NY: Modern Language Association of America.

Girard, R. (1991). *A theater of envy: William Shakespeare.* New York, NY: Oxford.

Goel, V. (2014, June 29). Facebook tinkers with users' emotions in news feed experiment, stirring outcry. *The New York Times,* Bl . Retrieved from http:/ /www.nytimes.com/2014/06/30/technology/facebook–tinkers–with–users–emotions–in–news–feed–experiment–stirring–outcry.html

Goodstein, D. (1991, Winter). Scientific fraud. Engineering ε Science. Retrieved from http:// calteches.library.caltech.edu / 615 / 2 / Goodstein.pdf

Gottdiener, M. (1997). *The theming of America: Dreams, visions, and commercial spaces.* Boulder, CO:

Westview.

Grotjahn, M.(1957). *Beyond laughter.* New York, NY: McGraw–Hill.

Grotjahn, M.(1971). *The voice of the symbol.* New York, NY: Delta Books.

Hart. M.(2006–2007). *The Hawthorne experiments: Management takes a nezv direction.* Retrieved from http://mh–lectures.co.uk/hawth–O.htm

Heritage, J.(1984). *Garfinkel and ethnomethodology.* Cambridge, UK: Polity Press.

Hinsie, L. E.,&Campbell, R. J.(1970). *Psychiatric dictionary*(4th ed.). New York, NY: Oxford University Press.

Hoesterey, I.(Ed.).(1991). *Zeitgeist in Babel: The postmodernist controversy.* Bloomington: Indiana University Press.

Houston, B.(1996). *Computer–assisted reporting.* New York, NY: St. Martin' s Press.

Jameson, F.(1991). *Postmodernism, or, The cultural logic of late capitalism.* Durham, NC: Duke University Press.

Jones, E.(1908). Rationalization in every–day life. *journal of Abnormal Psychology*, 3,161–169

Jung, C. G.(with von Franz, M–L., Henderson, J. L., Jacobi, J.,&Jaffe, A.).(1968). *Man and his symbols.* Garden City, NY: Doubleday

Kahneman, D.(2011). *Thinking fast and slow.* New York, NY: Farrar, Straus, and Giroux.

Kaiser Family Foundation.(2010, January 20). Generation M2: *Media in the lives of 8– to 18–year–olds.* Retrieved from http://kff.org/other/event/generation –m2–media–in–the–lives–of /

Kantha, S. S.(1999). Sexual humor on Freud as expressed in limericks. *Humor,* 12(3), 288–299.

King, N., Jr.(2012, November 3–4). Obama holds lead in Florida and Ohio polls. *The Wall Street Journal*, A5.

Kottak, C.(1982). *Researching American culture.* Ann Arbor: University of Michigan Press.

Lakoff, G.,&Johnson, M.(1980). *Metaphors we live by.* Chicago, IL: University of Chicago Press.

405 Lazere, D.(1977). Mass culture, political consciousness and English studies. *College English*, 38, 755–756.

Liberman, K.(2007). *Dialectical Practice in Tibetan Philosophical Culture*: AnEthnomethodological Inquiry into Formal Reasoning. Rowman&Littlefield Publishers.

Lifton, R.(1974). Who is more dry? Heroes of Japanese youth. 1n A. Berger(Ed.), *About man.* Dayton,

OH: Pflaum.

Livingston, E.(1987). *Making Sense of Ethnomethodolngy.* Routledge.

Lodge, D. (Ed.).(1988). *Modern criticism and theory.* New York, NY: Longman.

Lotman, J. M.(1977). *The structure of the artistic text.* Ann Arbor: Michigan Slavic Contributions.

Lowenthal, L.(1944). Biographies in popular magazines. 1n P F. Lazarsfeld& F. N. Stanton(Eds.), *Radio research* 1942–1943. New York, NY: Essential Books.

Lyotard, J–A(1984). *The postmodern condition: A report on knowledge* (G. Bennington &B. Massumi, Trans.). Minneapolis: University of Minnesota Press.

Machin, D.,&Mayr, A.(2012). *How to do critical discourse analysis.* London, UK: Sage.

Malinowski, B.(1961). *Argonauts of the western pacific.* New York, NY: E. P Dutton.

Mannheim, K.(1936). *Ideology and utopia*: An introduction to the sociology of knowledge (L. Wirth&E. Shils, Trans.). New York, NY: Harcourt Brace.

Marx, K.(1964). *Selected writings in sociology social philosophy* (T. B. Bottomore &M. Rubel, Eds.; T. B. Bottomore, Trans.). New York, NY: McGraw–Hill.

Matsumoto, D.,&Hwang, H. S.(2013). *Nonverbal communication: Science and applications.* Thousand Oaks, CA: Sage.

McGowan, K.(2014, April). The second coming of Sigmund Freud. *Discover.* Retrieved from http://discovermagazine.com/2014/april/14–the–second –coming–of–sigmund–freud/

McKeon, R. (Ed.).(1941). *The basic works of Aristotle.* New York, NY: Random House.

McKercher, R.,&Fu, C.(2006). Living on the edge. *Annals of Tourism Research*, 33(2), 508–524.

McQuail, D.,&Windahl, S.(1993). *Communication models for the study of mass communication* (2nd ed.). New York, NY: Longman.

Medhurst, M. J.,&Benson, T. W.(Eds.).(1984). R*hetorical dimensions in media: A critical casebook.* Dubuque, LA: Kendall/Hunt.

Media Literacy Clearinghouse.(n.d.). *Media use statistics.* Retrieved from http: / /www.frankwbaker.com/mediause.htm

Merriam–Webster' s collegiate dictionary(11th ed.).(2006). Springfield, MA: Merriam– Webster.

Messaris, P .(1994). *Visual literacy: Image, mind and reality Boulder,* CO: Westview.

Milgram, S.(1965). Liberating effects of group pressure. *Journal of Personality and Social Psychology,*

1, 127–134.

Mitchell, A.(1983). *The nine American lifestyles: Who we are and where we are going.* New York, NY: Macmillan.

406 Mitchell, S. A.,&Black, M. J.(1996). *Freud and beyond A history of modern psychoanalytic thought.* New York, 1`,1Y: Basic Books.

Musil, R.(1965). *The man without qualities* (Vol. 1). New York, NY: Capricorn.

Peirce, C. S.(1955). *Philosophical writings of Peirce.* J. Bachler (Ed.). New York, NY: Dover.

Peirce, C. S.(1977). Epigraph. In T. A. Sebeok (Ed.), A perfusion of signs (p. vi). Bloomington: Indiana University Press.

Phifer, G.(1961). The historical approach. In C. W. Dow (Ed.), *An introduction to graduate study in speech and theatre.* East Lansing: Michigan State University Press.

Phillips, N.&Hardy C.(2002). *Discourse analysis: Investigating processes of social construction.* London, UK: SAGE.

Pines, M.(1982, October Francisco Chronicle. 13). How they know what you really mean. San Francisco Chronicle.

Priest, S. H.(2010). *Doing media research: An introduction* (2nd ed.). Thousand Oaks, CA: SAGE.

Propp, V.(1968). *Morphology of the folktale* (2nd ed.; L. A:J –V}agner, Ed.; L} Scott, Trans.). Austin: University of Texas Press. (Original work published in 1928)

Queneau, R.(1958). *Exercises in style.* New York, NY: New Directions. (Originally published in France in 1947 as Exercises de style)

Radway J.(1991). *Reading the romance: Women, patriarchy, and popular literature.* Chapel Hill: University of North Carolina Press.

Rapaille, C.(2006). *The culture code: An ingenious way to understand why people around the world live and buy as they do.* New York, NY: Broadway Books.

Riessman, C. K.(1993). *Narrative analysis.* Thousand Oaks, CA: SAGE.

Root, R. L., Jr.(1987). *The rhetorics of popular culture: Advertising, advocacy, and entertainment.* New York, NY: Greenwood.

Sacks, H.(1992). *Lectures on conversation. Victoria: Vol. 1.* Oxford, UK: Polity Press.

Said, E. W.(1978). *Orientalism.* New York, NY: Pantheon.

Saussure, F. de. (1966). *Course in general linguistics* (W. Baskin, Trans.). New York, NY: McGraw-Hill. (Original work published 1915)

Schegloff, E. A. (2007). *Sequence organization in interaction: A primer in conversation analysis: Vol. 1.* Cambridge, UK: Cambridge University Press

Schellenberg, J. A. (1974). *An introduction to social psychology* (2nd ed.). New York, NY: Random House.

Schutz, A.,&Luckmann, T. (1974). *Structures of the life world.* Amsterdam, Netherlands: Heinemann Education.

Sebeok, T. A. (Ed.). (1977). *A perfusion of signs.* Bloomington: Indiana University Press.

Sherman, B. (1995). *Telecommunications management: Broadcasting/cable and the new technologies* (2nd ed.). New York, NY: McGraw-Hill.

Shiv, B.,&Fedorikhin, A. (1999). Heart and mind in conflict: The interplay of affect and cognition in consumer decision making. *journal of Consumer Research*, 26 (3), 278-292.

Silver, N. (2012, November 12). Google or Gallup? Changes in voters' habits reshape polling world. 407
New York Times, A8.

Stafford, W. (1978). *Writing the Australian crawl: View on the writer's vocation.* Ann Arbor: University of Michigan Press.

Steams, P.N. (1998). *Why study history?* American Historical Association. Retrieved from

http: / /www.historians.org/ pubs /free/ WhyStudyHistoryhtm

Steeves, H. L.,&Smith, M. C. (1987). Class and gender in prime-time television entertainment: Observations from a socialist feminist perspective. *Journal of Communication Inquiry,* 11 (1), 43-63

Strunk, W, Jr.,&White, E. B. (1999). *Elements of style* (4th ed.). New York, NY: Longman.

Sudnow, D. (1979). Ways of the Hand. *The Organization of Improvised Conduct.* New York: Bantam.

Thompson, M., Ellis, R.,&Wildavsky, A. (1990). *Cultural theory.* Boulder, CO: Westview. Time. (1999, March 29).

Treadwell, D. (2011). *Introducing communication research: Paths of inquiry.* Thousand Oaks, CA: SAGE.

Turner, R. (Ed.). (1974). *Ethnomethodology.* Baltimore, MD: Penguin.

van Dijk, T. A. (Ed.). (1997). *Discourse as structure and process: Discourse studies: A multidisciplinary introduction*. London, UK: SAGE.

van Dijk, T. A.(2001). *A linguistic study of ideology*. In I. F. Outkhtanova–Shmygova(Ed.), *Perspectives and methods of political discourse and text research*(Vol. 2). Minsk: Minsk Media Group, Belarusian State University.

Vattimo, G.(1991). *The end of(hi)story* In I. Hoesterey(Ed.), *Zeitgeist in Babel: The postmodernist controversy*(pp.132–141). Bloomington: Indiana University Press.

vom Lehn, D.(2014). *Harold Garfinkel: The creation and development of ethnomethodology*. Walnut Creek, CA: Left Coast Press.

Waldman, K.(2014, June 28). Facebook' s unethical experiment. *Slate*. Retrieved from http://www.slate.com/articles/health_and— science/science/2014/06/facebook_unethical_ experiment it made news— feeds_happier or sadder_to_manipulate.html

Watson, J.,&Hill, A.(1997). *A dictionary of communication and media studies*(4th ed.). New York, NY: Arnold.

Weiner, S.(2014, June 27). Facebook experiment manipulates 600,000 users [Blog post]. *Animal*, Retrieved from http://animalnewyork.com/2014/facebook–experiment–manipula tes–emotions–600000–users /

Wheeler, S.(2010, April 28).12 simple writing rules. *Learning with e' s: My thoughts about learning technology and all things digital*. Retrieved from http://stevewheelerblogspot.com / 2010 / 04 / 12–writing–rules.html

Wildavsky A.(1982). *Conditions for a pluralist democracy, or cultural pluralism means more than one political c:}lture in a country*. Unpublished manuscript, University of California–Berkeley, Department of Political Science.

Winick, C.(1995). *Desexualization in American life*.New Brunswick, NJ: Transaction.

408 Wiseman, J. P ,&Aron, M. S.(1970). *Field projects for sociology students*. Cambridge, MA: Schenkman.

Wright, C. R.(1986). *Mass communication: A sociological perspective*(3rd ed.). New York, NY: Random House.

Zaltman, G.(2003). *How customers tkink: Essential insigkts intro tke mind of the market*. Cambridge, MA: Harvard University Business School Press.

Zeman, J. J.(1977). Peirce' s theory of signs. In T. A. Sebeok(Ed.), *A perfusion of signs*. Bloomington: Indiana University Press.

人名索引

409

主题索引

411

译后记

从某种程度上来说，一本好的教科书比一本好的专著更难得。教科书所致力于的，不是把简单的现象抽象化和复杂化，让我们面前的世界更晦暗不明；相反，它尽量用简明扼要的语言，把穿透这个世界的知识工具呈现在我们面前。阿瑟·阿萨·伯格的这本《媒介与传播研究方法：质化与量化研究导论》就是一本好的教科书。它繁简得当、深入浅出，将形形色色的理论与各式各样的方法熔于一炉，勾勒出一个丰富的体系。当面对传播、媒介、文化与社会的复杂现象时，我们可以各取所需，用有效的工具穿透意义的面纱。

文化研究从来不是纯粹象牙塔里的知识。或者说，日常生活本身就是文化研究的分析对象。这本书里提供的理论工具与方法工具，从修辞分析到马克思主义意识形态批判，从常人方法学到描述性统计分析，从文献检索到论文写作，都不仅是学术工作所独享的，它可以帮助我们理解日常的文化生活。霸道总裁文有什么套路？叙事分析和精神分析可以提供基础性理解。人们在微信里是如何说话的？试着做一下多模态话语分析或参与式观察，我们就能略知一二。更不用提，这本书还手把手地教学生如何做研究、写论文，对于为此而苦恼的学生来说，不啻为案头宝卷。

尤为难得的是，伯格还为这本书赋予了独特的趣味性。书中充满了丰富的实例、游戏式的文字、好玩的小短剧，以及伯格自己绘制的插图。这些插图虽然笔法粗简，却富有童趣，而伯格自己就像一个老顽童一样，悄悄从书页背面露出调皮的笑脸。所谓“寓教于乐”，也正当如此吧。

这本教科书是在美国的文化语境中写就的，有些文字游戏也只有在英文中才有意义，因此给翻译带来了不小难度。或许，困难和乐趣成为了刀刃的两面。我也试着在翻译的时候玩弄一些文字花招，比如把英文谐趣诗歌翻译成中式的顺口溜，对小短剧做适当改写(John Doe 可不就是我们熟悉的“张三李四”？)，甚至试着用半文不白的语言重写弗洛伊德的论述。不过，文字游戏只能适可而止，大部分时候，本书的翻译还是尽量选用准确而有共识的语词，使用平实而顺畅的句子，避免给读者造成障碍。文中所引述的学术与文学经典也尽量援用通行译本，并对其中的小失误进行校正。为了便于理解，一些特定的人物、事件、文本也加上了译者注。我希望通过这些工作，让这本源自美国的流行教科书能够尽量降低文化折扣，顺利进入中国学生和研究者的文化情景。

本书的翻译与出版经历了不少时日，也得到了很多师友的帮助。首先要感谢刘婧、杨惠钧和谢卓潇，她们帮我初步翻译了本书的主体章节。杨惠钧翻译了第二部分，谢卓潇翻译了第三部分，刘婧翻译了第四部分。我翻译了前言、第一部分和第五部分，并对全书进行了校译。刘婧和杨惠钧是中国传媒大学传播学专业2015 级的硕士生，毕业后，刘婧去了《单读》做编辑，杨惠钧正在从事影视编剧的工作。谢卓潇是中国传媒大学传播学专业2012 级的硕士生，在香港中文大学新闻与传播学院获得博士学位之后，正在中国人民大学跟随刘海龙教授从事博士后研究。虽然无法在封面署上名字，但她们也是本书的译者。其次要感谢冷子依，她是中国传媒大学传播学专业 2016 级的硕士生，帮助我做了大量繁琐的文字处理工作。再次，感谢澳门科技大学的章戈浩助理教授、中国社科院新闻与传播研究所的曾国华助理研究员、华中科技大学新闻与传播学院的袁艳教授、英国诺丁汉大学的包宏伟副教授，他/她们是我的学术援军。最后，还要感谢所有为这本书的出版而辛勤工作的人，感谢责任编辑黄松毅女士的细致工作，感谢中国传媒大学出版社张毓强副社长及出版社其他同仁的努力，感谢丛书主编段鹏教授和罗青教授为本书的翻译提供支持。当然，译本的疏漏和失当之处，由我个人负责。我也诚挚期待读者们对这本译著提出意见和建议，如有批评，敬请惠寄至 ray@cuc.edu.cn。

张磊
2021 年 1 月 19 日于北京